高等院校"十三五"贸易经济类课程规划教材

区域市场与区际贸易

regional market and interregional trade

主 编 肖李春

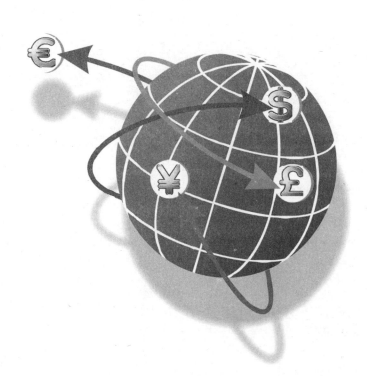

经济管理出版社

ECONOMY & MANAGEMENT PUBLISHING HOUSE

图书在版编目（CIP）数据

区域市场与区际贸易/肖李春主编 . —北京：经济管理出版社，2016. 12
ISBN 978 - 7 - 5096 - 4813 - 1

Ⅰ. ①区… Ⅱ. ①肖… Ⅲ. ①国际贸易—教材 Ⅳ. ①F74

中国版本图书馆 CIP 数据核字（2016）第 311564 号

组稿编辑：王光艳
责任编辑：高　娅
责任印制：司东翔
责任校对：赵天宇

出版发行：经济管理出版社
　　　　　（北京市海淀区北蜂窝 8 号中雅大厦 A 座 11 层　100038）
网　　址：www. E - mp. com. cn
电　　话：（010）51915602
印　　刷：三河市文阁印刷有限公司
经　　销：新华书店
开　　本：720mm × 1000mm/16
印　　张：19. 25
字　　数：367 千字
版　　次：2017 年 8 月第 1 版　　2017 年 8 月第 1 次印刷
书　　号：ISBN 978 - 7 - 5096 - 4813 - 1
定　　价：58. 00 元

前　言

进入 21 世纪，中国的经济跨入了高速发展的轨道。在 2010 年，中国的 GDP 总量已经超过日本，成为世界第二大经济体，而区域市场与区际贸易正是经济发展和研究的重要前沿领域。

一、编写背景及思路

区域市场与区际贸易学科是在研究和解决区域经济问题的基础上产生和发展起来的，相对于其他经济学科，它是比较年轻的。在世界范围内，区域经济学出现的时间不到 60 年，在我国只有 30 多年的历史，而研究区域市场与区际贸易则时间更短。作为这样一门新兴的学科，它有一个明显的特征，就是理论和实践密切相连。

目前，在我国高等院校的经济学类专业和管理学类专业等教育当中，区域市场与区际贸易作为专业核心课程和基础课程，各个院校从教学改革、师资队伍、学科建设等方面都给予了足够重视。但是由于这门课程是一个新兴的课程，至今还未有一门完全适合的教材，为了将区域市场与区际贸易两方面的内容都进行介绍，并且为之后贸易实务课程打下良好的基础，特编写本书。

本书的主要内容包括区位论的理论；区域经济一体化的现状以及区域经济一体化组织的了解与历史轨迹的学习；我国区域经济的发展现状以及内涵前景；总部经济的定义及内涵；区域经济发展梯度理论的内涵概念，运用梯度理论分析区域现状；国家区域市场的开发，尤其是极具特色的经济特区和总部经济集群；国际市场的开发和进入，国际贸易的相关知识等。

二、教材特点

区域市场与区际贸易是研究区域经济发展一般规律、应用性很强的学科，是国际贸易与区域经济相结合的产物，是研究区域经济活动的自组织和区际经济联系，以及与此相关的区域决策的学科，它是应用经济学的一个重要分支，是当今经济学研究最为活跃的领域之一。

第一，本书强调基础知识、基本理论、基本技能的介绍，同时充分吸收了国内外优秀贸易经济的观点，定位明确、体系科学、概念准确、深入浅出。

第二，本书深刻结合了生活中的实际经济学案例，具有时代性、地域性、发展性。

第三，本书充分融合了贸易、经济学、市场营销等多门学科的特点，并且将其有机结合起来，衍生出一个新的富有生命力的新兴领域。

三、教学目标及建议

1. 教学目标

（1）引导学生正确认识课程的性质、任务及其研究对象，全面了解课程的体系、结构，对区域市场与区际贸易有一个总体的认知。

（2）使学生深刻掌握区域经济学以及国际贸易的基本概念、基本理论和基本方法，了解学科发展的新理论与新思想。

（3）教会学生紧密联系实际，学会分析案例，解决实际问题，把学科理论的学习融入对经济活动实践的研究和认识之中，切实提高分析问题、解决问题的能力。真正掌握课程的核心内容，为以后在企业就业、提高经济效益服务，为社会主义市场经济体制的建立和完善作出贡献。

（4）培养具有扎实的理论基础和系统的专业知识，能从事区域贸易的科研、教学、区域规划和管理工作的专门人才。

2. 教学建议

（1）利用课堂教授知识点，进行课堂分组，开展讨论，每组进行案例分析，做成报告交予授课者审议，采用启发式教学，利用适当时间带领学生去企业实习参观。

（2）要系统、全面、准确地阐述区域经济学的基本理论和方法，在原理的阐述和案例的列举中要多联系中国实际，使之既忠实于学科原貌，又通俗易懂。

（3）增加案例教学的比重，文字教材、音像教材中都要突出典型案例的剖析。同时安排必要的作业和实验，给学生接触实际、动手分析的机会。

（4）日常的面授辅导应着重于重点的归纳、难点的剖析以及作业的讲解。作业题以综合练习和案例分析的形式为主。

四、编写分工

本书由肖李春副教授主编，刘鹏志高级经济师负责第六章、第七章的编写和整本书法律方面的支持，由肖李春负责统稿。

五、致谢

本书在编写过程中得到了所在学校、学院的大力支持，也参阅了大量的文献和著作，如由高洪深主编的《区域经济学》，张玮主编的《国际贸易原理》，张向先主编的《国际贸易概论》，黎孝先、王健主编的《国际贸易实务》等，在此对以上作者表示深切的谢意。同时，也要感谢我的家人，在整个编写过程中给予我极大的鼓励和支持，使我能够安心写作。由于作者水平有限，编写时间仓促，所以书中错误和不足之处在所难免，恳请广大读者批评指正。

肖李春

2017 年 2 月

目　录

第一章

导论

重点问题

· 区域市场的内涵及特性
· 区际贸易与区域经济
· 区域经济学的产生与发展
· 区域经济学的研究对象及任务

区域分工的发展导致区域市场的培育，区域市场的繁荣又推动着区际贸易的发展。区域市场与区际贸易互相作用，共同推动着区域经济的发展，对区域分工合作和区际要素流动有着十分重要的意义。

第一节　区域市场与区域经济

一、区域市场的内涵

1. 区域市场的定义

市场是商品交换的场所，它包含三个核心要素：一是市场主体，即商品的所有者和商品的购买者；二是市场客体，即用于交换的商品，要求同时具备价值和使用价值；三是市场的交换行为，即市场活动各参与方。根据不同的角度，区域市场的定义可解释为：

（1）从封闭性来看，区域市场是由于市场的不完善所导致的商品和劳务在全国各地自由流通受阻而形成的流通范围局限于某一区域的市场。

（2）从同质性来看，区域市场是指根据经济同质性或内聚性而识别的一级综合经济区内的各种货物、劳务、有价证券等的供需与交易关系及交易场所。

（3）从市场营销学来看，区域市场实际上是现代营销学细分市场的一个概念，或者说是一种细分顾客群理论。从这个角度来看，区域市场有以下几个特征：

其一，区域市场是一个地理的概念。由于各地区之间地理位置的不同，导致消费者（或称顾客群）在文化、政治、语言、风俗、宗教上也表现出明显的差异性，对商品的需求也因此而不同。为此，企业必须正视各地区的差异性，实事求是，因地制宜，有针对性地制定出符合区域化特点的经营战略和营销推广策略。

其二，区域市场具有相对性和可变性。区域市场并没有一个特定的界限和规定。它既可以是几个国家、几个地区的联合体，也可以是一个乡、镇、村落、社区。相对于全球而言，亚洲就是区域市场；相对于中国而言，某一个省市就是区域市场，长三角、珠三角、京津冀经济圈均可以是区域市场。对不同的企业而言，它是相对的，对同一企业而言，因目标市场的定位不同，它又是可变的。

2. 区域市场的构成

区域市场由市场中心、市场区域和市场网络构成。

区域市场中心一般是区域中心城市。在地理位置上不一定是地域空间中心，而是流通中心。它一般是生产中心、交通枢纽或其他产业发达的城镇。区域市场越大，市场中心也越大，对商品和要素的集散能力也越强。区域市场越小，市场中心也越小，对商品和要素的集散能力也越弱。中心城市和区域内的其他城市一起构成市场网络的节点，影响区域市场的地域空间规模和发展前景。

市场区域由市场中心及其辐射半径作用所形成的辐射面来确定。市场中心和各大小不同的节点存在着内在的商品联系，使同一区域内围绕市场中心的各个市场融合为区域的统一市场。中心城市作为辐射源和能量源吸引着经济腹地的劳动力、资本和其他生产要素的聚集和流动，对区域市场活动范围和市场规模起着决定性的作用。

市场网络是市场中心在市场区域内通过横向和纵向的商品联系所形成的网络，再配合以交通网络、仓储网络、通信网络、流通组织网络等共同保证区域市场的统一和运行。

二、区域市场所具有的空间特性

区域市场是区域空间经济结构的一部分，而区域空间经济结构又建立在一定的地理与经济系统之上。同时，区域的空间经济结构奠定在劳动地域分工的基础之上。劳动地域分工理论不仅揭示了产业分布、配置与经济地域系统形成发展的客观性规律，也是阐明国内贸易和国际贸易的主要理论。劳动地域分工与地理条件两者均为动态的概念，劳动地域分工的水平和内容随着生产力的不断发展而不断提高和复杂化，而地理条件对劳动地域分工影响的广度与深度也是随着生产力的不断发展而变化着的，而且，生产力的不断发展使商品交换及其场所的规模、类型、等级更加复杂化。由此可以看出，市场在不同区域的不同劳动地域分工条件下，对区域经济的影响、作用程度是不同的，不同的区域地理条件及劳动地域分工对市场的发生、发展、变化也有着不同的影响。

区域市场的空间特性主要包括以下四个方面：

1. 空间位置

市场是商品交换的场所，这个"场所"无疑在空间上要占据一定的位置，就其空间形态而言，这种空间的位置有点、线、面三种形式。其中，点具有几何上确定的意义，用地理坐标描述，如居民点、工矿企业分布点、商业网点、商品集散地、交通枢纽、通信与信息中心等；线具有几何上确定的线段，以走向和长度度量，如交通线、行政区界线、经济区界线等；面具有几何上的确定范围，以形状和面积度量，如城市圈、市场吸引范围、港口腹地等。区域是由点、线、面组合而成的地理实体，具有一定的空间范围和客观上存在的范围界线。区域市场中的区域，既可以是各类行政区域地区，也可以是大城市、特大城市及其吸引范围所组线的地域（如以上海为中心的长江三角洲经济区等），还可以是生产力发展水平相近、内部联系方式相似的带状区域（如经济地带）。

2. 空间范围

区域市场的存在是具有空间范围的。区域市场及其网络系统和作用范围，具有一定的空间，存在于某个具体的区域内。它的影响和作用面也具有一定的区域表现形式。随着生产力的发展和科学技术的进步，使区域成为一个开放的系统，区域市场随之具备了它的开放特性。但是，不同的区域具有自然、社会、经济环境方面的差异，因此，在各个不同的区域，诸要素对市场的影响、作用的程度、规模和范围是各不相同的，市场对区域经济运行的作用在不同的区域也是各不相同的。所以，形成了区域市场的各种空间范围，如我国通常所说的拉美市场、阿拉伯市场、华东市场等。

3. 空间结构

区域市场既然有它特定的范围，也就具有它特殊的结构。区域市场的空间结构主要是通过区域经济中的"流"来建构的，这种"流"指以下方面：

（1）人流——人是任何行为的主体，无论是产业和消费活动，还是供需、价格、竞争机制的运作，归根结底是由人来实现的，人本身是位移，也是区域经济及市场活动的基础条件之一。

（2）物流——物资、商品在区域内部和区域之间进行不断的流通、位移，构成了区域市场的有形空间结构。

（3）能量流——资金和技术在区域经济运行中，实际上起一种能量的作用，我们把它合称为能量流。它在区域市场的空间范围内形成一种无形的空间结构。

（4）信息流——在现代市场经济的社会里，市场机制的运作几乎离不开信息，信息流实际上在区域市场的空间范围内形成一个网络结构，这种网络结构具有有形和无形的双重性。因为，一方面它是无形的，另一方面它又主要依靠交通与通信手段来实现。

4. 空间功能

既然区域市场有它的空间结构，那么，这种结构就要发挥出某种功能，形成区域市场的一种作用力，影响区域市场的活动及整个区域经济的运行。区域市场的空间功能就是指人流、物流、能量流、信息流在其循环、流动的过程中所释放的一种能量。一方面，它可以调节区域内部空间范围内的市场活动及其作用力，乃至影响整个区域经济的运行；另一方面，它又可以吸收和辐射周边地区的市场活动，甚至影响、作用其吸引和辐射范围内的市场活动及经济运行。同时，从微观上看，生产企业通过区域市场的空间功能，在广泛分布的各地市场中选择自己的目标区域市场，以此实现自身的发展。

三、区域市场与区域经济

1. 从供需的角度看

区域中的资源要素是制约区域市场结构与功能作用力的一个方面。我国资源分布、加工能力和各地区商品供求的差异性，决定了区域市场的基本格局。资源通过供给与需求表现为流状，形成资源的产地市场与消费市场。需求的增长势必会引起投资的增长，而投资的增长又会导致市场规模的扩展。例如，我国绝大部分矿产资源如煤矿、石油等主要分布在中西部地区，而加工工业则主要集中分布在东南沿海地区和大中城市，加上南北部地区在资源种类、数量和品质等方面的差异，决定了目前我国农产品和工矿产品的区域市场格局大致为西煤东调、北煤南运、北油南运、南粮北运、北林南下。

 专栏

我国区域市场分布格局

目前，我国煤炭的供给市场主要集中在华北地区，其次是中南与东北地区。华北地区除满足本区需求以外，大量煤炭运往区外省市。华东、中南地区是我国能源最少且需求量最大的地区，每年都需输入大量煤炭。我国煤炭的需求市场除了受交通运输条件影响外，更受到邻近产地与销地市场容量的制约。从省份来说，山西省等是煤炭的主要供给市场。黑龙江省的鹤岗煤矿、鸡西煤矿，由于邻近产地辽宁省的钢铁工业需要，所产煤炭供不应求，一般就没有外销华北、华东市场，更谈不上出口。山西省、安徽省、山东省的煤炭主要供应上海市、江苏省、浙江省、江西省、福建省等地；河南省的煤炭主要供应广东省和两湖地区；贵州省的煤炭除供应四川省外，还输出到湖南省、广西壮族自治区和广东省等地；宁夏回族自治区的煤炭主要供应甘肃省。京广、津沪铁路和北方沿海是最主要的煤炭运输线路。从以上分析我们可以看出，受煤炭资源分布的影响，我国煤炭供给市场的空间分布较为集中，而需求市场又距供给市场过远，影响了市场消费。随着需求量的增加，势必会引起投资规模的扩大，从而导致供给市场的发展。例如，对山西省的开发煤炭资源的投资，已建成全省地方煤炭运销系统多个煤炭集运站。同时，对煤炭的投资还可拉动资金、建筑、生产资料、消费品等市场的发育。就山西省本身来说，因其所具有的资源优势，地处我国中部地带，距华东、华北等主要煤炭消费区较近，并具有我国西北部煤炭调动的重要通道的区位优势，已具备发展成为国家级煤炭市场的条件。

我国石油工业主要分布在北方，因而决定了石油的基本流向是北油南运。原油加工能力大大高于原油生产能力的华东地区（山东除外）和中南地区，主要通过大庆经北京、山东至南京的输油管道，以及大庆到大连的输油管道，然后通过水运，把大庆和胜利油田的原油输往这两个地区。成品油则大部分通过铁路运往全国各消费地区。西北地区成品油基本自给，只有少量汽油需从东北、华北输入，西南地区几乎全靠区外供应。

我国粮食的基本流向是南粮北运、东北粮进关及东粮西调。江淮平原、江汉平原、成都平原、洞庭湖平原、鄱阳湖平原、太湖平原以及东北北部平原等是我国粮食输出量最大的地区，而东北南部工业基地、京津唐工业基地、以上海为中心的长江三角洲城市群及西北产大牧区和黄土高原缺粮区则是粮食主要输入区。

我国林区主要分布于东北地区、西南地区、两广地区、湖南省、江西省、福建省等地。我国木材的基本流向大致以陇海线为界，以北为北林南下，以南为南木北运。东北木材主要供应陇海沿线和华北地区；西南地区木材主要供应西北地区；福建林区木材主要供应上海市和浙江省；湖南省地区林区木材主要供应湖北省及河南省等。

资料来源：杜肯堂，戴士根．区域经济管理学［M］．北京：高等教育出版社，2004.

2. 从区域市场机制作用力的角度看

上海市金融市场的发展，不仅加强了上海市自身市场功能，其市场机制的作用力也影响到了周边地区。上海市的证券市场，通过向社会直接融资的方式，为上海市筹到大量的建设资金。据统计，1992 年 1～10 月，上海市通过发行股票、债券、短期证券等各种证券，共筹集资金约 200 亿元，超过了当年上海市所有国家银行贷款增量的总数，相当于 1991 年全年同类筹资量的 4 倍。上海证券交易所 1992 年交易量达 600 多亿元。上海证券市场内不仅拥有近 200 家市外会员单位，而且还有几十家海外著名证券商。上海市各类中外金融机构网点已拥有 1000 多家，1992 年股票交易额达 500 亿元，率先在国内成立的上海外汇调剂市场实行公开的市场竞价交易，允许国营的、集体的，以及"三资"企业在市场内进行外汇买卖，调剂人民币与外币的余缺，解决大企业生产经营中的燃眉之急。从外汇调剂市场开办以来，有近万家企业通过上海外汇调剂市场买卖，成交金额共上百亿美元，其中外省市来沪交易的达两成。外汇市场的发展完善了上海金融市场，使上海市场的功能得到有效的发挥。更重要的是，在此基础上形成一个以上海市为中心，向周边地区辐射的区域性金融大市场，从而刺激长江三角洲、长江沿岸乃至华东地区的区域经济进一步发展。

3. 从区域差异的角度看

不同区域经济发展水平的差异影响着市场机制对区域经济发展的作用程度，

也影响着区域市场的发育、发展，从而决定着不同区域的经济发展速度和水平。市场机制一般在经济发展水平高的地区作用明显，区域市场的功能显著，对区域经济运行施加的影响也较为强烈。受经济发展水平与购买力等因素的影响，区域间消费品市场的差距呈现扩大的趋势。例如，社会消费品零售总额增长速度最快的均集中在东部沿海地区，社会消费品零售总额增长幅度在30%以上的地区为海南、浙江、福建、广东、天津。增速较低的地区主要分布在中西部，其中增长速度在10%以下的地区为甘肃和宁夏。地区市场发展不均衡的矛盾也很突出。增速最高的浙江省与增速最低的新疆维吾尔自治区相差几十个百分点。如果中西部地区的一些省、区扣除物价因素后，市场商品实际销售低幅增长或有所下降，与发达地区的差别将更大。这就表现为，东部沿海地区经济快速增长，市场需求相对旺盛；中部地区经济稳定增长，市场需求相对平稳；西部地区经济增长速度相对较低，物价涨幅过高，市场需求也较平淡。因此，经济发展水平高的区域，市场机制的作用力就大。表现在市场的供需方面，因为生产力发展水平的提高，可以提供更多的产品以发展市场。也因为自身的发展，引起投资的增长，而投资的增长又可以引起生产资料与消费品的需求，从而扩大生产资料市场与生产要素市场的规模。在这种情况下，市场对价格的调节机制也就更为显著。

第二节　区际贸易与区域经济

地区是进行贸易最基本的单位，是按照生产要素的天然禀赋来划分的。不同地区的生产要素的供给状况有着很大的差别，而区际贸易就是在这一基础上展开的。区际贸易是区域之间的交易活动，是区域市场的进一步扩展。区际贸易以区际差异和区域分工为基础，以相互需求和交通、交易成本为条件。交通运输越发达，市场发育越成熟，区际贸易的客观障碍和人为障碍就越少。市场发育良好的区域，其开放程度越高，与毗邻区域和非毗邻区域的区际贸易及经济技术交流也越频繁。

一、区际分工与区际贸易

现代社会生产力的发展离不开分工，分工表现为各种社会劳动的划分和独立化。各区域的区位条件、资源禀赋、发展水平不同，经济活动的方式和内容也各有特点，呈现出地域空间上的差异性。这种差异性显现出了区域优势，导致区域分工,并由此形成各具特色的专门化部门,促成了区际贸易与要素的流动。马克思认为,分工"既包括部门间、企业间和企业内部分工,也包括把一定生产部门固定在国家一定区域的地域分工"(马克思,1975)。这里所指的"地域分工",即区际分工,亦称区域分工,它是社会生产力发展到一定阶段的必然产物。区际分工是区际贸易发展的前提和基础,而区际贸易的扩大和发展则会对区际分工产生强大的推动作用。区域之间通过分工合作、优势互补,推动着区域经济非均衡协调发展。

1. 区际分工的内涵

(1)区际分工的概念。分工指劳动分工,是人们在进行生产、改造自然的过程中形成的,是将原来由一个经济活动或一个经济活动中所包含的不同操作分解为由两个或两个以上的经济行为主体承担。

区际分工亦称劳动地域分工、地理分工,它是社会分工的空间形式,是社会分工发展到一定阶段、国民经济内部分工超越国家界线的结果。它是指相互关联的社会生产体系受一定利益机制的支配而在地理、空间上发生的分异(杨开忠,1989)。从个别区域的角度来看,它表现为区域生产专门化,即"各区域专门生产某种产品,有时是某一类产品甚至是产品的某一部分"(列宁,1960)。它实际上是在生产力"趋优分布"规律下,人们为获得各种区域利益而出现的不以人的意志为转移的必然选择过程。

(2)区际分工的基础。区际分工不仅是生产力发展到一定程度的产物,更是由要素的特点决定的:①生产要素的不完全流动性。生产要素包括自然资源和社会经济资源,自然资源的位置确定之后,或不能被移动,如土地、森林、矿山、草原等,或很难移动,如水资源等。社会经济资源当中最主要的是人力资源、资本和技术,它们的流动虽然是正常的,但必须付出相应的流动成本。因此,任何一个地区都具有资源优势,也是区际分工的基础之一。②生产要素的不完全可分性。由于集中经济和规模经济的存在,不可能将生产要素进行彻底分割,并将其均衡地分布在所有地区。因此,总是在条件好的地方,集中布局各类产业。产业的聚集又带来人口的增加,从而形成城市,成为地区的经济中心。③产品和服务的不完全流动性。由于距离因素的影响,产品与服务虽然能够移动,但是必须支付相应的运输成本,因此,为了降低距离成本,产品与服务的地方化优势也是区际分工的基础。

在经济利益的驱动下,各地区根据自己的优势进行劳动地域分工,当劳动地域分工达到一定规模时就出现区域专业化部门。这种选择的结果是使各区域都根据自己的优势进行专业化生产,全社会形成一个专业化体系。区际分工通过区际贸易来实现其专业化部门生产的产品价值和满足自身对本区域不能生产或生产不利的产品的需求，从而扩大区域的生产能力，增进区域利益。可以说，区际分工是区际贸易和世界市场的基础，无论分工是由自然条件的差异还是社会经济条件的不同而产生的，没有区际分工就没有区际贸易。

2. 区际贸易的内涵

（1）区际贸易的概念。区际贸易是指跨越行政区域边界所进行的商品和劳务交换活动。由于区域规模大小不同，区际贸易的发展程度和商品构成也具有较大差异。一般而言，区域规模越小，其区际贸易所包括的商品种类越多，区际贸易量占地区经济活动总量的比例越高；区域规模越大，贸易商品的种类越少，区际贸易量占地区经济活动的比例越低。区际贸易既包含国内贸易的部分，又涉及国际贸易的范畴；既包括一国国内区域间的贸易，又涉及异国区域间的贸易往来。

（2）国际贸易与国内贸易的区别。国际贸易是参与国际竞争，国际竞争优势的缺乏使落后国可能受到伤害而得不到补偿，而国内区际贸易是国内企业间的竞争，从国家总体上看无所谓补偿的问题；国际贸易过程中的交易费用较高，涉及各项贸易政策和货币制度的转换，而且开拓国内市场比进入国际市场容易得多；在国内区际贸易中，一个区域的"出口"就是另一区域的"进口"，对区域市场影响较大，但从国家的角度来看，总体市场规模没有发生变化，但在国际贸易中，出口意味着本国市场的扩大和延伸，而进口意味着本国市场的缩小。

由于在一国国内区域间的贸易不涉及国界的障碍、货币的转换、贸易政策的不同和国家间各自利益的冲突，因此国际贸易比国内贸易更加复杂和多变，也是本书区际贸易中着重探讨的部分。

3. 区际分工与贸易的作用

（1）区际分工与贸易使各区域具有比较优势的资源条件得到充分利用，总是生产和输出具有比较优势的产品，输入本区域在生产上具有劣势的产品，由此形成的区际分工与贸易格局，不仅提高了资源的利用率，也提高了区域经济发展水平，并增加了区域经济的福利。

（2）区际分工与贸易可以产生规模经济和集聚经济效益。专业化的生产有利于企业规模的扩大和同种企业在地理上的集中。这样，企业可以通过共同利用基础设施和商业服务设施，减少分散布局所需的额外投资，节省相互间物资和信息流的运输费用。同时，这种同行业的地理集中有助于促进区域的技术创新、人力资本的积累以及企业间的相互合作和竞争，从而形成较大的规模。这种由于区际分工所产生的规模经济和集聚经济，又会进一步加强区域的专业化分工效应，从而形成一种正反馈环。

（3）区际分工与贸易有助于范围经济（Scope Economy）的形成。范围经济是威利格和潘热（1981）为解释多产品生产企业的经济学提出的。当两个或多个产品生产线联合在一个企业内生产比把它们分散到只生产一种产品的不同企业中更节约时，就存在范围经济。范围经济主要来源于可用于多种输出的共用要素的充分利用，由于共用要素具有不可分割性，把多种输出集中在一个企业生产就更为节约。区际分工的细化将不断衍生出越来越多的新企业，这些具有前后向关联的企业以及相关支撑结构在空间上的集聚，有利于企业集群的形成和发展，从而增强了区域的竞争优势。

二、区际贸易的影响因素和发展条件

1. 区际贸易的影响因素

（1）要素供给。要素供给包括区内的要素禀赋条件和区外要素的流入两个方面。产品的生产是一个投入产出过程，不同地区的生产要素禀赋不同，投入要素的组合状况不同，致使投入产出效果差异很大。自然要素的禀赋差异包括一个国家的气候、土壤、矿藏资源等，这是一切经济活动的必要条件和基础。在生产力水平较低的国家和地区，自然要素的差异对区际贸易的影响更大，这就要求各地区的贸易产品生产要按专业化原则进行。每个区域都利用其充裕的生产要素生产和输出产品，输入那些需要耗费其稀缺的生产要素才能生产出的产品，使参与交换的双方都会获利。但是，有利的自然条件只是为分工和贸易提供了可能性，缺乏必要的技术，还是不能使自然资源真正发挥作用。有些国家虽然自然资源缺乏，但凭借先进的科学技术仍然可以建立许多新兴的工业。除此之外，区域内供给不足的要素还可以通过区外要素的流入加以弥补，促成相对充裕的要素优势得以充分发挥，使区际贸易不断扩大。

（2）外部需求。需求是贸易的根本，也是拉动生产的动力。如果某区域生产的产品仅供本地区消费，必定受市场狭小的限制，无法扩大发展。因此挖掘区外市场需求、开展区际贸易，是区域经济发展的必由之路。产品具有比较成本优势只是开展区际贸易的必要条件，除此之外，还需深度开发区域市场，在细分市场的基础上对产品品种、款式、质量、包装、渠道等各方面进行打造，尽力满足区外需求的偏好，才能真正促进区际贸易的发展。

（3）区位条件。区位对于贸易的发展有着至关重要的作用，早在古典区位论中对此就有详尽的阐述（本书在第二章专门介绍）。简单来说，区位条件主要包括三方面的内容：

第一，区域所处的地理位置。地区毗邻经济发达地区，位于交通干线和贸易航线附近，或者地处交通网络的交汇点，越便于商品、人员、劳务的输入和输出，贸易就发展得越快。

第二，区域交通的内外通达性。通达性是指区域交通的通畅程度和可达程度。交通网络四通八达、涉及面广、交通便利，有利于商品和劳务的流通，同时可以使区域变得相对邻近，尤其是对时效性要求很强的产品，如新鲜瓜果蔬菜和海鲜食品，交通的通达性更是影响区际贸易开展的重要因素。

第三，贸易地区之间的空间距离。如果两贸易地区之间的空间距离较大，就会增加产品的运输成本，从而在一定程度上抵消其比较优势。然而，随着交通运输工具的改进和革新，航空业的发达、高铁的兴起、公路运输的繁荣使空间距离对区际贸易的制约作用日趋减弱，全球贸易的可达性变得更为现实。

（4）经济体制与政策。在传统的计划经济体制下，区际之间的经济往来和商业贸易被压制，政府决策代替了市场主体的独立自主，行政分割阻碍了区际贸易自由。除了中央政府计划的物资跨地区调拨外，区际贸易极不发达，各地区尤其是省级行政区域内自给自足的现象严重，资源地域空间配置效率不高。随着企业市场主体地位的确定，其自主性、积极性和创造性充分调动起来，区际贸易逐渐走向繁荣。在市场经济条件下，企业在区际贸易中起着主导作用，政府只是通过宏观调控手段进行引导，因地制宜地发展适合企业和地区的优势产业，在流通方面则要受到贸易政策和各种贸易壁垒的影响。

（5）价格的合理性。合理的价格能促进区际贸易正常发展，不合理的价格则会成为障碍和限制。区际贸易中价格合理与否主要表现在：首先，是否有合理的地区差价。一般来说，产地因其具有比较优势，产品质量上乘，价格便宜，而销地多是因为需要且缺乏该产品，因此，销售价格包含运输费用和产地的出产价格后仍然有需求的市场。但是，如果产地和销地之间价格倒挂，那么产地不愿输出，销地也不愿输入，其结果是产地商品大量积压，而销地商品短缺，区际贸易无法进行。其次，工农业产品比价是否合理。长期以来，我国农产品、原材料等初级产品价格偏低，加工产品价格偏高，导致农业省区限制原材料输出，纷纷发展加工业，阻碍工业品的输入，这也会严重影响区际贸易的发展。我国价格体系的改革重点主要放在提高农产品、能源、原材料的价格上，使工农业产品比价逐步向合理化方向发展。

2. 区际贸易的发展条件

（1）成本优势与规模经济效应。成本优势和规模经济是区际贸易发展的必要条件。当每一地区都生产和输出那些比别的地区生产较便宜的商品，从区外输入较区内生产便宜的商品时，一些行业如汽车、钢铁等只有达到一定的规模才可能降低生产成本，提高生产率。在这种情况下，各地区生产同类产品的企业将通过公平竞争，实现效率较高的企业取代效率较低的企业的局面。其市场范围和市场份额得以扩大，规模经济带来的成本优势进一步显现，资源和商品按效率原则跨地区自由流动，从而推动企业进一步扩大规模，降耗增效。其他的企业由于在竞争中没有实现规模经济和成本的最低化从而转向其他领域进行生产，通过贸易的方式获得自己需要的产品。这样，各自靠发挥自己的比较优势来进行产品生产的选择，从而形成合理的区域分工格局，使参与区际贸易的双方都受益。

（2）交易成本和地区间需求偏好。要素和产品供应地与市场的距离、地理条件及相关的交通运输条件决定了交易成本的大小。一般来说，交易成本要低于生产成本，区际贸易才可能产生。但是，随着经济发展和人们收入水平的不断提高，人们在同类商品的消费上也呈现出差别化和多样化趋向。需求的偏好也会导致区际贸易的发展。任何地区都不可能完全通过区内生产来满足区内需求，就好像从事服装生产的厂商并不只穿自己生产的服装一样，各地区通过专业化分工，相互交换，才能满足消费者对多样化和差异化的需求。对于多数地区而言，大多既是商品输出地，又是商品输入地，还可能同时存在同类商品的输入和输出。对市场进行观察和细分，探寻消费者的消费需求和消费动力，而不仅仅依赖区域自身的资源禀赋优势，是未来区际贸易研究的方向。

三、区际贸易对区域经济的影响

区际贸易在区域间的分工合作与竞争中、在区域经济发展中起着重要的作用。

1. 区际贸易可以使区域获得绝对优势和比较优势

通过区际贸易，各地区利用自己的有利条件生产和输出具有绝对优势的产品，输入本地区在生产上处于劣势的产品。在区域经济发展过程中，合理的区际分工机制促进了区域专业化和区际贸易的发展，这种建立在比较优势基础上的区际贸易，使得区域间的相互依赖日益深化，区域间相互交流的规模不断扩大，从而形成高效有序的经济网络系统。一方面，提高资源利用效率，扩大区内生产能力，带动就业乃至国民收入的增加，进而提高储蓄，为投资增长和新一轮的经济增长提供必要条件；另一方面，交易双方通过贸易往来可以获得本地区不能生产或者即使能生产成本也较高的产品，获得比较优势。消费者支付较低的价格就可获得质量较好的产品。

2. 区际贸易可以促进区域向更有利于自身的方向发展

具有相对优势的区域在分工中可以通过区位因素在空间经济活动中所产生的乘数效应，带动周围区域相关活动的发展。区际贸易可以通过引进区外的新技术、新体制、新管理方法，促进本区域的技术进步和制度创新，从而带动区域经济增长和发展。两个存在差异的区域之间，相对发达的区域某些内部性因素向区外扩散和辐射时还在一定范围和一定程度上改造了那些相对落后的区域，对这些区域的经济发展产生了积极的影响，并引发一系列的波及效应，使区域的总体水平不断提高，不仅推动了外部区域的经济发展，而且也推动了区域自身的经济发展。因为贸易具有明显的"技术外溢"效应和"边干边学"效应，技术创新及其区际流动（知识溢出）是区域经济发展的重要源泉。对一个区域而言，它的技术进步不仅取决于区域自身的创新能力，而且还在于接受其他区域创新技术的传播。当一个区域自身创新能力有限时，接受其他区域创新技术传播就对区域利益增进具有十分重要的意义。边界地区率先吸纳区外先进技术，通过它的中介、传导、窗口、前沿作用，扩散到区内的其他行业，以先进带后进梯度推进，促进了整个区域范围内各地经济的发展。同时，区际贸易活动增强了区内外信息交流，有利于形成制度创新所需具备的文化条件。伴随着区际贸易所带来的技术在空间的扩散会导致创新源地和被扩散地同时受益，技术在区际的转移有助于消除本区域与其他区域之间的技术差距，使整个区域在较高起点上向有利于自身的方向发展。

3. 区际贸易促进了沿边、沿海地区区域经济的发展

边境贸易指一国在陆地与其他国家接壤的边界上所进行的贸易。它是对外贸易的一部分。我国陆上边界线约有2.1万多千米，与12个国家的领土接壤，许多省存在边贸且发展迅速。我国发展边境贸易，实施沿边开放战略，要坚持以市场为中心，以贸易为先导，以"外开内联，双向推进，振兴边疆，促进全国"为指导思想，通过区域分工，联合对外，把国家重点陆地边境口岸建设成双边、多边或转口贸易中心，在具备能源、水源等基础条件的地方还应大力发展出口加工业，带动民族地区的经济发展。沿海地区对外贸易指一国海域与其他国家毗邻的边界所进行的进口和出口的总称。在20世纪80年代，东南沿海地区吸取中国港澳地区、中国台湾地区以及外国先进技术和管理经验，使本地区经济迅速发展。如广东省实施外向型经济发展战略，逐步走上了经济市场化和国际化道路，

其主要经济指标在全国各省中名列前茅。自 20 世纪 90 年代以来，上海浦东的开发开放则体现了我国原有的开放格局正在向纵深层次发展和完善，进一步促进了长江三角洲地区的发展。

 专栏

"一带一路"：经济地理革命与共赢主义时代

2013 年 9 月 7 日，习近平主席在哈萨克斯坦纳扎尔巴耶夫大学发表演讲时首次倡议：共同建设丝绸之路经济带，以点带面，从线到片，逐步形成区域大合作。

同年 10 月 3 日，习近平主席在印度尼西亚国会发表演讲时首次倡议：共同建设 21 世纪海上丝绸之路。同时他还倡议筹建亚洲基础设施投资银行，促进本地区互联互通建设和经济一体化进程，向包括东盟国家在内的本地区发展中国家基础设施建设提供资金支持。由此形成了共建丝绸之路经济带和 "21 世纪海上丝绸之路"（以下简称 "一带一路"，英文表述为：The Belt and Road Initiatives 或 One Belt and One Road）的重大倡议。

在不到两年的时间内，习近平主席、李克强总理等领导人前后密集地访问了 20 多个国家和两大地区组织（如东盟、欧盟等），直接与沿线主要国家领导人进行双边与多边会晤，阐释 "一带一路" 的深刻内涵和积极意义，主动了解并与各国发展战略合作对接，亲自考察中方与海外的重点合作项目，直接使一大批合作项目落地，务实地签订了多项合作协定，如与巴基斯坦推动中巴经济走廊合作；与俄罗斯签署《关于丝绸之路经济带建设和欧亚经济联盟建设对接合作的联合声明》；与哈萨克斯坦的 "光明之路" 经济战略对接；与白俄罗斯合作 "一带" 标志性项目；与欧盟推出的欧洲投资计划（投资总额为 3150 亿欧元）对接，鼓励中方企业参与泛欧交通网络、中欧陆海快线、新亚欧大陆桥等基础设施项目，也欢迎欧方企业积极参与 "一带一路" 建设，双方还希望到 2020 年实现一万亿美元贸易额的目标。每个合作协定都具有巨大的投资含金量、价值含金量。至今已得到 60 多个沿线国家和主要国际组织的积极响应和支持，由此拉开了由中国所倡导的 "一带一路" 建设序幕。

"一带一路" 建设是全面开放的新型国际合作，它向所有国家开放，无论是沿线国家，还是域外国家，均可通过参与共建，为本国和区域经济的繁荣发展做出贡献。无论国家或地区大小，无论人口多寡，无论穷国富国，无论何种文化，中国都愿与其开展互利共赢的合作，寻求利益契合点和合作最大公约数。目前合作模式主要有三种：一是双赢模式，如双方投资协定（BIT）谈判；二是多赢模式，如双方合作开发第三方市场，如李克强总理在欧洲所建议的，中国企业在发展中国家和中东欧地区开展产能合作项目，要采购欧洲国家部分装备，同时也发挥自身装备制造和集成能力优势，提高技术和节能环保水平，为当地国家基础设施建设和产业发展提供可靠装备；三是共赢模式，如由多国合作开通的欧亚大陆桥中欧货运专列（注：亚欧大陆桥东起中国连云港、日照等东方桥头堡群，经陇海、兰新线由新疆阿拉山口口岸出境，在中亚分三路通往欧洲）。

"一带一路"建设的关键是互联互通，尤其涉及基础设施建设的互联互通，中国愿意帮助沿线国家改善和修建各类基础设施，使亚欧非大陆之间真正能够互联互通，以此促进货物贸易增长、服务贸易增长、直接投资增长，建立和加强沿线各国互联互通伙伴关系，构建全方位、多层次、复合型的互联互通网络。它是迄今为止世界上规模最大的跨区域合作。贯穿亚欧非三个大陆，一头是世界上经济最活跃的东亚经济圈，另一头是世界最发达的欧洲经济圈，中间广大腹地的中东、北非、中亚、南亚等发展中国家和地区人口众多、市场潜力巨大。"一带一路"至少有五条跨区域世界交通大通道，其中丝绸之路经济带有三条：一是中国经中亚、俄罗斯至欧洲（波罗的海）；二是中国经中亚、西亚至波斯湾、地中海；三是中国至东南亚、南亚、印度洋。

21世纪海上丝绸之路有两条：一是从中国沿海港口过南海到印度洋，延伸至欧洲；二是从中国沿海港口过南海到南太平洋。中国所扮演的角色就是促进欧亚非三个大陆基础设施等互联互通，进而促进它们之间的贸易一体化、经济一体化。

"一带一路"建设是迄今为止世界上人口规模最大的互利共赢的命运共同体。这包括60多个国家、44亿人口，又分成低收入、中等收入和高收入国家等不同类型国家。中国作为上中等收入国家，通过中国进出口银行（注：中国进出口银行的主要职责是为扩大我国机电产品、成套设备和高新技术产品进出口，推动有比较优势的企业开展对外承包工程和境外投资，促进对外关系发展和国际经贸合作，提供金融服务。2014年，总资产23776亿元人民币，贷款余额17417亿元人民币）、中国国家开发银行（注：国家开发银行主要通过开展中长期信贷与投资等金融业务，为国民经济重大中长期发展战略服务。2014年，总资产10317亿元人民币，贷款余额7942亿元人民币），以及丝路基金（400亿美元）、亚洲基础设施投资银行（1000亿美元）、金砖开发银行、上海合作组织开发银行等金融机构，既可以帮助那些低收入、下中等收入国家开发未来的特大市场，又可以与高收入国家合作，开发现实的特大市场。例如，欧盟是中国的第一大贸易伙伴，中国则是欧盟的第二大贸易伙伴，双方合作还可以共同开发第三方市场。在改革开放之初，我国接受了大量的政府开发援助（ODA），包括来自世界银行的ADD和日元贷款。正是因为这些低息贷款外援，使得我国得以通过基础设施减少贫困，改善投资环境，最后使得大量的私人投资、外商直接投资（FDI）进入。"一带一路"建设将逐步结合政府开发援助、开发性金融以及市场配置这几方面的相互作用，以基础设施的互联互通作为优先领域，为沿线发展中国家提供基础公共产品，带动沿线各国货物贸易、服务贸易和投资的增长，以中国的发展带动沿线国家的发展和世界的发展。

资料来源：胡鞍钢."一带一路"：经济地理革命与共赢主义时代［M］// 改变世界经济地理的"一带一路".上海：上海交通大学出版社，2015.

第三节　区域经济学的产生与发展

一、区域经济学产生的历史背景

区域经济学的形成和发展最早源于1826年德国经济学家杜能提出的农业区位论，至今已有近180年的历史。然而，20世纪30年代尤其是第二次世界大战以来，西方国家的区域问题开始暴露出来，各国政府加强了对区域经济活动的干预。这样，以单个厂商区位选择为主要研究对象的区位理论，逐渐发展成宏观区域决策的理论。20世纪50年代，区域经济学开始作为一门相对独立的科学存在，自20世纪60年代以来，随着区位研究由微观向宏观领域的不断扩展，以及各国政府为解决区域问题而大规模开展各种区域规划工作，区域经济学获得了迅速的发展。目前，区域经济学已从传统的以单个厂商的区位选择为主要对象的区位理论，逐渐演变为主要为各级政府区域经济决策提供理论依据的完整科学体系。我国则直到20世纪80年代后才开始这方面的工作。

1. 经济背景

随着地域分工的不断深化，地区间经济发展的不平衡也逐渐加剧，在已经实现工业化的资本主义国家内部开始出现老工业区结构性衰退的现象。如美国的东北部同西部和南部的不均衡，英国的英格兰、苏格兰、北爱尔兰与威尔士等地也陷入结构性危机。区域经济问题逐渐显露，到了20世纪30年代又爆发了资本主义的经济危机，萧条地区和贫困地区的经济状况进一步恶化，如美国的田纳西河流域，1933 年人均收入只有 168 美元，不及全国平均收入的一半，英国英格兰的西北部、东北部和苏格兰失业率超过 25%，威尔士失业率超过 36%，而伦敦和东南英格兰的失业率不到 14%。经济的两极分化加剧，引起了许多国家和经济学家的关注。这其中也包括著名的经济学家凯恩斯。凯恩斯在 1936 年出版的《就业、利息和货币通论》一书中就明确承认经济运行存在大量问题，不能放任自流，必须运用市场机制以外的力量进行调节和干预。虽然他的理论并不是针对某一区域经济问题的，然而他所提出的政府对经济活动的调节和干预的思想对当时各国政府采取有效的区域经济政策影响很大。许多国家纷纷采取一系列措施帮助落后地区发展经济、缓和两极分化带来的痛苦与灾难。

2. 政治背景

在西方，资本主义发展到了国家垄断资本主义阶段，政府的经济职能加强，政府有能力干预区域经济发展。同时，越来越严重的两极分化也危及政权稳定，社会矛盾突出，社会治安不稳定。在东方，社会主义制度诞生，一方面，社会主义国家实行计划经济，政府是配置资源的主体，政府可以在区域之间配置资源；另一方面，社会主义经济要求有计划按比例地协调发展，尤其是在区域之间，实现资源、要素的合理分配和区域的健康发展。

3. 科技背景

第三次科技革命使区域经济学的研究方法和手段更为先进，与其他经济学科明显不同，区域经济在研究过程中，更多地采用科学技术，通过遥感、测绘、计量经济学、系统分析的方法编制区域总体模型，把区位论与地理研究相结合，从地理区域的角度考察区域系统的结构和内部机制，模拟和预测区域的发展过程，使区域经济学的研究成果更具指导意义。

二、区域经济学的产生及发展阶段

1. 酝酿阶段（古典区位论的诞生阶段）

区域经济学的理论渊源最早可以追溯到 19 世纪初的自由资本主义时代，也是古典区位论诞生的时代。那时人们关注的重点是单个的经济组织在一定的地域空间中，通过选择优势区位来降低成本、增加利润的问题。因此，1826 年，以德国经济学家杜能为代表的农业区位论奠定了古典区位论的基础。1909 年，韦伯又提出了工业区位论，强调了运输成本、工资成本以及集聚因素对区位的影响。随着社会分工的发展和规模的扩大，1940年，克里斯·泰勒和廖什又先后提出了市场区位论，成为古典区位论的集大成者。

2. 兴起阶段（20世纪50~70年代）

20世纪50年代末，是资本主义经济迅速发展的时期，各国都追求更高的发展速度，把大量的财力、物力、人力集中投入经济发达、技术条件好、基础设施良好的地区。这种做法虽然实现了发达地区经济的繁荣，却带来了发达地区和欠发达地区之间的差距拉大。由于全球性经济危机和世界大战的冲击，西方许多国家的区域经济问题变得十分突出。经济领域产生了凯恩斯主义，主张国家调节经济活动。这期间一些经济学者开始关注和探讨区域经济问题。

1957年，缪尔达尔提出了累计因果论，指出市场力量的作用倾向于扩大而不是缩小地区间的差距。一旦差距出现，发达地区就会获得累积的竞争优势，从而遏制落后地区的经济发展。1958年，赫希曼在《经济发展》一书中也指出，区域的极化效应和扩散效应在同时发生作用，但极化效应的作用是支配一切的。极化效应的结果扩大了地区差距，因此，要改变这种情况，必须加强国家干预。1960年，艾萨德发表了《区域分析方法》，其后又出版了《区域科学导论》。从20世纪50年代开始，艾萨德及其研究小组根据区域经济和社会发展的客观要求，以地域经济综合开发和组织为主要研究对象，对美国田纳西河流域治理开发以及日本、拉丁美洲许多地区以工业为主的综合开发进行了研究和规划。在其《区位与空间经济学》一书中，艾萨德归纳总结了杜能、韦伯、克里斯·泰勒和廖什等的区位论观点，把成本最小化和利润最大化的区位决策引入一般的经济学中，探讨在平衡状态下空间经济的一般形态，并进而探讨空间经济的相互依存问题。艾萨德对区域经济学的最大贡献，在于他将纯理论的推导带入对空间上的区域的各发展阶段的经济分析及其空间结构研究，并设计出区域分析和应用的模型。

进入20世纪六七十年代后，西方国家在战后的繁荣时期宣告结束，经济发展势头锐减。过去那种以为发达地区可以把自己的繁荣建立在别的地区的贫困之上的传统认识，已站不住脚。美国、法国等国家通过政府的干预，促进落后地区的经济发展，调整区域之间的经济关系。这一时期，通过实践开始对传统生产布局理论在解决区域经济发展与布局上的局限性进行反思，进而奠定了比较系统地研究区域经济学的理论基础。

3. 发展阶段（20世纪80年代后）

20世纪80年代以后，世界经济出现了和平与发展为主要特征的时期，世界经济呈现出区域化、集团化和一体化趋势。随着官方统计数据的大量公布和计算机网络技术的迅速发展，西方区域经济学研究开始逐步走向计量化，实证研究成为一种新时尚。在区位理论和空间经济领域，随着跨国企业的迅速发展，研究重点也转移到区位选择与空间组织上来。主要集中在：①企业投资区位的决策过程以及区位选择所考虑的主要因素。②公司总部、地区性总部以及地区办事处的区位选择。③研究与开发活动的国际化及其区位选择。④企业内部的区位调整、撤资以及工厂关闭问题。⑤企业内分支机构之间的空间联系与组织形式。⑥企业外部的空间联系，如转包、国际战略联盟等。同时，随着交通通信和信息技术的迅猛发展，经济全球化的深入，国际直接投资急剧增长。国际直接投资区位的选择、经济国际化乃至全球化的空间影响以及新型的劳动地域分工问题，正日益成为当今西方区域经济学研究的热点。

在区域经济发展方面，也出现了一些新的特征，主要表现为新的理论的创建与实践、区域经济发展与协调、区域可持续发展、区域政策与产业政策的协调、地方经济政策、区域营销与形象设计、区域市场开发等方面。尤其是运用一些新的数学方法和手段来分析和研究区域经济问题，使研究的指导性和实践性都大大增强。这一时期区域经济进入了全面发展的时期。

三、中国区域经济学的形成与发展

综观我国区域经济学的研究和发展，可分为以下三个阶段：

1. 改革开放前阶段

改革开放前我国处在高度集中的计划经济体制下，基本上不存在相对独立的区域经济。这一阶段以中央高度集权、计划行政管理、排斥市场机制为特征。不仅各经济环节、部门之间，而且各地区之间都要求有计划、按比例地发展。区域政策主要局限于生产力布局的理论和方法，以平衡布局发展为目标，追求和维护国家的政治和经济利益。区域内部产业结构的配置以及区域间利益的协调、产业分工格局均由中央政府统一安排，地方政府只是被动地执行国民经济计划的一个环节，区域经济利益往往被忽视，或置于次要地位。

这一时期区域平衡发展的积极效果是：改变了旧中国生产力布局的严重畸形状况，推进了内地经济的发展，增强了内地自我发展能力。但是平衡政策也产生了一些问题：

其一，区域平衡发展战略不适应当时中国的经济状况，绝对地平均发展反而使区域差距进一步扩大。

其二，区域平衡发展的指导原则之一是为国防安全服务，而不是消除贫困，尤其是在"三线建设"时期，这一原则被推向极致，造成巨大的损失。

其三，强调区域自成体系，导致区域产业结构的趋同化，形成了"大而全"、"小而全"的经济结构，丧失了区域分工效益。

其四，思想方法片面化、教条化、无条件化，主要表现为生产关系决定论、苏联理论方法为上、经典作家理论绝对化和教条化等，使区域经济陷入僵化、缺乏活力的境地，抑制了它对实践应有的指导作用。

2. 改革开放后的阶段

这一阶段是在发挥市场经济作用下发展沿海地区为主的梯度推移的不平衡发展阶段。

这一阶段，中国经济体制由计划经济逐步向市场经济体制转变，区域经济发展与研究的宏观环境发生了重大变化：国家对宏观经济的管理由直接控制转向间接控制，市场在资源配置中的作用越来越大；地方经济主体得到确立，其地位与作用逐步加强，由于财政、税收、计划、投资体制的深化改革和地方调控权的扩大，地方政府的责任和权力进一步强化；中国经济发展战略模式由速度型、粗放型向效益型、集约型转变，传统的"均衡"布局已不适应市场经济发展规律的要求，代之以"效率"为目标的布局原则和政策导向；实行对外开放政策，重点对沿海实行特殊优惠政策，结果是区位条件优越、经济基础雄厚和沿海地区得到高速发展。

这一时期区域不平衡发展使中国经济建设的重心大规模东移，又一次改变了原有的生产力布局。投资主体更加多元化，布局机制更加复杂化，新的分配主体和利益分配机制开始形成。新兴工业地区和经济增长极发展迅速，三资企业、乡镇企业和个体私营企业迅猛发展。

引进外资和对外贸易取得长足发展，国民经济总体水平和质量有了明显提高。人民生活水平增长较快，翻两番目标已经提前实现。

但是，在经济高速发展的同时也出现了一些不合理的现象和不容忽视的矛盾与问题：区域经济不平衡不断加剧，区域差距进一步拉大，经济重心更加偏向东南沿海。地方保护主义严重，出现地区封锁、市场分割和行政性垄断等现象，严重阻碍了区域分工与协作关系的发展。由于缺乏明确的区域产业政策的指导，区域分工模糊，各地纷纷进行低水平的重复建设，产业结构趋同，缺乏规模经济。老工业基地相对萎缩，资源配置效率不高。区域倾斜政策与区域产业倾斜政策没能有机配合，导致产业结构失衡和生产力布局不合理。

3. 不平衡协调发展阶段

进入 20 世纪 90 年代，区域经济发展差距问题已成为我国经济研究中讨论得最热烈的话题之一。

我国是一个幅员辽阔的大国，各地自然条件、社会发展程度、历史背景和社会人文条件差异很大，区域经济发展存在一定程度的差异，具体表现在：东部和中西部的产业结构及工业化、城市化进程不同，市场发育程度和对外开放程度不同，经济体制的转换速度和程度也不同。除此之外，东部地区的经济技术远远高于中西部，而中西部地区的自然资源又比东部地区丰富得多，由经济发展速度不同造成了人均产出和人均生活水平的差距日益扩大，并呈上升趋势。

目前我国这种地区之间不断扩大的经济发展差距不利于我国国民经济整体水平的提高，也不利于国民经济的协调发展。因此，为促进地区经济协调发展，党中央提出了加快中西部地区经济发展步伐，逐步缩小地区差距的战略任务。区域经济学也出现了一个新的发展阶段。在新形势下，国家先后开展了环渤海、长江中下游、东北、西南、西北以及长江流域、陇海、京九和南昆沿线等地区的区域规划研究。针对改革与发展过程中出现的各种区域问题，中央在区域经济合作、区域经济一体化、区域发展差异、老工业基地改造以及区域政策等方面进行了积极的探索，明确提出要实施可持续发展战略。随着国家西部大开发战略、东北地区等老工业基地振兴战略以及中部崛起战略的实施，区域协调发展的步伐正在加紧进行。同时，长江三角洲、珠江三角洲、京津冀都市圈等区域市场也在稳步推进。在产业集聚、集群发展、企业迁移、外商投资区位、区域金融、区域创新以及区域人力资本等方面都有新的尝试。

第四节　区域经济学的研究对象及任务

一、区域经济学的相关概念

1. 区域

（1）区域的概念。经济学中关于区域的概念迄今尚未有明确的定义。最早的经济学角度的区域概念是 1922 年《全俄中央执行委员会直属经济区划问题委员会拟定的提纲》中所给出的区域概念。该提纲定义区域为："所谓区域应该是国家的一个特殊的经济上尽可能完整的区域。这种地区由于自然特点、以往的文化积累和居民及其生产活动能力的结合而成为国民经济总链条中的一个环节。"①美国区域经济学家胡佛（Hoover）于1984年给出了定义："区域是基于描述分析、管理、计划或制定政策等目的而作为客观实体来加以考虑的一片地区。它可以按照内部的同质性或功能一体化原理划分。"②

张敦富认为："区域经济学关于区域的概念可以表述为：经济活动相对独立，内部联系紧密而较为完整，具备特定功能的地域空间。"

郝寿义、安虎森认为："区域，是指便于组织、计划、协调、控制经济活动而以整体加以考虑的，并考虑行政区划基础上的一定的空间范围，它具有组织区内经济活动和区外经济联系的能力，常由一个以上以高级循环占重要比重的中心城市、一定数量的中小城镇以及广大乡村地区所组成。"

孙久文、叶裕民认为："作为区域经济学研究对象的区域，是指拥有多种类型的资源，可以进行各种生产性和非生产性社会经济活动的一片相对较大的空间范围。这样的区域小至县、乡、村，大到省和国家，以及由若干国家共同开发的某些跨国界的区域，比如亚太地区、东北区、南极、太平洋等。"

综上所述，区域是一个客观存在的、抽象的、人们观念上的空间概念。通常指特定的地理空间范围，是指拥有多种类型资源、可以进行多种生产性和非生产性社会经济活动的一片较大的空间范围。这样的区域小至县、乡、村，大到省和国家，以及由若干个国家共同开发的某些跨国界的区域，比如亚太地区、东北亚、南极等。一般而言，区域经济学研究的区域主要包括三大类：全国国土、一国范围内特定的区域，以及跨国界的特定区域。

（2）区域的类型。1950年，佩鲁在其著名的论文《经济空间：理论和应用》中吸收现代数学的理论成果，采用拓扑空间的概念来探讨经济空间的理论和应用。他把经济空间相应地定义为经济变量的结构关系，并分为三类：统计学上同质或均质的经济空间；作为势力场的空间；计划经济空间或政策运用的经济空间。

20世纪60年代中期，法国著名经济学家布德维尔（Boudville）吸收佩鲁空间方法的框架，并吸收地理学的区域思想，按同质性方法和集聚性方法的不同，将区域划分为三类，即同质区、极化区以及规划区。

第一类，同质区（Homogeneous Region）。同质区是根据区域某些重要因素的

① 克尔日查诺夫斯基. 苏联经济区划问题论文集 [M]. 王守礼译. 北京：商务印书馆，1961.

② Hoover E. M., Giarratani F. An introduction to regional economics [M]. New York：Alfred A. Knopf, 1984：264.

一致性或相似性来划分的。这些特征主要包括经济发展水平、产业结构、消费类型和劳动力的就业分布等经济特点的相似性；自然资源分布、土壤类型、地形与气候等自然条件的相似性；一些非经济因素的相似性，如一致的社会态度、相似的政治观点等。例如，我国根据区位条件和经济技术水平的相似性，把全国分为东、中、西三大地带，中国的民族自治区域就是按照少数民族的地理分布和聚居特点的相似性而划分的均质区。农业专业化地区、土地利用类型区以及按人均收入水平确定的贫困地区，也都属于均质区的范畴。它反映区域的均质平面状态，不探究区内的结构、差异和联系。采用这种分类法便于进行区际间的比较研究和分类指导，便于采用一致的区域政策，实现统一的区域目标。例如，我国哈大铁路沿线地区的玉米带是同质区域，因为该地带内不同地区所经营的农业是很相似的，都耕种玉米、水稻和大豆。最常见的同质区域是国家、省、州、县、市等行政管辖区域，因为这些区域都处于共同的政府管辖之下，区内所有地区实施相同的政策，区内经济发展差距和福利水平差距相对较小。这种区域内各变量的一致性最大，而区际分异也最大。

第二类，极化区（Polarizable Region）。极化区又叫结节区、功能区、集聚区。它是把经济区域看作由若干异质部分构成，功能上联系紧密的地域空间。它反映的是区内的结构、差异和联系，是指地理空间中地方化的异质连续地域，其不同部分通过围绕区域增长极（在经济发展中起决定作用的带动单位）的相互关联而相互依存。按迪金斯（1980）的说法，这种结构"有一个场所，一个核心和它在它们边缘地区的、明确程度不同的变化梯度"。核心即"中心城市"，如大城市、大企业，它是极化区的核心，在各要素中起着主导性的支配作用。乡村则是外围地区，它们受核心的影响、支配和控制。网络是各节点相互联系的载体和通道，如交通运输网络、通信网络、线路以及各种管线相互连接而成的网络。沿着网络形成的人流、物流、资金流和信息流则反映了区内各组成部分之间的运动和空间相互作用。核心与外围地区相互补充，通过网络把周边城镇和乡村联系起来，把各种产业、部门联系起来，互相依存，共同发展。最常见的极化区域就是大都市统计区；美国划分了366个大都市统计区（MSA）。大都市区域通常包括低收入者密集居住的中心地段、高收入者分散居住的郊区，以及这两种收入群体居住地之间的许多地区。因此，不同于同质区域的同质性特征，极化区所具有的特征是异质性特征。但正由于大量的通勤流、购物流、商品配送、电话呼叫及其他活动，这些大都市区域在功能上成为一个整体。

极化区的规模大小及其边界取决于区内支配性节点的经济强度以及节点与外围地区之间在功能联系上的紧密程度。这种功能联系一般表现为流量现象，而这些流量并不以同样的速率和强度出现在整个空间，最大的流量往往是来自或者指向某些支配性节点。在每个节点四周，存在一个产生各种相互作用力的影响圈或空间场。由于距离的影响，随着离开控制中心的距离的增加，流量密度也将随之下降。当流量密度在某一个半径以外降低到一种临界水平以下时，实际上就确定了空间场的最远边界。一般来说，流量的变动与节点的规模大小或吸引力成正比，与到达节点的距离成反比。因此，采用引力模型可以确定极化区的边界。

需要指出的是，作为极化区的一个主要类型，城市经济区不能较好地处理区域的邻接性问题。当随距离而衰减的相互作用降到门槛水平以下时，城市经济区的外圈可能会出现不与任何大城市中心相连接的乡村地区。因而，在城市经济区之间可能会存在不能纳入任何定义的极化区范围的乡村边界地区，从而出现"飞地"。

第三类，规划区（Planning Region）。除了同质区和极化区之外，第三种分类方法就是从政府规划或政策制定的角度来划分的规划区。所谓规划区是指从政府规划或政策取向上考虑的区域，实质上仍是建立在同质性和集聚性的基础之上。它为一定的管理目的而创造，是政府计划、政策实施的地区。我国过去所划分的各种类型经济区，包括七大区域、经济特区、经济技术开发区、高新技术产业区等都属于规划区的范畴。规划区一般是建立在同质区或极化区基础之上的。区内自然条件、社会和经济特点的相似性，以及各组成部分之间经济联系的紧密程度，是政府确定规划区的两个重要依据。为了便于政策的实施，提高政策的效果，规划区一般要求有明确的界限，其地域规模也不宜太大。其边界的确定，一般以现有行政区划体系为基础，适当照顾到行政区域的相对完整性，以有利于基本数据的收集和政策的贯彻实施。

上述划分区域的方法已经成为经济学家普遍遵循的规范方法。概括来说，区域是按照一定标准划分的连续的有限空间范围，是具有自然、经济或社会特征的某一方面或几个方面的同质性的地域单位。

2. 经济区域与区域经济

（1）经济区域。在经济学中，人们通常把区域看作人类经济活动的空间载体。从古典区位论到现代区域经济学，对经济区域的科学界定经历了一个长期的探索，直到19世纪初，德国经济学家杜能在其农业圈层理论中才较为完整地描述了一个典型的经济区域，即以一个均质平原上的中心城市为核心，以若干农业圈层布局为腹地，通过马车为交通工具，或可通航的河流作为纽带，将城乡紧密联系在一起所形成的不可分割的经济区域。综合众多学者的观点，经济区域是按人类经济活动的空间分布规律划分的，具有均质性和集聚性，经济结构基本完整，在国民经济体系中发挥特定作用的地域单元。

经济区域的特点如下：

其一，经济区域首先是一定范围的地域空间（地域性）。区域是一个地域空间的概念，是某个整体中的一部分，是局部的概念。它是人类经济活动及其必需的生产要素存在和活动所依赖的地域空间载体。一方面，经济区域离不开人类的经济活动，没有人类系统的经济活动的区域是自然区域，而不是经济区域；另一方面，人类的经济活动必须依托一定的地域空间，把经济活动置于空间维来考察，是区域经济区别于其他经济学科的根本。

其二，经济区域能够独立地存在和发展（独立性）。经济区域必须有承载经济活动的能力，即区内各经济主体在经济上紧密联系，社会、文化趋于或融合为一体。根据经济区域形成的实践和"核心—外围"、"极化空间"等理论，一个较为完整的经济区域必须具备中心城市、经济腹地和经济网络。三者相互依存和联系形成地域结构。地域结构的完整、功能的强弱在相当程度上决定着区域的活力和竞争力。经济区域的独立性不仅是内部经济主体具有独立性，而且任何一个区域与其他区域之间也相对独立，具有能够组织和协调内部经济活动和区际经济联系的能力。如果不具备这种能力，它不可能单独组成一个区域。

其三，经济区域在更大范围的区域系统中担当某种专业化分工的职能（开放性）。不同的区域所赋存的资源要素状况，如自然资源、资金、劳动力、技术、科学技术、文化，以及发展水平是不同的。这种区内的同质性与区际的差异性，表现为一种区际的分工与专业化。这样，在不同区域之间以分工与专业化为基础结成密切的经济联系，又构建了更大范围的区域经济体系。

（2）区域经济。区域经济，泛指一定区域内的人类经济活动，是相对于国家经济而言的。在与国民经济的关系上，区域经济是一个国家经济的空间系统，是具有区域特色的国民经济。在一定区域范围内，区域经济是由各种地域构成要素和经济发展要素有机结合、多种经济活动相互作用所形成的、具有特定结构和功能的经济系统。区域经济具有整体性、关联性、相对独立性和空间差异性。差异显出优势，优势形成特色①。

区域经济的特点如下：

其一，地域性。各个区域的不同特点和区情，使区域经济烙上强烈的地域性特点。无论是行政区经济，还是伴随商品经济的发育而逐步形成的经济区经济，都是如此。从这一点出发，区域经济的发展必须因地制宜、扬长避（补）短、合理分工、发挥优势，以逐步形成各具特色的地区经济结构。

其二，中观性。区域经济是一种承上启下，并有着自己的区域特点的中间

① 程必定.区域经济学［M］.合肥：安徽人民出版社，1989；陈栋生.区域经济学［M］.郑州：河南人民出版社，1993；李京文.中国区域经济教程［M］.南宁：广西人民出版社，2000.

性、非均衡性经济，是一种介于宏观经济和微观经济之间的中观经济。任何一个区域的经济发展，都既要满足本地居民的需要，谋求区内居民经济福利的增长，又要考虑整个国民经济发展的需要，搞好与全国经济的相互衔接和协调，兼顾区域利益和国家利益。作为区域经济的管理部门，地方政府既要对区内的企业进行管理和调控，又要接受中央和上一级政府的监督、指导和调控，执行国家的宏观经济政策。

其三，相对开放性。与国家经济相比，区域经济在社会制度、经济体制、经济运行规则和货币政策等方面是一致的，缺乏国家之间常有的人为障碍，如关税、进口配额、移民限制等，因而具有更大的开放性。但这种开放性只能是相对的，它受空间距离和运输成本的制约。一般来说，区域规模越大，开放的程度越低；反之，区域规模越小，开放的程度越高。

总的来说，区域经济是一个国家经济的空间系统，是经济区域内部社会经济活动和社会经济关系或联系的总和，是经济区域的实质性内容。

二、区域经济学的研究对象和内容

1. 区域经济学赖以存在的基础

（1）自然禀赋的差异性（资源禀赋差异）。自然禀赋的差异包括自然条件的不同性、资源的稀缺性、生产要素分布的不均衡性和不完全流动性。与人类需求的无限性相比较，无论是自然资源、人力资源，还是社会经济资源及社会财富，都是有限的。这些稀缺的资源，即使分布均匀，由于区位效应的作用，也会向某些地区集聚，由此产生了对资源进行优化配置、使经济效益达到最大化的生产力布局。自然禀赋的差异是区域经济学的灵魂与活力所在，既是区域经济分异的前提，也是区域经济多样性、互补性和区域分工的基础。

（2）经济活动的极化性（集聚经济）。自然条件的差异是区域经济的一个重要客观因素，然而，区域经济差异更为根本的因素是人为因素，这就是人类经济活动的极化性。经济活动的极化性表现为规模经济和集聚经济，它是由经济本身的趋利性和节约导致的。一个企业生产规模在一定限度内增大，一般可收到节省单位产品成本和提高效率的好处，这就是企业的规模经济。若干企业集中于一点，能为各方企业带来成本节约等经济利益，这就是集聚经济。规模经济和集聚经济使得各生产要素和经济单位集结在一定空间上，形成极化点或经济增长极，在极化效应作用下，不断壮大、强化，从而形成以城市为极化中心的区域经济。

（3）空间距离的不可灭性（转移成本）。有空间就有距离，就会发生位移，要克服空间距离就要支付转移成本。虽然现代科技、交通、通信业的发展，已使世界变成了"地球村"，空间距离以人的活动的限制越来越小，但只要距离存在，经济活动就要支付转移成本，就要占用时间。这使得经济活动只能局限于一定的地域空间范围内。

2. 区域经济学的研究对象

中外学者关于区域经济学研究对象的表述由于各自的着眼点不同，得出的定义也有较大的差异。概括起来主要有以下几种观点：

（1）从经济学出发，认为区域经济学是研究特定地理范围的经济学。持这种观点的人仅仅把区域经济看成地理经济，缺乏对区域特点的分析和区域间的联系和影响，容易照搬成功地区的经验和方法，造成严重后果。

（2）从人类经济活动的地理分布和空间组织来界定，认为区域经济学是研究为人们所忽视的经济空间秩序、研究稀有资源的地理分布的科学，其研究对象是国民经济的地域组织规律，区域经济学即空间经济学。胡佛认为，区域或"空间"经济学可以归纳为这样一个问题，即"何事"在"何地"、"为何"以及"应该如何"。他认为，"何事"包括每一种经济活动和各种经济活动单位；"何地"是指其活动有关的区位，包括集中、分散、空间模式的相似性与差异性等问题，他认为这种"何地"的问题既可以在广义的层次上进行讨论，也可以从微观的角度如地带、地段或地点的角度进行讨论；"为何"以及"应该如何"的问题，是经济学家根据其研究能力而做出的对经济现象的某种解释。我国有些学者也认为，区域经济学的研究对象是国民经济发展的地域组织规律。但是这里的"应该如何"更多的是事后的解释，而不是"事前"的预测，因此，这种研究还缺乏指导性。

（3）从区域内外两个层次加以界定，认为区域经济学是以经济学的观点，研究在资源不均匀分配且不能完全自由流动的世界中，各个地区的差异以及地区间的关系的科学。虽然杜贝也强调了资源不均匀分配以及要素的不完全流动所产生的区域分界，然而他似乎是强调由此而产生的区域间的相互关系。

（4）从宏观上和政策实用层面上进行界定。即区域经济学是"从宏观角度研究国内不同区域经济发展及其相互关系的决策性科学"。这种观点强调区域经济学并不以区域内单个经济主体的经济行为为考察对象，而是把一个区域的经济活动作为一个整体的经济活动来进行考察。强调区域经济发展、区际分工与联系、区域经济政策为区域经济学的主要研究内容，尤其强调区域经济政策，这一点与前面几种观点不同，较为全面地概括了区域经济学的研究对象。

3. 区域经济学的研究内容

区域经济学是把区域和经济作为一个统一整体来考察，分析其产生、发展和演变的规律。区域经济学既揭示区域经济总体运行趋势规律，也探讨区域各组成部分、各经济因素的相互作用及其变化规律；既研究在国家宏观经济体系中区域经济的地位与功能的变动规律，也研究区域之间的分工协作及区域内部经济结构与变动规律；既研究各经济因素在不同区域的组合规律，也研究不同区域条件对经济因素的作用与效率规律等。主要研究内容如下：

（1）研究区域经济发展规律。考察区域的经济增长模式、产业结构的演进、城市集聚及网络体系的构建、区域经济发展战略等。

（2）研究区际经济关系发展变动规律。主要包括区际的均衡与国民经济总效率的关系、区域之间的合理分工和区域之间的经济合作、生产要素和商品在区域之间流动和交易的法则等。

（3）研究运用现代科学技术手段和相关学科成果，完善区域经济研究方法和开拓区域经济研究领域。

（4）研究区域发展决策和政策。区域经济学是一门实践性很强的学科，不仅研究区域经济发展规律，更注重把这些规律运用于实践，探讨促进区域发展得更快、更好的途径。为此，区域发展决策和政策是研究的重要内容。区域发展决策包括区域发展战略、区域规划、区域建设项目的可行性分析等。区域经济政策主要包括政策目标、政策手段（工具）和政策效应，三部分相互联系并相互作用。

广义的区域经济学是研究区域经济发展的一般规律的学科，而狭义的区域经济学是研究区域经济发展和区际关系的学科。目前，我国区域经济学分为三大部分：区域经济发展、区际经济关系和区域经济政策。它要回答一个区域是如何实现经济增长和经济发展的，各个地区以及主要城市在全国劳动地域分工中具有什么样的优势，应该处于什么样的位置，承担什么样的功能；应该与其他地区建立什么样的经济联系，如何建立这样的联系。区域经济学是一门应用性学科，要突出其应用性：一是要对现实区域经济运行中可能产生的重大问题给予理论上的解释；二是要为现实区域经济运行中问题的解决提供思路和方法，需要了解、总结国内外的发展经济，特别是提示中国半个世纪以来区域经济的运行轨迹，也即需要对中国区域经济运行做实证分析。

三、中国区域经济学的特殊历史使命

在中国，区域经济学是一门发展十分迅速的学科。改革开放以后，传统体制下经济发展的弊端日益显露，在区域经济发展中表现为产业均衡布局所导致的资源低效利用。而提高资源利用效益是市场经济条件下经济社会发展的核心问题。在宏观上，随着国民经济发展由粗放型向集约型、由速度型向效益型转变，如何有效利用全国各地区的资源就成为社会各界广泛关心的课题；在中观上，随着中央政府的放权让利，各地方政府开始成为地方经济发展的重要主体，如何有效利用本地资源，建立合理的产业结构，促进本地经济发展，是各级政府关心的首要问题；在微观上，随着市场经济体制的逐步确立，一大批跨区域的大型企业集团得到发展壮大，它们为了开拓新的发展空间，需要了解和掌握各地区发展的优势和进一步发展的态势，研究新扩张领域的最佳区位选择。

根据中国经济的特点，深入研究适合中国国情的区域经济学是中国经济发展的迫切需要，在中国跨世纪的发展中，中国区域经济学担负着特殊的历史使命。

1. 中国在 21 世纪面临的国际国内形势的需要

人类社会已经进入一个全新的时代，发达国家及相当一部分发展中国家都由工业社会进入信息社会，技术进步日新月异，信息高速公路缩短空间距离，把世界密切地连为一体。这无疑使经济实力强大的发达国家在全球范围内寻求新的经济发展空间、扩张其经济统治变得更加容易，借助知识经济的东风，发达国家迎来了一个新的发展时代。世界经济的发展给中国提出了极其严峻的挑战。中国在21 世纪的发展中，既要完成传统的工业化过程，又要追赶世界知识经济发展的步伐。中国已经多次错过参与世界发展的机会，并因此受到太重的历史惩罚。中国没有理由再次错过历史的发展机遇，也没有时间再次走经济发展的弯路。为此，必须深入研究中国作为一个特定区域的经济发展的规律，以及人们利用规律驾驭经济活动、提高发展效率的基本途径。这正是中国区域经济学研究的核心问题。

2. 中国幅员辽阔，区域差异大

东部沿海地区，尤其是从珠三角到长三角再到环渤海地区取得了长足的发展，成为我国经济的"隆起"区，有望发展成为世界级的经济带城市群，需要做的是产业升级和城乡统筹。与此相反，中西部在经济总量、人均收入、结构提升等方面都明显滞后于东部，导致了内陆地区经济的"塌陷"。尽管近年来中西部经济增长速度超过东部，但东部地区的基数远大于中西部地区，东部地区和中西部地区之间的绝对差距仍在加大。例如，2013 年上海市人均 GDP 是 90765 元，而贵州省人均 GDP 只有 22982 元，前者是后者的 3.95 倍；城镇居民人均可支配

区域市场与区际贸易

收入和农村居民人均纯收入，前者分别是后者的 2.26 倍和 3.93 倍。东西部之间的巨大差距不仅带来内需和消费的不振，还会带来一系列的社会问题。因此，各地区需要因地制宜，充分挖掘、利用各地区的资源条件，使处于传统工业不同阶段的地区根据各自的区情加速工业化进程，缩小与世界发展的差距；在工业化已经达到较高程度的发达地区及已经进入工业化后期的某些城市，发展信息产业和知识经济。因此，中国区域经济学担负的是使处于不同发展阶段的区域经济协调发展的责任。

3. 中国的特殊国情

由于中国特殊的国情，各级政府将在很长时间内承担区域经济发展第一主体的重任，它们将负责制定各自区域的开发和发展规划，并采取各项政策措施，参与、促进区域经济的发展。区域经济学的基本任务是要回答国民经济的空间格局及其变动"是怎样""应当怎样"和"如何达到那样"。因此，我国的政府官员需要一种系统阐述中国区域经济发展与资源开发的理论，该理论能够回答区域发展各个过程中所产生的基本问题及政府可能采取的措施。这正是中国区域经济学的特殊历史使命。

 思考题

1. 区域市场有哪些空间特性？
2. 区域市场与区域经济有哪些联系？
3. 区际贸易对区域经济有哪些重要的影响？
4. 按同质性和聚集性分，区域的类型有哪些？

第二章
区域市场与区际贸易的基本理论

重点问题

- 区位理论
- 区际分工理论
- 区域经济增长理论

第一节　区位理论

一、古典区位理论

区位理论是微观经济理论，它主要解决的是厂商如何进行布局才能使成本最低或者利润最大的问题。区位理论是区域经济学的理论基础，它的许多理论和方法都能成为区域经济学理论的组成部分，如专业化生产理论、资源禀赋理论、规模经济理论、相互依存理论和区域贸易理论等。

19世纪初至20世纪中叶是古典区位理论的形成期，这一时期由于工业的发展，生产力迅速提高，地区间的经济联系空前扩大，商品销售与原料地范围越来越广。人们关注的重点是单个的经济组织在一定的地域空间中，通过选择优势区位来降低成本、增加利润的问题。企业是经济区位布局的主体，区位因素如交通条件、市场供求、资源分布等是企业进行空间配置的约束条件。同时，经济危机频繁爆发，如何合理布局产业已成为迫切需要解决的问题。

1. 农业区位论

（1）背景与提出。18世纪末至19世纪初，英、法等国已成功走上了发展资本主义的道路，而德国仍是一个封建割据的农奴制国家，农业占主要地位，农业开始向大型化、商业化过渡。在工业上，德国由于导入机械工业生产早已进入近代资本主义社会，但是，在农业上没有像工业生产方面那样的技术性革命，仅仅在改变传统的农法上进行了尝试，不过追求合理的新农法已成为时代的需求。许多农场主感到茫然，他们迫切需要理论界回答两个问题：①德国农业最好采取什么样的经营方式，集约化程度达到什么水平最好？②在由自给性农业转向专业化农业的过程中，农业怎样布局才能获得最大利润？

杜能就是在这种状态下，为了探索上述问题，潜心经营特洛庄园十年，积累了详细的资料，于1826年撰写了《孤立国同农业和国民经济的关系》，探索如何能够带来最大收益的农业经营方式的空间组织原理。

（2）杜能农业区位论的含义。杜能认为，农业生产利润取决于成本、价格和农产品从产地到消费地的运费。在证明这些论点的过程中，杜能提出著名的孤立国农业圈层理论，即农业区位论。在市场价格与生产成本不变的情况下，农业生产利润是市场距离的函数，决定利润的只有运费，而运费又由距离和运费率来决定。每一种农产品的运费率不同，各种农作物都有不同的最远可运距离。因此，在什么地段种植什么农作物要视与城市的距离和农作物本身的属性而定。

杜能对其假想的"孤立国"给出以下假定条件：①肥沃的平原中央只有一个城市，无山脉、河流，土壤与气候条件一致，任何地点都可以耕作，距城市50英里之外是荒野，与其他地区隔绝。②居民接受同等教育，掌握同等劳动技能和生产工具。③马车是唯一的交通工具，运费与运距呈正相关。④农产品主要用于销售，以取得最大限度的利润为其经营的最终目的。⑤城市为产品交换的市场和消费中心，为农村提供全部的生产与生活资料。农村除中心城市外，不与其他任何市场发生经济联系。⑥农民生产的驱动因素是获取最大的区位地租，他们根据市场的供求关系调整产品类型。⑦农场的农产品价格、农业劳动力工资、资本的利息率都固定不变。

杜能在做了若干假设后，以城市为中心，由内向外呈同心圆布局了六个农业圈层。在城市近处种植相对其价格而言笨重而体积大的作物，或者是生产易于腐烂或必须在新鲜时消费的产品。而随着距城市距离的增加，则种植相对于农产品的价格而言运费小的作物。

第一圈层为自由农作圈，主要生产易腐烂、难运的产品，以蔬菜、牛奶、鲜花为主。由于运输工具为马车，速度慢，且又缺乏冷藏技术，因此需要新鲜消费的蔬菜，不便运输果品以及易腐产品就在距离城市最近处生产，形成自由式农作圈。本圈大小由城市人口规模所决定的消费量大小而决定。

第二圈层为林业圈，为城市提供薪柴和木料。由于重量和体积均较大，从经济角度必须在城市近处（第二圈）种植。

第三圈层为轮作农业圈，以谷物、土豆、牲畜为主。杜能提出每一块地的六区轮作，第一区为马铃薯（自给），第二区为大麦（饲料），第三区为苜蓿（饲料、养地），第四区为黑麦，第五区为豌豆（养地），第六区为燕麦。其中耕地的50%种植谷物。

第四圈层为轮作休闲圈，以谷、草为主。同第三圈层不同的是总有一区为休闲地，七区轮作为第一区黑麦，第二区大麦，第三区燕麦，第四区、第五区、第六区为牧草，而第七区为荒芜休闲地。全耕地的43%为谷物种植面积。

第五圈层为三圃农作圈。此圈是距离城市最远的谷作农业圈。三圃式农业将农家近处的每一块地分为三区，第一区谷物，第二区牧草，第三区休闲，三区轮作，即为三圃式轮作制度。远离农家的地方则作为永久牧场。本农业圈全部地中的24%为谷物种植面积。本圈层位于距城市39.8～50.7千米处。

第六圈层为畜牧业圈。此圈是杜能圈的最外圈，生产谷麦作物仅用于自给，而生产牧草用于养畜，以畜产品如牲畜、黄油、奶酪等供应城市市场。据杜能计算，本圈层位于距城市51～80千米处。此圈之外，地租为零，则为无人利用的荒地。

（3）杜能农业区位理论的意义。一是理论思考方法的创新，即提出了抽象的孤立法；二是杜能首次将空间摩擦对人类经济活动的影响加以理论化和体系化，这一理论体系和研究方法被推广到了其他的研究领域，即他的研究不仅仅停留于农业的土地利用上，对城市土地利用的研究也具有重要的指导意义。

杜能的农业区位理论对农业地理学的发展同样具有重要的意义。该理论揭示了即使在同样的自然条件下，也会出现农业的空间分异，而这种空间分异源于生产区位与消费区位之间的距离，各种农业生产方式在空间上呈现出同心圆结构；不存在对于所有地区而言绝对优越的农业生产方式，但存在地区的相对有利性；距市场越近，单位面积收益越高的农业生产方式的布局是合理的，从地区农业的总体看，这种农业生产布局获得的收益也最大。总而言之，杜能农业区位理论的重要贡献在于对农业地域空间分异现象进行的理论性、系统性的总结（张文忠，2000）。

（4）杜能农业区位理论的局限性。杜能理论的核心是在均质的大平原上，以单一的市场和单一的运输手段为条件，研究农业生产的空间组织与产地距市场间的距离关系。但是杜能圈模式是一种完全均质条件下的理论模式，是对客观实际的高度抽象，"孤立国"在现实中很少存在。

第一，区内如果有能通航的河流，就不仅仅依靠马车的运力。除此之外，技术的发展、交通方式的增加也使得杜能理论中起决定性作用的距离因素的制约变小，飞机的发明使生产地到市场的时间距离缩短，冷冻技术、保鲜技术的应用使得某些农产品的供求范围伸展到数百或上千公里的空间尺度。

第二，忽略了不同规模中心城市在市场交易能力方面的差异，只考虑农业土地利用，没考虑到城市周围的土地利用。现代城市周围不仅仅有农业土地利用，同时也混杂着商业、住宅、工厂等不同的土地利用。在城市近郊的农民，由于农地可以随时转化为住宅等城市用地，因此对农地的资本和劳动投入很少，放弃耕种或者临时性耕作成为一种现象，而远离城市的农地难以转换为城市用地，因此对农地的投入较多，而从事相对集约度高、农业利用价值大的经营，因此，可能会出现农业生产方式呈"逆杜能环"的现实。

第三，杜能圈是以商品性农业生产为前提，强调单一品种专业化生产，是以追求最大利润为目标的。但是现实生活中，农业生产不完全是商品性生产，还有自给性生产的部分。因此，并不一定是以追求最大利润为目标，还可能以自身的需要为生产的目的。比如追求产量和多元化经营，这也是导致杜能圈模式与现实农业空间生产产生偏离的最大原因之一。除此之外，如果孤立国内还有其他小城市，小城市靠周围供应农产品，又供应周围农业生产资料，形成以小城市为中心的独立模式。

2. 工业区位论

（1）背景与提出。19世纪末，德国工业的大发展，要求人们将工厂布局在生产成本最低点。一些学者开始探讨工业布局问题。韦伯（Alfred Weber）在研究这些问题的基础上建立了工业区位论。韦伯理论的基本框架是：研究运费对工业布局的影响，再研究劳动费与聚集因素对工业布局的影响。韦伯是德国经济学家，他于1909年著有《工业区位论——论工业区位》一书，1914年又发表了《工业区位论——区位的一般及资本主义的理论》，标志着工业区位理论的建立。韦伯把区位研究从农业拓展到了工业，运用"区位三角形"研究了运输成本对工业区位的影响，在此条件下再引入工资成本，使工业区位发生了第一次变形。在此基础上又再引入集聚因素，工业区位论又发生了第二次变形。他认为，经营者一般在所有费用支出总额最小的空间进行布局，也就是说费用最低点即为企业最佳区位点。

韦伯提出工业区位理论的时代，是德国在工业革命之后，近代工业有了较快发展，从而伴随着大规模人口的空间移动，尤其是产业与人口向大城市集中的现象极为显著。在这种背景下，韦伯从经济区位的角度，探索工业生产活动的区位原理，试图说明与解释人口的地域间大规模移动以及城市的人口与产业的集聚。

（2）韦伯工业区位论的三个阶段。韦伯工业区位理论是建立在以下三个基本的假定条件基础上的：第一，已知原料供给地的地理分布，且那里有普遍存在的原料（如水和沙子）和有局部存在的原料（如煤和铁矿）的分布；第二，已知产品的消费地与生产规模，工业制品只能在一定的市场出售，消费量是已知的；第三，劳动力存在于多数的已知地点，且不能移动，供应的劳动力是无限的，每个区位的工资水平不一定相同，但工资是固定不变的。在上述三种假定条件下，韦伯分成三个阶段来逐步构筑其工业区位理论：

第一阶段：不考虑运费以外的其他的一般地区性区位因子，即假定除运费外，其他费用不存在地区差异，在此基础上，构建基本的工业区位框架。

在此阶段，韦伯在给定原料产地和消费地的基础上，确定仅考虑运费的工厂区位，即运费最小的区位是运费指向论所要解决的问题。运费主要取决于重量和运距，而其他因素，如运输方式、货物的性质等都可以换算为重量和距离。

为此，韦伯对工业原料做了如下分类：①根据原料的产出和分布情况，分为遍在原料（指到处都有的原料）和局地原料（指仅产在特定地方的原料，在地理分布上有严格的限制，如铁矿石等）。②根据原料转换过程中的重量变化，分为纯原料（如棉纱织成布，重量很少变化）和粗原料（指在制成品过程中失去一部分或大部分重量的原料）。在生产工艺不可分割，消费地和局地原料地只有一个的前提下，最小运费原理认为：只使用纯原料时，在产品消费地布局比在原料地布局运费节约大，属于消费地指向性区位。只使用粗原料时，属于原料地指向性区位。仅使用局地原料，且用纯原料时，在原料地和消费地或者两者之间的任何一点其运费都相同，属于自由指向性区位。

为了明确工业区位指向，韦伯运用了原料指数的概念。原料指数是指工业生产中耗用局地原料与制成品之间的单位重量比。计算结果表明，某一种工业生产的原料指数如果大于1，工业区位指向原料地；如果原料指数小于1，则工业区位指向消费区；若原料指数等于1，工厂既可以建在原料地，也可以布置在消费区。

$$M_i = \frac{W_m}{W_p} \qquad\qquad (2-1)$$

其中，M_i 表示原料指数；W_m 表示局地原料重量；W_p 表示产品重量。

除了原料指数以外，韦伯还提出了区位重量的概念。区位重量是指运移每一单位的产品重量和原料重量的总和。

$$L_w = \frac{W_m + W_p}{W_p} = M_i + 1 \qquad (2-2)$$

由于在整个工业生产与分配过程中，需要运送的总重量为最终产品和局地原料重量之和，因此，当 $M_i > 1$，$L_w > 2$ 时，属于原料地指向性区位，如水泥工业等；当 $M_i < 1$，$L_w < 2$ 时，属于消费地指向性区位，如啤酒工业、面包工业等；当 $M_i = 1$，$L_w = 2$ 时，属于自由指向性区位，如精密仪器工业等。通过分类，韦伯认为局地原料和粗原料对工业区位的影响较大。

 专栏

范力农构架

韦伯对于区位的推算，采用了力学方法，即"范力农构架"（Varign - non frame）。假定市场（C）需要产品1吨，需原料产地1（M_1）供应3吨原料，原料产地2（M_2）供应2吨原料的区位三角形中，工厂区位（P）应该选择在哪里。根据韦伯工业区位理论的运费指向论，工厂区位应该在运费最小地点。韦伯假定运费只与距离和重量有关，那么运费最小地点应是 C、M_1、M_2 的重力中心。

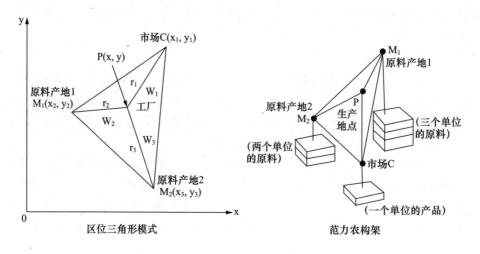

图 2-1　区位三角形模式和范力农构架

"范力农构架"可用以下数式来表示，即对于由原料地和消费地构成的区位三角形，求解运费最小点，即求解区位三角形 P 点的坐标。图 2-1 中，从 M_1、M_2、C 为区位三角形的三个顶点，坐标已知，假设 P 点为运费最小点，其坐标为

（x，y），P与三个顶点间的距离分别为 r_1、r_2、r_3，原料和产品的重量分别为 a_1、a_2、a_3。那么在运费与距离、重量成比例的情况下，总运送费可由如下公式来表示：

$$k = \sum_{i=1}^{n} a_i r_i = \sum_{i=1}^{n} a_i \sqrt{(x - x_i)^2 + (y - y_i)^2}$$

通过求它的最小值来求P点的具体位置。

资料来源：魏后凯. 现代经济学［M］. 北京：经济管理出版社，2006：85.

第二阶段。加入了工资成本的因素，研究由第一阶段运费形成的最佳区位的变形，即研究运费和劳动费用同时作用下所形成的最小费用区位。

在工业区位的研究中，韦伯注意到了劳动力费用的地域变化和劳动生产率的空间差异对工业区位的影响。如在运费方面处于不利地位的工业区位，有可能由于劳动力费用的节约而得到弥补。也就是在所追加的运费小于所节省劳动力费用的情况下，可使一个工厂企业离开运费最小的位置移向廉价劳动力的地区，从而使运输定向的工业区位系统模式产生第一次"偏离"。为了解决这个问题，韦伯运用了"等运费曲线"分析了两个地区工资成本差别与运输成本差别的替代关系。如果把工厂迁到工资较低的区位，只有运输成本的追加小于工资成本的节约才能带来有利的效果。

这里所说的劳动费用不是指工资的绝对额，而是指每单位重量产品的工资部分。韦伯为了判断工业受劳动费用指向的影响程度，提出了"劳动费用指数"的概念，即每单位重量产品的平均劳动费用。如果劳动费用指数大，则从最小运费区位移向廉价劳动费用区位的可能性就大；否则，这种可能性就小。但韦伯也认为劳动费用指数只是判断劳动费用指向的可能性的大小，而不是决定因素，因为尽管某种产品的劳动费用指数高，但如果该产品生产所需要的区位重量非常大的话，也不会偏离运费最小区位。为此，他又提出了"劳动系数"的概念，即每单位区位重量的劳动费用，用它表示劳动费用的吸引力。

劳动系数大，表示远离运费最小区位的可能性大；劳动系数小则表示运费最小区位的指向强。劳动系数越高，工业也就会越向少数劳动力廉价地集中。

第三阶段。在此基础上，加入了集聚因素，分析了集聚（分散）因子对最小费用区位形成的作用，引起区位的第二次变形。韦伯认为集聚的作用也会使生产成本费用节约，其经济利益是由于工业企业本身的规模扩大所带来的生产集中的经济效果，同一工业部门中工厂企业之间的协作，或是企业外部经济利益的增长。因此韦伯所指的集聚不是一般工业的集合，只有为了集聚的经济目的而集中的工业才是"纯"集聚，才能带来经济利益。但是，要素和活动的集聚虽然可以降低生产成本，但工厂迁入聚集地也有可能追加运费。也就是说，一个工厂企业如果由集聚所节省的费用大于因搬离运费最小或劳动力费用最小的位置需追加的费用时，则其区位将由集聚定向。运用"等运费曲线"仍可找到所增加的运费和聚集所节约的成本之间恰好相等的"临界运费线"，使企业获得优势区位。

（3）韦伯工业区位论的评述。自 1904 年韦伯发表的"工业区位论"问世以来，对他的理论曾有各种各样的评价。如同农业区位论鼻祖杜能一样，韦伯是第一个系统地建立了工业区位理论体系的经济学家。他的区位理论是经济区位论的重要基石之一，不仅是理论研究的经典著作，同时对现实工业布局也具有非常重要的指导价值。作为经济学家，韦伯首先把数学推理和区位模式应用于经济地理学，可以说他是现代计量地理学研究工业配置问题的先驱。韦伯考察了影响工业区位的各种不同因素，在具体区位问题上抽象概括出三个因素，形成他的区位理论。这种抽象和演绎的方法，对个别工厂企业区位研究，对地理科学的区位分析有一定的促进作用。

另外，绝大多数学者深刻地指出韦伯工业区位理论的缺点和错误，由于韦伯的理论产生于西欧现代工业迅速发展时期，他仅对德国的工业配置进行了研究。理论的目标是以运输观点在原料、市场之间的关系中，寻求工业生产成本费用的最低区位。然而韦伯假定的完全竞争条件是不现实的，资本主义社会利润的大小不完全取决于生产成本费用水平，这是因为在垄断资本占优势的情况下，即使生产成本费用为最小也不一定能使资本家获得最高利润。实际的运输网现状也在深刻地影响工业分布。消费市场在不断变动，工业的集聚也是趋向于大城市而不是设想的交叉部分的区位等。所有这些事实都与韦伯的理论有相当大的差距。正是基于这种认识，在欧美各国陆续出现了补充韦伯理论不足的各种区位学派。

韦伯理论的另一个根本缺欠是没有认识到技术进步对工业区位产生的重要影响。一些西方学者在评论中指出，自 20 世纪 20 年代以来的新技术革命已赋予大部分工业相当程度的区位可变性。这不仅是因为当前技术水平已经有可能利用诸种不同原料生产同一制品（如从煤或石油中都可提取有机化工制品），它们之间的生产成本费用差别很大。又如由于技术和交通运输的发展，带来了原料使用量和劳动费用以及运费大幅度削减，本来属于原料地和劳动供给地指向的区位类型现在已变为消费地指向区位类型，特别是一些尖端技术工业布局受地域束缚极小，工业区位的选择范围很广。在这种条件下，工业区位出现了新的指向类型，如临空型、临海型和高智能型等区位类型，这些类型的工业区位不能直接地套用韦伯的理论（张文忠，2000）。

3. 运输区位论

美国学者埃德加·M. 胡佛（Edgar M. Hoover）于 1931 年和 1948 年分别写

了《区位理论与皮革制鞋工业》和《经济活动的区位》两本书，提出运输成本由两部分构成：一是线路运营费用（包括线路维修、管理、运输工具磨损、动能消耗、保险费运输工人工资等）；二是站场费用（包括装卸费、仓库、码头、管理、保养维修等费用）。

胡佛根据运输本身的经济特点，指出：①运费率递减律。运费最根本的问题是随着距离的增长，运费缓慢的增长，每单位产品运输单位距离（如吨公里）的运输价格与距离增加不按比例增长，而是随着距离的增加而递减，即运费率递减律。②终点区位优于中间区位的区位理论：若企业用一种原料生产一种产品，在一个市场出售，且在原料与市场之间有直达运输线，则企业布局在交通线的起点或终点最佳，因为在中间设厂将增加站场费用。他认为这是大城市工业集中的重要原因之一。如果原料地和市场之间无直达运输线，则港口或其他转运点是最小运输成本区位。

运输区位论建立以后，引出了人们对市场区位的研究，加速了古典区位论向现代区位论的转化。

二、现代区位理论

1. 中心地理论

随着社会分工的发展和市场规模的扩大，韦伯以后的区位研究者发现，市场对现代经济活动的影响越来越大，进而成为影响企业区位选择的新的决定性因素。区位论对市场因素的研究，标志着古典区位论向现代区位论的转化。这些研究者认为成本最小不一定利润最大，提出了以市场为中心、以取得最大利润为目的的区位理论。其中，最有代表性的是克里斯·泰勒。他通过对德国南部城市和乡村集镇及其四周的农村服务区之间的空间结构特征实际考察以后，于1933年出版了《德国南部的中心地原理》一书，提出了中心地理论，即组织物质财富的生产与流通的最有效的空间结构是以中心城市为中心，由相应的多级市场区组成的网络体系，并提出了正六边形的中心地网络体系。

中心地理论的概念建立分三个步骤：①根据已有的区位理论，确定个别经济活动的市场半径；②引进空间组合概念，形成一个多中心商业网络；③将各种经济活动的聚集纳入一套多中心网络的等级序列中去。

2. 市场区位论

与泰勒的中心地理论相提并论的是德国经济学家廖什。他在1939年出版了

《经济空间秩序：经济财货与地理间的关系》一书，提出了市场区位理论。市场区位论产生于垄断资本主义时代，在详细考察了市场规模和市场需求结构对生产区位影响的基础上，廖什提出了产业布局必须充分考虑市场因素，尽量将企业布局在利润最大的区位的观点。

在市场的激烈竞争中，商品销售问题日益突出，这时在考虑生产成本与运费的同时，还必须充分考虑到市场划分与市场网络结构安排。在此前提下，他对每一假定离散的生产和消费点，分别建立消费分布和资源分布的距离函数，并认为每个企业的生产和市场范围是由资源供应范围和消费市场需求范围共同决定的。特定的市场需求决定了可能吸收的劳动力及其他资源的空间分布范围，特定的资源范围也可以确定特定的市场范围，这两个范围就是厂商的生产区位和市场区位。

在区位论中，他第一个突破了个别因素的静态的局部均衡研究，在探讨农业区位、工业区位及城市区位的基础上，从其相互关联、相互制约中建立了一般的区位理论，较为完整地表述了人类经济活动的空间依赖性和空间运动的规律性——经济空间秩序。他和克里斯·泰勒在研究上没有联系的情况下，都得出了市场网是相互重叠的"蜂巢"网体系的结论。

三、外商直接投资区位选择

外商直接投资是跨国公司参与国际化生产的重要方式。与证券投资不同，外商直接投资涉及一系列资产的国际转移，包括货币资本、管理与组织技能、技术、企业家精神等。外商直接投资的区位选择是一个多阶段的过程，在大多数情况下，外商首先选择特定国家，其次再具体确定国内建厂地区和厂址。因此，外商直接投资区位实际上包括两个方面的内容：一是外商直接投资的国别选择；二是外商直接投资的国内区位选择。一般来说，外商对区位的了解来源于两个方面：一是通过对公司实地调查和问卷等方式直接获取区位决策因素信息；二是采用统计数据和普查资料等二手资料进行经济计量分析，模拟区位选择。

1. 外商直接投资国家区位选择的影响因素

外商直接投资的一个显著特点是高度集中在少数国家或地区，如日本电子消费品与电子元件的生产主要选择在东亚、东南亚以及美国等地区；美国的对外直接投资集中在西欧、加拿大、拉丁美洲、东亚与东南亚国家；英国和德国的对外投资集中在西欧和美国；东南亚国家或地区对外直接投资则偏好东亚、东南亚国家与美国市场。

（1）成本因素。经典的区位理论认为生产成本是决定厂商区位的主要因素，外商通常会选择最低成本的生产区位，这种成本通常是指生产成本，包括劳动力成本、交通运输成本、货币汇率及其稳定性、贸易壁垒、自然资源供给、税收水平等。在全球搜寻廉价生产要素，将生产链的部分生产过程布置在国外，因而获取廉价的资源、劳动力以及集聚效应等。其中，最重要的一个成本就是劳动力工资。劳动力工资成本对投资区位选择的影响来自两个方面：一方面，工资水平越低，越有利于吸收外商直接投资，如改革开放初期，我国相对于香港地区劳动力成本十分低廉，因此，大量劳动密集型的加工装配业、制造业从香港地区转移到珠江三角洲及广东各地，使粤港之间形成前店后厂的关系；另一方面，工资水平过低，从另一角度说明当地劳动力的素质低下，依靠廉价劳动力生产的产品往往技术含量低、竞争性不强。因此，现在外商投资更重视效率工资，即每创造一单位产出所支付的工资额。尽管工资水平较高，但是由于劳动者素质和管理效能的提高，使得产生也较高，从而带来更大的收益。近年来，欧美在华制造业投资主要是流向一些工资水平较高的长江三角洲地区就是这个原因。就全国来说，上海的科技整体水平和科技人才总体素质都比较高，数量庞大的工厂企业和大型公司为上海培养了大批熟练的技术工人和优秀的管理人才。这些不但为外商投资办厂提供了可靠的技术保证，也为跨国公司提供了充裕的低成本、高素质的人才资源。

（2）市场因素与集聚效应。外资企业在选择制造业子公司区位时，一般把市场规模及其增长看成一个十分重要的因素。如果外资企业把制造业工厂选择在市场规模较大的地区，将可以接近消费者和要素市场，从而减少运输成本，及时了解市场需求的变化，并获取集聚规模经济效益。一个地区的市场规模大小可以用其经济总量规模如GDP来进行衡量，也可以用该地区经济腹地的经济总量和市场容量进行衡量。

正如高度集中在少数国家，外商直接投资在东道国内部的区位也只集中在少数地区。如在奥地利，约57%的外商直接投资和51%的外资企业就业集中在首都维也纳；东京都市区吸引了约80%的在日本的外资企业；在瑞典，60%以上的外资企业就业集中在三个县；在美国，加利福尼亚、纽约、得克萨斯、伊利诺伊和新泽西五个州贡献了50%以上的外资企业产出。这种空间集聚现象不仅存在于发达国家，在发展中国家也是非常普遍的。在中国，外商直接投资的85%以上集中在沿海地区；在泰国的68个省区中，三个省区占1987～2000年外资流入量的55%以上；在墨西哥，几乎所有的外商直接投资集中在与美国的边界州和一些中部的州；巴西的外商直接投资在空间上更加集中，主要在里约热内卢和圣保罗两个都市区；匈牙利的外资企业主要在布达佩斯地区；波兰的外资也大多数集中在一些大都市区①。

一般来说，欧美日跨国公司的投资相当程度上受市场规模和集聚经济效果的影响。集聚效应一方面体现在城市规模经济效益方面，另一方面体现在行业规模经济效益方面。大量的相关企业在地域上相互集中在一起，可以节约生产成本，扩大生产和消费需求，并有利于相互竞争和协作，提高管理和办事效能。

（3）公司策略的因素。如当英特尔公司在国外设立组装与测试分公司时，主要考虑技术人员可得性、建筑成本、基础设施水平、交通成本、商业操作成本以及供应商的供应能力等区位因素；爱立信公司强调下列东道国因素：市场规模、官僚体系、基础设施水平、关税程序、税收体系、出口加工区、影响进入国际市场的贸易政策、政治风险、生产成本以及合同商与供应商的可得性等（UNCTAD，2002）。

（4）政策性因素。政策性因素包括社会政治经济稳定性、外资引进与经营政策、外商待遇政策、私有化政策、贸易政策以及税收政策等。投资促进措施包括引资措施、投资激励、相关交易成本（如腐败、行政效率等）、投资后期服务等措施。如在改革开放初期，我国就分别在广东的深圳、珠海、汕头和福建的厦门试办经济特区，实行优惠政策，吸引外商投资，大力发展加工制造业和出口贸易，让一部分地区先富起来。这些区域性的优惠政策确实起到了吸引外资，特别是中小投资者来华投资的重要作用。

2. 外商在华直接投资区位研究

近年来，有许多学者研究中国外商直接投资的区位选择，他们发现，中国的外商直接投资在空间上高度集中。除了符合以上外商直接投资的影响因素外，都几乎考虑了接近港口和交通干线、水电气、土地等价格、减免税政策、市场环境、劳动力供应与工资水平等因素。外商在华投资因素的相对重要性如表2-1所示。

表2-1　外商在华投资因素的相对重要性

投资动机/区位因素	平均值	标准差
利用当地廉价的劳动力	2.4593	1.2385
扩大和占领中国大陆市场	2.2815	1.4540
确保原材料的供应	2.1556	1.3263
利用当地丰富的自然资源	1.9111	1.4167

① 魏后凯．现代经济学［M］．北京：经济管理出版社，2006.

投资动机/区位因素	平均值	标准差
利用减免税收的优惠政策	1.8815	1.2342
高投资回报率	1.7556	1.3071
中国即将加入世界贸易组织	1.5778	1.3575
向本国和第三国出口	1.5704	1.2728
对中国大陆有感情和血缘关系	1.1926	1.2001
提供售后和技术服务	0.9259	0.8947
减少专利权使用费	0.9037	1.0987
避免外汇风险	0.7407	0.8461
回避高关税壁垒	0.7259	0.9418
追随竞争对手来中国大陆投资	0.5111	0.7518
收集商业情报	0.4519	0.8614

资料来源：魏后凯、贺灿飞、王新（2001）。

随着市场经济的逐步建立与全方位融入经济全球化过程，外商直接投资也在空间上做出相应调整，更深层次地嵌入中国经济。研究发现市场可达性、人口密度、市场容量，基础设施、沿海区位、政策工具、外贸依存度、效率工资、劳动生产率以及市场化程度等均是重要的区位决定因素。随着中国与全球经济的深度融合，中国已成为吸收利用外商直接投资的领先国家，但是进入中国的外商直接投资在区域分布上以及各区域内的行业分布上存在着巨大的不平衡。外商直接投资在中国表现出的地区差异性，既反映了资本寻求利益最大化的战略性考虑，又显现出外商对中国各区域环境特征和优势资源的选择性利用。因此，研究外商直接投资在中国的区域分布及投资的区位选择行为，对了解中国各区域的经济特征，促进区域协调发展具有重要的现实意义。

第二节 区际贸易分工理论

早在 16 世纪，西欧重商主义就开始对国际贸易问题进行探讨。这一时期的资本主义发展处在资本原始积累阶段。除在国内对农民进行剥削之外，海外掠夺也成为西欧国家资本原始积累的重要手段。通过研究如何利用各种贸易手段限制进口、鼓励出口、增加黄金或货币的流入，从而增加财富开始了对国际贸易理论的研究，而古典经济学家亚当·斯密、大卫·李嘉图等更为以后的贸易分工理论奠定了基础。长期以来，国际贸易理论一直是区域经济学者用以解释区际分工与贸易活动的理论中最具影响性的。从斯密开始的古典贸易理论一直到以克鲁格曼为代表的新贸易理论等，都可以看作区际分工和贸易理论的主要渊源。

一、古典区际分工贸易理论

古典经济学提出的分工贸易理论起先是针对国际分工与贸易提出的，后被区域经济学家用于解释区际分工与贸易。古典政治经济学在经济学说史上占有重要地位。其主要贡献是：奠定了劳动价值论的基础，在不同程度上对剩余价值作了论述，同时也对分工和国际贸易理论作了重要论述。100多年来，古典学派的国际贸易理论一直被奉为资产阶级国际贸易理论的基石和经典。古典国际分工贸易理论的代表人物主要有亚当·斯密和大卫·李嘉图。

1. 亚当·斯密的绝对优势理论

亚当·斯密（1723～1790年）是资产阶级经济学古典学派的主要奠基人之一，他也是国际分工和贸易理论的创始人。他所处的时期是英国的产业革命时期，工场手工业向大机器工业过渡。大机器生产使生产力大大提高，客观上要求贸易迅速发展。而当时英国政府在重商主义思想的影响下，依然实行严格的对外贸易管制，鼓励出口，限制进口。因此，亚当·斯密在其代表作《国富论》（1776年）中，对国际贸易与经济发展的相互关系进行了系统阐述。在《国富论》中贯穿了他的自由放任的市场经济思想，他认为，自由竞争和自由贸易是实现自由放任原则的主要内容，各国在不同产品的生产上拥有优势，不同国家将分别专业化生产优势产品并用以交换其他产品；市场范围的扩大会促进分工并带来规模经济，从而有利于各国的经济增长和国民福利的增进。亚当·斯密从一般制造业工厂内部的分工开始，进而分析了国家之间的分工，并通过对家庭和国家的对比分析来描述国际分工、贸易的必要性，由此提出了国际分工和国际贸易理论。

斯密首先分析了分工的利益。他认为分工可以提高劳动生产率，原因是：①分工可以提高劳动的熟练程度；②分工使每个人专门从事某项作业，可以节省与生产没有直接关系的时间；③分工有利于发明创造和改进工具。他还以制造业中手工工场的例子来说明分工可以提高劳动生产率。斯密认为，根据当时的情况，在没有分工的情况下，1个粗工1天连一根针也制造不出来，而在分工的情况下，10个人每天可以制造48000根针，每个工人的劳动生产率提高了几千倍。因此，他认为在生产要素不变的条件下，依靠分工，劳动生产率可以得到提高。

在斯密看来，适用于一国内部的不同职业之间、不同工种之间的分工原则，也适用于各国之间。国际分工和贸易的原因或基础是各国存在的劳动生产率和生产成本的绝对优势。如果一国在某种产品生产上具有比其他国高的劳动生产率，该国在该种产品生产上就具有绝对优势；相反，则具有绝对劣势。斯密认为，每一个国家都可利用适宜于其生产的某些特定产品的绝对有利条件去进行专业化生产，然后彼此进行交换，则对所有交换国家都是有利的。因此，斯密这个理论也被称为绝对优势理论。

同样，斯密的理论思想也适用于区际分工与贸易。任何区域都应该按照其绝对有利的生产条件去进行专业化生产，然后进行区域交换，会使各区域的资源得到最有效的利用，从而提高区域劳动生产率，增进区域利益。

但是，绝对优势理论存在一个明显的缺陷，即现实社会中，有些国家在生产所有产品上都具有效率，而有的国家在生产所有产品上都低效率，前者每种产品都是绝对优势产品，后者每种产品都是绝对劣势产品，这样一来，就没有贸易的必要，而实际上贸易仍然会在两个国家间进行。斯密的绝对优势理论无法解释此类现象。

2. 大卫·李嘉图的相对利益理论

大卫·李嘉图（1772～1823年）是英国工业革命发展时期的经济学家，他对国际分工与贸易理论具有开创性的贡献。在其1817年的著作《政治经济学及赋税原理》中，大卫·李嘉图认为，在资本和劳动不能在国家之间完全自由流动的前提下，不可能按照斯密的绝对成本理论进行国际分工与贸易，而只能按照比较成本进行国际分工与贸易。"各国应集中生产优势较大或者劣势较小的商品……这样的国际分工对贸易各国都有利"（李嘉图，1976）。他认为，由于两国劳动生产率的差距在各商品之间是不均等的，因此，在所有产品生产上处于绝对优势的国家和区域不必生产所有的商品，而只应生产并出口有最大优势的商品，而处于绝对劣势的国家和区域也不能什么都不生产，可以生产劣势较小的商品，这样，彼此都可以在国际分工和贸易中增加各自的利益。李嘉图的学说可简单概括为"两优取最优，两劣取次劣"。

李嘉图比较成本理论的问世，标志着国际贸易学说总体系的建立。美国当代著名经济学家萨缪尔森称它为"国际贸易不可动摇的基础"。比较成本理论作为反映国际贸易领域客观存在的经济运行的一般原则和规律学说，具有很高的科学价值和现实意义。

然而，同斯密的理论一样，李嘉图的理论也存在着局限性：首先，它未能揭示国际分工形成和发展的主要原因。劳动力、自然条件等因素对国际分工的形成有一定的影响，但不是唯一的和根本的因素。生产力、科学技术、社会条件等都对国际分工有重要的影响。其次，这个理论把世界看作永恒的、不变的。与此相反，马克思主义认为，经济范畴及规律具有历史相对性，因此，资本主义的国际分工和国际贸易等经济范畴和经济现象具有历史暂时性，而不能看作永恒的规律，这是不符合历史事实和经济发展规律的。最后，这个理论的分析方法属于静态分析，提出的假定只考虑两个国家、两种商品、坚持劳动价值论等因素，作为论述的前提条件，忽视了自然资源和规模经济在国际贸易中的作用，把多变的经济状况抽象为静态的，是不客观的。

3. 要素禀赋理论

（1）赫克歇尔—俄林定理。随着资本主义生产的迅速发展，多要素投入成为生产过程的普遍特征，研究投入—产出关系的经济理论获得发展。其中，最具代表性的是赫克歇尔和俄林的要素禀赋理论（以下简称 H－O 理论），该理论最早由赫克歇尔（1879～1952 年）于 1919 年提出，在这之后，其弟子俄林（1899～1979 年）在 1933 年出版的《区际贸易和国际贸易》一书中系统地阐述了生产要素比例的理论，进一步完善了要素禀赋理论。但是，因为俄林承袭了赫克歇尔的主要观点，因此，人们一般将该理论称为"赫—俄理论"，或称"H－O 理论"。"H－O 理论"把区际分工、区际贸易与生产要素禀赋紧密联系起来，认为：①每个区域或国家在国际分工和国际贸易体系中应该生产和输出丰裕要素密集的商品，输入稀缺要素密集的商品。各区域生产要素相对丰裕程度的差异，决定了生产要素相对价格和劳动生产率的差异，即生产要素供给比例定理。②商品贸易趋向于（即使是部分地）消除工资、地租、利润等生产要素收入的国际差异，导致国际上商品价格和要素价格趋于均等化，即要素价格均等化定理。

俄林认为，贸易的首要条件是某些商品在某一个区域比在其他区域能够更便宜地生产出来。在每一个区域，出口品中包含着该区域比在其他区域拥有较便宜的相对大量的生产要素，而进口别的区域能较便宜地生产的商品。简而言之，出口那些含有较大比例生产要素昂贵的商品，而进口那些含有较大比例生产要素便宜的商品。因此，在生产要素使用具有替代性的前提下，一个区域密集使用相对低廉的生产要素就拥有由成本所决定的区域竞争优势（俄林，1986）。

同时，俄林还指出，区域是进行贸易最初的基本单位，区域间贸易的发展才演化成国际贸易。这也是本书后面着重研究国际贸易的基础。

赫克歇尔—俄林学说比李嘉图的比较成本论在体系上更完整、全面。它指出了在贸易竞争中土地、劳动力、资本、技术等要素的结合所发挥的重要作用。许多经济学家在该理论基础上进一步分析了贸易对商品价格、要素价格及收入分配、产出与贸易模式的影响，丰富和完善了要素禀赋理论。

与"H－O理论"相联系的还有三个重要推论,即斯托尔帕—萨缪尔森贸易分配理论、萨缪尔森的要素价格均等化理论以及雷勃津斯基定理。

(2)斯托尔帕—萨缪尔森推论。斯托尔帕和萨缪尔森的研究基本沿袭了赫克歇尔—俄林理论的前提条件,认为在一国不存在完全专业化和要素密集度逆转的条件下,商品价格的变化将影响生产要素价格的变化。如果一种商品的相对价格提高,则将提高生产这种商品所密集使用的生产要素价格,降低生产其他商品所密集使用的生产要素价格,从而影响收入分配,在一国内部形成贸易的既得利益者和利益受损者。因此,自由贸易不利于相对稀缺的生产要素的所有者,本国进口行业总是希望通过关税等贸易保护措施提高进口商品的价格,从而减少竞争,提高本国同类产品的价格和稀缺要素所有者的报酬。征收关税后,一国稀缺要素的价格相对于其他要素以及任何商品的价格而言,呈现上升趋势。也就是说,若一国是一个劳动力相对稀缺的国家,需要进口劳动密集型商品,那么征收关税后,该国工人的工资相对于资本或其他任何商品的价格,都会增加。因此,国际贸易对各国国内不同利益集团之间的收入分配有重要影响。

3. 要素价格均等化推论

它是指在满足一定条件的前提下两个国家在实行分工和发生贸易以后各自大量使用本国丰裕要素进行商品生产,从而使丰裕要素价格日趋上涨,同时,由于各自不断进口本国稀缺要素密集的外国产品,使本国稀缺要素价格不断下降。这样,通过贸易,实际上是以间接的方式交换各自丰裕的要素,从而导致两个国家要素价格均等化的过程。

4. 雷勃津斯基定理

雷勃津斯基考察了生产要素禀赋的变动或流动对一国贸易与专业化分工的影响,他认为,如果商品的相对价格保持不变,则某种生产要素的增加将使密集使用该要素的商品产量增加,使密集使用其他生产要素的商品产量减少。如果密集使用这种要素的产品是比较优势产品,那么该国的对外贸易量会增加,如果它不是比较优势的产品,那么该国的对外贸易量就会减少。

二、新区际分工贸易理论的发展

20世纪中期出现的第三次科技革命有力地推动了"二战"后世界经济的发展,同时也对国际贸易格局产生了巨大的影响,使国际贸易量、国际贸易的商品结构和地理方向发生了根本变化。发达国家之间的贸易比重快速上升,"产业内贸易"越来越成为主要的贸易形式；跨国公司迅速发展，公司内贸易成为贸易的主要方向；知识密集型产品在国际贸易中的比重不断上升。传统贸易理论无论是"古典"的，还是"新古典"理论，都是建立在比较利益基础上的。这意味着国家间的相似性与贸易量之间有相反的关系。然而，事实上，世界贸易将近一半是在具有相似要素禀赋的工业国家之间进行的（赫尔普曼、克鲁格曼，1993），对此，传统的国际贸易理论无法解释这种现象，直接推动了对区际分工和贸易的研究，新的分工和贸易理论应运而生。

1. 技术差距理论

技术差距理论又称技术间隔说，是由美国经济学家波斯纳提出，格鲁伯和弗农等进一步论证的。该理论认为，技术领先的国家具有较强开发新产品和新工艺的能力，形成和扩大了国际的技术差距，从而有可能暂时享有生产和出口某类高技术产品的比较优势。

波斯纳认为，人力资本是过去对教育和培训进行投资的结果，因而可以将其作为一种资本或独立的生产要素，而技术是过去对研究与发展进行投资的结果，也可以作为一种资本或独立的生产要素。但是，由于各国对技术的投资和技术革新的进展不一样，因而存在一定的技术差距。这样就使得技术资源相对丰裕的或者在技术发展中处于领先的国家，有可能享有生产和出口技术密集型产品的比较优势。

2. 需求相似理论

需求相似理论，又称偏好相似学说或收入贸易说，是由瑞典经济学家林德（S. B. Linder）提出的，用国家之间需求相似来解释工业制成品贸易发展的理论。他认为"H - O理论"只适用于工业制成品和初级产品之间的贸易，而不能适用于工业制成品的贸易。这是因为，前者的贸易发展主要是由供给方面决定的，而后者的贸易发展主要是由需求方面决定的。需求相似理论认为，发达国家工业制成品双向贸易的增加，主要是由消费者需求偏好来决定的，而人均收入与贸易收入的趋同性、需求结构的相似性，增大了双方贸易的数量和机会。

林德认为，人均收入水平的消费品、资本品的需求类型有着紧密的联系。人均收入水平较低的国家，其选择的消费品质量也较低；人均收入水平较高的国家，其选择的消费品质量与档次也较高。因此，即使一个国家拥有比较优势的产品，但由于其他国家的收入水平与它不同，而对其产品没有需求，这种有比较优势的产品也不能成为贸易产品。

3. 产品生命周期理论

产品生命周期理论是由美国哈佛大学弗农教授受林德的启发，于1966年在

《产品周期中的国际投资和国际贸易》中提出的，后由威尔斯进一步发展。它是关于产品生命不同阶段决定生产出口该产品的国家转移理论。

弗农注重强调技术革新的时机及规模经济效益，而不是比较利益。从这一角度出发，他把新技术生产的产品的生命周期分为三个阶段：

（1）第一阶段为新生期，是新产品的发明和研制阶段。少数在技术上领先的创新企业根据本国资源条件和市场需求首先开发出新产品，然后在国内投入生产。由于这一时期，该企业在新产品的生产和销售方面享有垄断优势，出口的国家也以完全依赖进口为主，因此几乎没有竞争对手。

（2）第二阶段为成长期。随着新产品的开发和生产，生产技术逐渐扩散，吸引了大量国外消费者，从而为一些发达国家厂商提供了生产这种产品的前提条件。此时，如何提高经营管理水平和销售技巧成为能否产生比较优势的重要条件。这一时期，尽管国外也有生产，但相对而言规模较小，而由于开发国际市场广阔，规模经济致使成本低，仍然有很强的竞争力和比较优势。因此，这一阶段应注意用低成本的产品开拓更多市场。

（3）第三阶段为成熟期。在这一阶段，生产技术已经成熟，生产已达到适当规模。国外也实现了规模经济而使产品成本下降，竞争增强。产品的价格和成本变得日益重要。创新企业不仅面临着国内原材料供应相对或绝对紧张的局面，还面临着产品出口运输能力和费用的制约、进口国家的种种限制。要想保持和扩大对外市场份额，必须选择对外直接投资，即将新产品的生产转移到具有一定工业化基础的发展中国家，通过在国外建立子公司、利用当地低工资的熟练劳动、各种廉价资源、减少的关税、运费、保险费的支出等成为比较优势，增强企业产品的竞争力，巩固和扩大市场。

在实践中，新技术和新产品的创新通常首先在美国出现，其次传递到西欧发达国家，再扩散到世界其他国家（如发展中国家）。这种新技术和新产品的转移、扩散像波浪一样，不断地向前传递和推进。图2-2为这种产品结构推进的情形。

图2-2中，横坐标表示时间的推移，纵坐标表示产品净出口状况，横坐标以下或0以下为净进口。创新国革新和生产始于时间t_0，t_1为贸易开始时，美国出口，较有购买能力的西欧和日本先进口，然后到t_2时其他国家也进口。西欧与日本到t_3时已经成为净出口国，这时，产品进入成长期，美国则在t_4成为净进口国，到t_5其他国家也终于成为净出口国，产品进入成熟期。至此，该产品在整个世界的生命周期进入了最后阶段①。

---

① 林俐，陈婷. 国际贸易理论与实务［M］. 杭州：浙江大学出版社，2012.

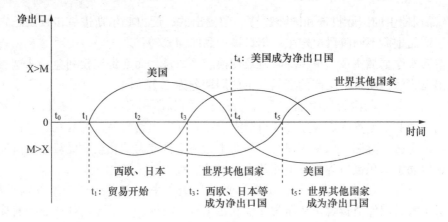

图 2-2　产品生命周期理论

4. 产业内贸易理论

第二次世界大战以后，随着国际分工的广度和深度的空前发展，分工的形式由原来的产业间垂直型分工转化为产业内水平型分工。具体表现为，在同类产品中，有进口也有出口。由此，作为国际分工表现形式的国际贸易也由产业间贸易向产业内贸易转化。产业内贸易理论起因于对欧洲经济共同体一体化效果的评价。20 世纪 50 年代末期，欧洲经济共同体组建以后，需要对一体化的各种效果进行分析论证，以便评价共同体的得与失。经过巴拉萨和格鲁拜尔等在 20 世纪 60 年代初对欧洲经济共同体内部贸易的研究发现：欧洲经济共同体内部贸易格局和专业化分工并不是按照传统的国际贸易理论模式展开的，大量的区域内部交易的是同种类的产品，即同一产业部门内部的同种类产品的相互交换。从此，把这种产品的交换称为产业内贸易。

（1）产业内贸易的概念。产业内贸易是产业内国际贸易的简称，是指一个国家或地区，在一段时间内，同一产业部门产品既进口又出口的现象。从产品内容上看，大致可分为两种基本类型：产业间贸易和产业内贸易。前者是指一国进口和出口属于不同产业部门生产的产品，如出口初级产品、进口制成品，出口自行车、进口计算机等。后者是指一国既出口又进口某种同类型制成品，其贸易对象是同一产业内具有异质性的产品。所谓相同类型的产品，是指按国际商品标准分类法统计时，至少前三位数都相同的产品，也就是至少属于同类、同章、同组的商品，其既出现在一国的进口项目中，又出现在该国的出口项目中。产业内贸易还包括中间产品的贸易，即某项产品的半制成品、零部件在两国间的贸易。因此，产业内贸易主要是制成品通过外部市场与内部市场在不同的国家或地区间的双向流动。

（2）产业内贸易形成的原因。其一，同类产品的异质性是产业内贸易的重要基础。从实物形态上看，同类产品由于商标、牌号、款式、包装、规格等方面的差异而被视为异质产品，即使实物形态相同，也可以由于信贷条件、交货时间、售后服务和广告宣传等方面的差异而被视为异质产品。消费需求偏好的多样性、消费需求结构的复杂性使产品差别的重要性越来越大。随着人均收入水平的提高，产品的细小差别都可能导致消费者不满意而丧失市场。这种同类的异质性产品可以满足不同消费心理、消费欲望和消费层次的消费需要，从而导致不同国家之间产业内贸易的产生与发展。

其二，规模报酬递增是产业内贸易的重要成因。规模经济是指随着生产规模扩大而发生的单位成本下降所带来的收益增加。西方经济学家认为，规模经济可以影响一国的比较优势，因而也是国际贸易的重要基础。规模经济分为内部规模经济和外部规模经济。内部规模经济是指企业在扩大生产规模时由于采用效率更高的某种生产要素和进行企业内部的专门化生产，其生产成本随着产量的增加而递减，使生产成本具有比较优势，打破了各生产企业之间原有的比较优势均衡状态，使自己的产品处于相对的竞争优势，在国际市场上具有更强的竞争力，扩大了产品出口，企业从内部获取的收益增加。外部规模经济是指在同一个地方同行业企业的增加，多个同行企业共享当地的辅助性生产、共同的基础设施与服务、劳动力供给与培训所带来的成本节约，此处指内部规模经济。

产业内贸易更多发生在发达国家间进行的工业制成品贸易中。产业内贸易理论的突出特点是用需求偏好的相似性和多样性、专业化分工和规模收益递增等概念来解释同一产业部门内部同种类产品的国际贸易问题。产业内贸易理论拓展了要素禀赋理论中的要素范畴，考虑了技术创新等重要的后天要素差异，较好地解释了当代产业内贸易发生的原因。

5. 国家竞争优势理论

20 世纪 80 年代，美国的一些传统支柱产业（如汽车制造业）的竞争力被日本和西欧国家所超过，一些新兴产业也受到这些国家的强大竞争压力。如何提高国际竞争力是当时美国学术界、企业界和政府有关部门急需解决的一个问题。同时，随着经济全球化进程的加快，国际竞争日趋激烈，获取企业、产业乃至国家的竞争优势已成为一个现实的迫切需求。迈克尔·波特的《国家竞争优势》一书及其理论是他率领由 30 多个国家研究者组成的调查组，用了四年时间对丹麦、德国、意大利、日本、韩国、新加坡、瑞士、英国和美国等 10 个重要贸易国的100 个行业进行调查研究的成果。他的国家竞争优势理论内容十分丰富，既有国家获取整体竞争优势的因素分析，也有产业参与国际竞争的阶段分析，企业具有的创新机制分析以及"产业集聚"理论分析。本书主要介绍其"钻石理论"。

波特认为，一个国家的竞争性不一定在于整个国民经济，而主要看该国有无独特的产业或产业群，即所谓的竞争优势产业。对一个区域也是如此。波特的国家竞争优势主要取决于"钻石体系"系统中的诸因素。他认为，影响一国或者一个区域发展及其产业竞争优势的关键因素有四项，即要素条件、需求条件、相关和支撑产业以及企业战略、组织与竞争，如图2-3所示。

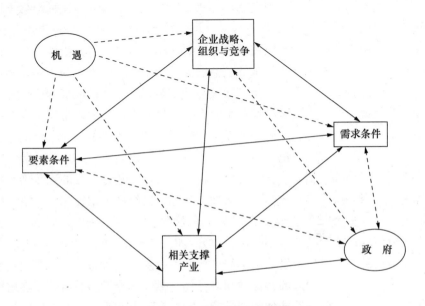

图2-3 迈克尔·波特的"钻石体系"

资料来源：迈克尔·波特. 国家竞争优势［M］. 北京：华夏出版社，2002：119.

（1）要素条件。生产要素有很多类，如人力资源、天然资源、知识资源、资本资源和基础设施等。波特把生产要素分为初级生产要素和高级生产要素两类。初级生产要素包括自然资源、气候、地理位置、非熟练劳动力、债务资本等一国先天拥有或不需太大代价便能得到的要素；高级生产要素指必须通过长期投资和培育才能创造出来的要素，包括现代化电信网络、高科技人才、高精尖技术等需要通过长期投资和后天开发才能创造出来的要素。

一般而言，高级生产要素对国家竞争优势的形成更为重要。但在特定条件下，一国在某些初级生产要素上的劣势反而可能刺激创新，使企业为消除可见的瓶颈和应对明显的威胁而努力提高自己的竞争地位，最终使国家在高级生产要素上更具竞争力，从而创造出动态竞争优势。

（2）需求条件。国内市场的构成和特点对于厂商觉察和反映国际需求的变化十分重要。国内有经验的、挑剔的购买者会有助于本国企业努力达到产品高质量标准和产品创新从而赢得国际竞争优势。

（3）相关和支撑产业。一国某一行业上游产业及其相关行业的国际竞争力对该产业竞争优势有非常重要的影响，因为相关和支撑产业有可能发挥群体优势，可能产生对互补产品的需求拉动并构成有利的外在经济和信息环境。当有集群存在，而非单个产业时，生产率高，而且增长快。具体而言，发达而完善的相关产业不仅可以降低主导产业的产品成本，提高产品质量，而且与主导产业在地域范围上的邻近，使企业可以相互之间频繁而迅速地传递产品流、信息流，从而形成有利于企业技术升级的、既竞争又合作的环境。

（4）企业战略、组织与竞争。包括企业建立、组织和管理的环境以及国内竞争的性质。不同国家的公司在目标、战略和组织方式上都大不相同。各种竞争优势能否被恰当地匹配在企业中，很大程度上取决于国家环境的影响。企业除了要善用本身条件、管理模式和组织形态以外，更要掌握国家环境特色。国家环境对人才流向、企业战略和企业组织结构形成的影响都决定了该行业是否具有竞争能力。国家竞争优势的获得还取决于国内的竞争程度。激烈的国内竞争是创造和保持竞争优势最有力的刺激因素。不能妄图用一两个"国家冠军"的企业来参与国际竞争。

波特认为，不能离开国家谈论产业竞争力，竞争全球化并不能使跨国企业成为超越国家的组织，国家仍然是支撑企业和产业进行国际竞争的基础。只有国家整体竞争优势形成，才能促使企业拥有国际竞争力。

第三节　区域经济增长理论

一、区域经济增长的内涵

1. 区域经济增长的定义

狭义的区域经济增长是指一定时间内区域生产的商品和劳务的增加，用货币形式来表示，就是国内生产总值的增加，用实物形式来表示，就是各种产品生产总量的增加。广义的区域经济增长还包括对人口数量的控制、人均国民生产总值的提高，以及产品需求量的增加等。

借用发展经济学理论，区域经济增长至少包括以下几个方面：[①]

（1）按人口平均的国民生产总值和居民人均实际收入在一个长期内持续而稳定地增长。

（2）居民生活环境包括全面的公共福利设施、自然生态环境、社会政治环境等不断得到改善，人们有相当程度的安全感。

（3）生产要素，包括人力资源、社会资本、物力资本及自然资源等，其数量不断增加，足以满足生产投入的客观需要，从而保证社会总产出长期持续且稳定地增长。

（4）经济结构包括生产的组织制度结构、生产关系结构、国民经济的产业结构、产品结构、技术结构、空间布局结构等发生重大的转变，形成持续的高级化变化构成。

（5）社会结构不断完善，收入分配不断趋向公平与合理，居民间的收入及实际生活水平差距日益缩小，社会不再产生新的贫富阶级。

（6）社会事业和社会保障发展与经济的增长相适应，在经济—社会—自然环境之间建立起了一个良性的循环系统及运行机制。

（7）文化发展、观念习俗与经济发展相协调，不适合或不利于经济发展的传统陋习、陈旧观念能够得以及时、彻底地更新或废除，新的文化或新的观念能够迅速地成长、发育起来。

（8）经济运行及其调控的机制趋于完善和健全，经济系统、社会系统与经济发展相关联的自然生态系统的自我调节、自我调控、自我平衡、自我发展能力以及相互间的反应能力、变化适应能力不断增强等。

2. 区域经济增长的影响因素[②]

（1）自然条件和自然资源。自然资源指一切能被人类利用的自然物质要素，包括地壳的矿物岩石、地表形态、土壤覆盖层、地上与地下资源、海洋资源、水资源等。自然条件除了包括自然资源以外，还包括所有影响经济增长的各种自然因素，如自然地理位置、地质条件、地貌条件、气候条件等。自然因素对区域经济增长的主要影响表现在对劳动生产率的影响和对区域产业结构的影响上。作为区域经济增长的基本要素，首先影响区域经济的投入结构，进而对区域的产出结构也产生重大影响。

（2）劳动力资源。劳动力资源是指区域内的人口总体所具有的劳动能力的

① 高洪深. 区域经济学 [M]. 北京：中国人民大学出版社，2014.

② 郝寿义，安虎森. 区域经济学 [M]. 北京：经济科学出版社，1999.

总和，是存在于人的生命机体中的一种经济资源。一个区域劳动力资源丰富，则为区域的经济增长提供了最基本的条件；劳动力缺乏，则必然会影响经济的进一步增长。同时，劳动力素质是决定区域经济增长最重要的因素之一。劳动力素质的提高，将提高劳动生产率，从而提高劳动对经济增长的贡献。

（3）资本。随着科学技术的进步，自然因素和劳动力因素对区域经济增长的作用将逐渐减少，资本存量的多寡，特别是资本增量形成的快慢，将成为促进或阻碍区域经济增长的基本条件。罗斯托在他著名的经济发展阶段理论中，深入分析了实现经济"起飞"的条件，他认为，资本积累率达到10%以上、建立起能带动整个国民经济发展的主导部门、制度和意识形态上的变革，是实现经济"起飞"必须具备的三个条件，而资本积累率达到10%以上是基本的先决条件。

（4）技术条件。在现代经济发展中，技术进步对经济增长起着越来越重要的作用。技术是解决生产和生活实际问题的手段和方法的总和。技术进步能使资本、劳动和自然资源等要素得到节约，降低劳动时间和劳动强度；技术进步迫使劳动者接受更多的教育和技术培训，促使劳动力质量提高；技术进步促进了产业结构的变化，促进产业由资源密集型向劳动密集型再向资本密集型转移。可以说，区域的技术能力是区域经济增长的核心因素。

（5）政府政策的制定。政府通过制定区域经济政策，改变各区域的要素供给特征和要素配置效率，影响各区域的经济增长。通过区域经济政策，支持欠发达地区加快发展，实现区际之间的协调平衡。除此之外，制度创新能力也是影响区域经济增长的一个重要因素。如我国的沿海地区在改革开放后就勇于在体制机制方面大胆尝试，进行超前试验，因此取得了比中西部更快的经济增长速度。

（6）区际贸易因素。区际贸易量的一定增长，可以使区域社会总产品或收入成倍地增长。区域可输出商品的比较优势越大，输出商品的市场竞争力就越强，也就越能促进区际贸易的发展；区际贸易障碍减少，则降低贸易成本，扩大贸易交流，区域外部对本区商品的需求增加，促使本区增加商品输出，从而有利于区域经济增长。

3. 区域经济增长的机制

区域经济增长包括需求的拉动，即区内和区外的需求，由需求拉动生产和供给的驱动，即原材料、资本、技术、劳动的供给，必然会带动相关产业的发展，并形成新的需求。

（1）要素投入的驱动机制。资本、劳动和技术的投入，从区域经济来看，存在两个杠杆：一是投入高效率产业。美国经济学家钱纳里认为，经济增长就是生产要素从效率低的部门到效率高的部门转移。一旦一个地区将其有限的生产资源集中到高效率的、能够起带动作用的部门，则这个地区必然会带来增长。二是投入效率地区。对于不同的产业来讲，处于不同的地区，其生产的效率相差很大。如果我们将有效的生产要素投入那些具有高效率的地区和部门，宏观的经济增长必然会十分明显。

（2）中间产品投入的拉动机制。中间产品的投入对某些部门来说，形成了其需求市场，对另外一些部门来说，又形成了其投入的要素。中间投入比重的增长是区域经济增长的一种趋势。

（3）产业部门增长的拉动机制。区域经济增长可以具体化为各种产业部门的增长。在一定时期，可能有某一个或几个部门增长速度很快，成为带动性的产业，从而使区域经济获得整体上的增长。

（4）先行地区增长的拉动机制。区域经济增长还可以具体化为各地区的增长，在一定时期，可能有某一个或几个地区增长速度很快，成为带动性的先行地区，从而使区域经济获得整体上的增长。

二、区域经济增长理论

20世纪末，区域经济理论已成为一个具有多个流派、多种观点的理论总汇，对指导世界各国的区域经济发展起到了积极的作用。一般而言，国际上流行的区域经济增长理论主要包括均衡增长理论与非均衡增长理论。

1. 均衡增长理论

该理论主张地区间、产业间平衡发展，通过平衡部署生产力，实现区域经济的平衡发展。均衡增长理论实际上包括两个部分：一是对低水平均衡的描述，二是打破低水平均衡的增长理论。

（1）低水平均衡的描述理论[①]。赖宾斯坦的临界最小努力命题理论。赖宾斯坦认为，如果要想使区域经济获得增长，必须使投入足够大，克服相反的趋势带来的影响。赖宾斯坦认为应当有一个临界点，突破这个临界点，区域经济就能够增长。

内尔森的低水平均衡陷阱理论。内尔森认为，不发达经济中的人均收入提高和降低的趋势，将在一个相当长的时间内产生影响，即便在一个短期内经济有所增长，但经济增长又导致人口的增长，从而使人均收入的水平又恢复到原来的状态，或者降到更低的水平。内尔森主要从人口和经济增长的关系来看这个问题，

---

① 王海峰，宋圭武. 区域经济发展理论与实践［M］. 兰州：甘肃人民出版社，2010.

并指出，如果不能从制度上进行变革，不能靠国家进行投入，这种状态很难被打破。

（2）打破低水平均衡的增长理论。纳克斯理论。落后国家存在两种恶性循环，即供给不足循环（低生产率—低收入—低储蓄—资本短缺—低生产率）和需求不足循环（低生产率—低收入—低购买力—投资引诱不足—低生产率），其根源在于资本的不足。这两种循环互相影响，使得经济状况难以得到好转，经济增长无法实现。纳克斯认为在大范围内、各个部门当中平衡地进行投资，一方面可使各个工业部门协调发展，避免供给不足；另一方面又可在不同工业部门中形成相互支持性投资的格局，从而扩大市场规模，弥补需求不足。

罗森斯坦—罗丹的大推进理论。罗森斯坦和罗丹认为，发展中国家为迅速实现工业化，必须全面地、大规模地投入资本。他们主张发展中国家在工业化初期应将其全部投资的30%～40%集中用于基础设施建设，因为基础设施的完善是经济发展的前提，对其投资有着巨大的外部经济效应，可为其他投资创造出更多的机会。他们的贡献在于提出了大推进的三个理论基础：生产函数的不可分性、需求的不可分性和储蓄供给的不可分性。正由于这三个"不可分性"，部门间的增长只有相互协调，经济才有可能增长。大推进理论强调了部门间互补性的重要性、规模经济或规模报酬递增的重要性以及产品之间前向后向的关联性。

平衡发展理论注重加大对相对落后地区、不发达产业的投资，以使各地区和产业之间平衡发展，注重于促进社会公平、缩小地区间发展差距和维护社会稳定，在经济发展到一定阶段的时候，有利于区域和产业协调发展。但是这种理论的局限性较明显：一是不发达地区通常不具备平衡发展的条件，特别是进入工业化中期阶段前的区域，不可能拥有所有地区和产业同时发展的雄厚资金和条件；二是注重地区间公平和产业平衡，往往会忽视发展的效率；三是由于投资比较分散，重点不突出，总体上会放缓地区的发展步伐。因此，该理论的适用范围较窄，一般适用于较高发展阶段和较小区域。

2. 非均衡增长理论

非均衡增长与均衡增长的现实基础一样，都是不发达地区的低水平均衡现象，但主张打破这种均衡的方法和路径是不同的。

（1）非均衡增长的概念。非均衡增长主张首先发展一类或几类有带动作用的部门，通过这几类部门的发展，带动其他部门的发展。非均衡增长与均衡增长的区别，就在于认为由于落后地区资本的有限，不可能大规模地投向所有部门，而只能集中起来投入到几类有带动性的部门，这样可以更有效地解决资本不足的问题。

美国经济学家赫希曼、汉斯·辛格等是非均衡增长理论的代表,赫希曼认为,不用寻求与"平衡增长"相似的推进政策,如果是政府投资,可以寻求一种不平衡增长的政策,有选择地促进经济中某些关键部门的发展。一旦这些关键部门所创造的产业联系出现以后,市场就会对此进行反映,也会引导投资流向这些产业。这样的关键部门也称为主导部门或主导产业。政府则应选择公共部门,特别是基础设施建设,造成良好的、发展的外部环境;如果是私人资本,则应投入具有带动作用的制造业部门。

(2)梯度推进理论。从生产布局学诞生之日起,梯度就被广泛运用于在地图上表现地区间经济发展水平的差别,以及由低水平地区向高水平地区过渡的空间变化历程。在现代生产布局研究中,各国普遍遇到的一个问题是地区间经济发展不平衡,为了解决这个问题,就需要绘制地区经济发展梯度图,表明在国家或地区范围内经济发展水平由高到低的梯度变化状况。编制这类地图的最简单办法是在每个基层行政单位(比如县)中心附近,标出该县人均国民收入数,然后把数值相同的点连接成线。从这种外表与地形图近似的梯度图上可以清楚地看到,在高收入地区与低收入地区,也就是在经济高度发达地区与最落后地区之间总会存在着几个中间梯度。但是,仅按人均国民收入来确定地区经济发展水平是不够确切的,只有采用能综合反映地区国民收入水平、生产力发展水平、科技水平的指标,才能真正衡量出一个地区的经济发展实力,也就是它所处的梯度。联邦德国区域科学家采用多元分析法,用多项经济发展指数来区分地区经济发展水平的梯度。

其一,经济梯度转移理论的观点。区域经济学者把生命循环论引入区域经济学中,创造了经济梯度转移理论。他们的主要论点:第一,产业结构优劣是区域经济盛衰的主要因素。如果一个区域的主导专业化部门主要是由处在创新阶段的兴旺部门组成的,则说明它经济发展实力雄厚,在今后一个时期仍然可以保持发展的势头,这种地区因此被列入高梯度地区。如果一个地区的主导专业化部门都是由那些处在成熟阶段后期或衰老部门组成的,则这种地区属于低梯度地区。第二,创新活动大都发展于高梯度地区,然后随着时间的推移、生命循环阶段的变化,按顺序逐步由高梯度地区向低梯度地区转移。第三,梯度转移主要是通过多层次城市系统扩展开来的。创新在空间上的扩展主要有局部范围的扩展与大范围的扩展两种形式。

该理论主张产业和要素从高梯度到低梯度有序发展,适用于工业化初期的宏观经济布局。梯度推进理论重视地区间经济发展水平和实力的差距,认为较发达地区居于高梯度地区,不发达地区居于低梯度地区。新兴产业和高技术产业应在高梯度地区优先发展,而传统产业应在低梯度地区布点。产业结构的升级逐步有次序地由高梯度地区向低梯度地区转移。梯度推进理论把经济效率放在区域发展和生产力布局的首位，强调效率优先、兼顾公平，应用范围较广。

其二，不同梯度上的区域经济发展战略。处在高梯度上的区域经济发展战略。高梯度地区拥有技术与经济上的优势，建立了一个以技术密集型产业和商贸发达的银行、信息、科研等第三产业为主体的经济结构。但是，要想保持高梯度的优势，预防结构老化的唯一办法就是不断创新，建立新行业、新企业，创造新产品，有计划地逐步淘汰那些已经进入成熟与衰退阶段的老产业。

 专栏

高新技术产业是保持区域经济活力的重要源泉

日本在"走向21世纪的基本战略"中，就确定要有计划地缩小化纤、纺织、服装、钢铁、造船、家用电器、一般机器制造等停滞或衰退行业在国家产业结构中的比重，集中力量发展微电子、新材料、生物工程三大新兴部门。与此同时，大力发展第三产业中的信息、金融、科技等行业，以确立日本在21世纪金融与技术大国的地位。

美国的硅谷就是由政府或资本家选择在经济发展水平高、技术力量最雄厚的城市附近围绕一些著名的大学与科研中心建立起来的新技术创业者中心，对已经取得某项重大专利或确有发明创造能力，并有志于创建新企业的人提供收费低廉的临时厂房与必要的技术服务，如电话、电传、数据终端、复印设备、会议室以及行政和会计服务等。此外，中心还为创业者安排有关市场、管理和技术等方面的咨询服务，帮助他们建立各种必要的协作关系，代替他们向银行申请贷款等，从而给创新企业创造一个良好的生长环境。中心还规定在它们那里得到创新机会的企业，在中心停留的时间都有一定的限度，一般不得超过三年。对那些奋发图强的创业者来说，这一段时间足够让他们在生产技术和市场开拓方面取得进展，使他们可以完全脱离创业者中心，到外面建新厂、开辟新天地，并把位置让给新的创业者。如果有的创业者经过三年努力，仍然站不住脚，那么就得离开中心，另谋出路。这样就会在著名大学、科研中心周围发展起一批创业者中心，在创业者中心周围会建立起一批创新企业，形成一个强大的创新群体。闻名遐迩的硅谷就是在斯坦福工业园区的基础上发展起来的。

日本兴建的筑波科学城位于以东京为中心的首都圈内，在这里有著名的筑波大学，并集中了全国30%的国立科研机构，其中包括工业技术院、电子综合技术研究所等一流科研单位。围绕着这些科研单位又建立了一批高度技术密集型的创新企业。筑波城的坚强后盾是大东京圈强大的科技力量与高技术产业。日本个人财团如三井与住友集团还准备与通产省联合成立"筑波研究中心",把筑波建成全国性的产业界、政府机构和大学三结合的高科技开发与交流据点。

资料来源:高洪深.区域经济学 [M].北京:中国人民大学出版社,2014.

处在中等梯度上的萧条区的发展战略。对原先经济很发达,但由于没能适应时代潮流、及时调整产业结构,以致陷入危机中的新地区,唯一切实可行的发展战略是通过大力创建新部门、改造旧部门来改变地区产业结构。在这方面做得比较成功的是美国对新英格兰地区的改造。

 专栏

新英格兰地区的转型之路

新英格兰地区在历史上曾经是美国最发达的地区,但其曾经赖以发家的纺织、制鞋、皮革等行业在 20 世纪 30 年代就已经开始老化,成为衰退部门。新英格兰地区由于没有及时淘汰这些部门,并把它的经济转向新产业部门,致使在以后很长的时期内,经济增长缓慢,失业率上升,坠入了萧条地区的行列。为了改变这种情况,美国政府充分利用这个老工业区科学文化发达、技术力量强、资金雄厚、工业基础较好的优势,采取了三管齐下的方针,逐步改变了该地区的产业结构。这三管齐下的方针包括:

(1) 联邦政府与大公司向新英格兰地区划拨大量研究与开发经费,把本地强大的科研技术力量引向发展以导弹与空间工业为主的军工生产。在军事工业的推动下,在新英格兰发展电子、精密机器与仪表、电子计算机等新兴行业,逐渐改变了地区经济结构。

(2) 帮助当地原有的纺织、制鞋、皮革等老部门中那些设备与技术条件较好的企业转向生产高档产品,重新回到生命循环中的创新阶段。因为纺织、服装、皮革等行业的高档产品同样属于技术密集型产品,可以担负高工资、高原料成本,可以给企业主提供较高的利润。这种制造之所以必要,还因为在新英格兰,纺织、制鞋等传统工业部门已经发展到很大规模,雇用职工人数很多,与区内其他产业部门联系密切。在结构改革过程中若不注意对这些部门进行改造、扶植以使之得到新生,它们就会被迫大量倒闭或外迁,最终将波及区内许多与之直接或间接相关的产业,造成连锁反应,致使失业人数剧增,其后果不堪设想。

(3) 对那些确实没有可能通过扶植、改造推出创新产品的传统工业部门,则帮助它们关厂、转产或外迁，但对这些厂，政府必须尽可能做好善后工作。如对迁出的工人进行补助，对留下的工人进行培训使之能转入新兴部门工作，对没有接受培训条件的工人则加以救济，妥善安排。

资料来源：高洪深. 区域经济学［M］. 北京：中国人民大学出版社，2014.

处在低梯度上的国家与地区的发展战略。发达国家内部的落后地区为了实现经济起飞，可以主要依靠国家的财政支持，而一个落后的国家在其发展的早期，必须大力引进外资，善于运用国际的资本与技术，并且要采用一系列的政策，制订周密的计划，使得在实现经济起飞以后，能够逐步摆脱对外国的依赖。应该重点发展具有较大优势的初级产业、简单劳动密集型产业与资源密集型产业，积蓄力量尽快接过那些从高梯度地区淘汰、外溢出来的产业，如钢铁、纺织、食品等衰退部门。

 专栏

低梯度地区的重生与发展之路

日本在第二次世界大战以后虽然不能算作不发达国家，但与其他发达国家相比只能算作中梯度国家，当时它的处境十分困难。但日本从实际情况出发，很快就摆脱了 20 世纪 40 年代后期的萧条处境，20 世纪 50 年代靠轻纺工业打入了国际市场，20 世纪 60 年代立即致力于改变产业结构，凭借具有优势的钢铁、造船、光学仪器、合成化工等行业在世界市场上站稳了脚；到了 20 世纪 70 年代，日本开始在汽车与家用电器生产上处于世界领先地位；到了 20 世纪 80 年代，日本开始全力以赴，力图在电子计算机及软件、光导纤维、生物技术、高新材料等最尖端领域与美国、西欧等处在最高发展梯度上的国家和地区争夺领导权。日本就这样一步一步地向世界发展梯度的最高峰攀登，大概每十年上升一个梯度。日本的例子不是唯一的。

新加坡在第二次世界大战后尚处于很低的发展梯度上。在 20 世纪五六十年代，趁发达国家第一次结构大调整的机会，新加坡先后发展起了轻纺工业、电子产品组装工业与石化工业等在欠发达国家运用的产业部门，到了 20 世纪 60 年代后期，新加坡开始由低工资国转变为中等工资国，加之自己工业所耗费的原材料、燃料基本上都靠输入，在这种情况下，新加坡再发展那些处于衰退阶段的简单劳动密集型产业就难以与劳动力价格更低廉、资源更为丰富的马来西亚、印度尼西亚、菲律宾等东南亚邻国竞争，因而出现了简单劳动密集型产业的国际投资避开新加坡而向东南亚其他不发达国家转移的现象。新加坡这时如果仍停留在低发展梯度上裹足不前，则必然会在国际竞争中一败涂地。在1973年爆发的资本主义世界性危机中，新加坡的纺织、家具塑料制品、家用电器组装、胶合板等行业都受到沉重打击，企业倒闭现象极为严重。为形势所迫，新加坡只有向更高的梯度发展才能闯开一条出路。这时，它一手重点抓石油的深加工，使石油与石化制品很快成为主要出口产品；另一手抓住电子产品，把发展重点由单纯家用电器组装转向电子元器件、小型计算机、精密仪器的生产。为了保证这一计划的顺利进行，新加坡于20世纪80年代初在国立新加坡大学附近的肯特岗建立了科学技术学院。这样一来，到了20世纪80年代中期，电子产品就逐渐取代石化产品成为新加坡的主要出口产品。事实证明，发展梯度虽然难以超越，但处在低发展梯度上的国家与地区却完全可以用更快的速度向顶峰攀登。

资料来源：高洪深. 区域经济学［M］. 北京：中国人民大学出版社，2014.

梯度发展理论从客观实际出发，以不平衡发展规律为基础，承认区域间不平衡的现实，认为条件好的地方应较快地发展起来，并通过产业和要素从高梯度到低梯度的转移，带动条件差的地方发展。这种理论有较强的适应性，无论是发达地区还是欠发达地区，经济发展条件和水平都有一定的差异性，特别是欠发达地区，梯度性更为明显，分级推进能取得更佳的效果。我国"七五"、"八五"期间实行沿海地区率先开放战略，鼓励部分地区先富起来的区域发展政策，获得了巨大的成功。我国广东省改革开放30年的实践，也是优先发展珠三角地区，由其带动两翼和北部的发展，从而迅速改变广东原来的落后状况，成为总量居全国首位的经济大省。

（3）增长极理论。增长极理论最初由法国学者佩鲁在《经济空间：理论的应用》（1950年）和《略论发展极的概念》（1955年）等著述中提出。在他看来，经济增长是在不同部门、行业或地区，按不同速度不平衡增长的。原因在于某些"推进型产业"（主导产业）或有创新能力的企业在一些地区或城市的集聚和优先发展，如果把发生支配效应的经济空间看作力场，那么位于这个力场中的推进性单元就可以描述为增长极，从而形成多功能的经济活动中心，亦即发展极。后来法国经济学家布代维尔、美国经济学家弗里德曼、瑞典经济学家缪尔达尔、美国经济学家赫希曼分别在不同程度上进一步丰富和发展了这一理论。

其一，增长极理论基本观点认为，一个国家要实现平衡发展只是一种理想，在现实中是不可能的，经济增长通常是从一个或数个"增长中心"逐渐向其他部门或地区传导。因此，应选择特定的地理空间作为增长极，依靠条件较好的少数地区和少数产业带动，把少数地区条件好的地区和少数条件好的产业培育成经济增长极，通过增长极的集聚和扩散效应，影响和带动周边地区的经济发展。

其二，增长极对地区经济增长的巨大作用表现如下：①集聚效应和扩散效应。集聚效应主要表现为资金、技术、人才等生产要素向极点聚集；扩散效应主要表现为生产要素向外围转移，在发展的初级阶段，集聚效应是主要的；当增长极发展到一定规模后，集聚效应减弱，扩散效应增强。这一理论在我国有着现实的成功应用。例如，在长江三角洲地区，已经形成了以上海为中心，杭州、苏州、无锡、常州等为受辐射地区的"增长极"；在珠江三角洲区域则是以香港地区为中心，带动周边城市深圳、广州、东莞等共同发展的"增长极"。②规模经济。规模经济是指由于经济活动范围增大而获得内部的节约，可以提高分工程度、降低管理成本、减少分摊的广告费和非生产性支出的份额，使边际成本降低，从而获得劳动生产率的提高。③外部经济。外部经济效果是增长极形成的重要原因，也是其重要结果，经济活动在某一区域内的聚集往往使一些厂商可以不花成本，或少花成本获得某些产品和劳务，从而获得整体收益的增加。

其三，增长极理论适用范围较广，其现实意义如下：一是以不发达地区经济发展模式为指导对象，在这些地区建立积聚点，见效较快；二是有利于政府发挥主导作用，弥补市场的不足。由于不发达地区的资源不足，需要政府根据实际情况集中财力，选择若干条件较好的地域或产业重点发展，进而带动区域发展。

其四，增长极发展模式也有局限性，主要表现如下：①增长极的极化作用会剥夺周围区域的发展机会，使核心地区和周围区域的经济发展差距扩大。②增长极一般以现代工业为目标，技术装备和管理方法较先进，因此培育增长极并不会解决很多就业问题。③新区开发给投资带来了一定的难度。从投资商的角度出发，增长极一般以城镇为依托。在新开发的区域，交通一般不便，生活服务设施相对较差，投资者往往不愿意为这种新区投资，而基础设施的建设需要政府的投入，如果政府不采取积极的态度，增长极政策的实施就会遇到很大的困难。④增长极理论是一种"自上而下"的区域发展政策，单纯依靠外力（外来资本以及本地自然资源禀赋等），可能会造成脆弱的国民经济。在全球化与本地趋势并存的世界经济中，寻求依靠内力来发展地方经济的道路、以知识和技术为本的区域发展战略越来越受到很多国家政府的重视。

（4）辐射理论。经济发展与现代化进程中的辐射是指在经济发展水平和现代化程度相对较高的地区与经济发展水平和现代化程度相对较低的地区进行资本、人才、技术、市场信息等的流动和思想观念、思维方式、生活习惯等方面的传播。通过流动和传播，进一步提高经济资源配置的效率，以现代化方式的思想观念、思维方式、生活习惯取代旧的习惯势力。

该理论是增长极理论的延伸，也是从区域经济发展不平衡规律出发，研究欠发达地区的发展问题。它主张"点"与"轴"相结合的发展模式，十分重视"点"和"轴"，即增长极与交通干线的相互作用，认为随着重要交通干线，如铁路、公路、河流航线，以及信息网、关系网的建立，连接地区的人流和物流迅速增加，生产和运输成本降低，形成了有利的区位条件和投资环境。

经济辐射的前提条件是经济对外开放和资源自由充分流动，发达国家（地区或城市）与落后国家（地区或城市）双向辐射，发达地区向落后地区传递先进的科学技术、资本、管理经验、信息、思想观念、思维习惯和生活方式等，落后地区向发达地区提供自然资源、人才、市场等。两者互相影响，从而在经济发展水平上缩小差距。经济辐射的方式主要有点辐射、线辐射和面辐射。

从地图上看，中心城市是一个点，沿海、大江大河以及沿湖和铁路干线是一条线，长江三角洲、珠江三角洲等现代化水平和经济发展水平相对较高的发达地区是一个面。

其一，点辐射。点辐射一般以大中城市为中心向周边地区推开，逐步扩散到较远的地区。从静态的角度来看，中心城市的现代化进程和经济发展水平相对较好，技术、人才、资金相对比较充分，居民思想观念、思维方式和生活习惯相对也比周边地区先进，自然资源和劳动力很可能比较缺乏。周边落后地区的自然资源和劳动力很可能比较充裕，但资本积累和技术进步的速度可能相对较慢。这样，如果周边地区和中心城市能够很好地实现优势互补，则可以大大加快以中心城市为核心的地区现代化和经济发展速度。

点辐射的有效进行，必须依赖良好的辐射媒介，即良好的交通、信息传播手段和市场机制。交通方面，在中心城市与周边落后地区之前应该建设发达的铁路、公路网络，尽可能降低辐射过程中的交易成本，提高辐射效率。在信息传播方面应该加大通信网络建设的力度，建立健全现代化的通信体系。

其二，线辐射。线辐射一般指以铁路干线、公路干线（尤其是高速公路）、大江大河以及大湖沿边航道和沿海的陆地带为辐射的带状源，向两翼地区或上下游地区推开。我们把铁路干线、公路干线、大江大河以及大湖沿边航道和沿海的陆地带称为辐射干线。和点辐射的分析一样，通常，辐射干线上的城市或地区的经济发展水平和现代化程度相对较高，辐射干线两翼的经济发展水平和现代化程度相对较低。于是，辐射干线上的城市或地区的资本、技术、人才以及先进的思想观念、思维方式和生活方式就会与两翼落后地区相互传播，使两者之间实现优势互补，从而在整体上推动整个地区的经济发展和现代化进程。除了辐射干线向两翼辐射以外，辐射干线上下游之间也产生辐射，形成了一个多方位的辐射体系。沿海的陆地带则是从海岸辐射线向一翼辐射，即向内陆地区辐射，由于沿海陆地带另一翼是隔海相望的其他国家或地区，非常方便与其他国家和地区进行广泛的经济交易和文化交流，因此，往往成为经济发展的前沿地带和窗口。

其三，面辐射。点辐射和线辐射大大加快了辐射区域的经济发展速度和现代化进程。其结果就会形成以中心城市和辐射干线为核心的经济发展水平和现代化程度相对较高的区域。例如，我国的珠江三角洲、长江三角洲、环渤海经济区等经济发展速度和现代化进程相对较快的地区。这些地区的中心城市和小城市连成一片，形成了具有较强辐射能力的辐射源，并进一步和周边落后地区进行相互辐射。由于在地图上这些地区表现为一个面，因此我们将这样的辐射称为面辐射。根据辐射的特点，我们借用移民理论的概念对辐射理论做出分类：面辐射可以分为两类：一类是摊饼式辐射，另一类是跳跃式辐射。摊饼式辐射是指经济发展水平和现代化程度相对较高的地区逐渐与周边地区进行资本、技术、人才、市场信息的交流，以及自然资源、思想观念、思维方式和生活习惯的流动与传播，使后者的发展速度进一步加快，并逐渐向外推移。这样的辐射差异的发展在时间上是渐进的，从空间上来看是连续的，先进地区和落后地区之间没有出现盲区。跳跃式辐射是各经济发展水平和现代化程度相对较高的地区跨过一些地区直接与落后地区进行资本、技术、人才、市场信息、自然资源以及思想观念、思维方式和生活习惯的流动与传播，使后者的发展速度进一步加快，这种辐射从空间上来看是跳跃式的，先进地区、落后地区之间出现了一个盲区。

辐射理论反映了经济发展和现代化进程中的普遍规律性，揭示了经济发展和现代化进程中影响因素的传导问题。点辐射、线辐射、面辐射三者都意味着经济资源和人文环境的流动和传播。既有先进地区向落后地区的流动和传播，也有落后地区向先进地区的流动和传播。通过辐射效应，地区之间实现优势互补，其结果都是地区之间逐步达到共同发展的目的。

思考题

1. 简述古典区位理论的观点及代表人物。
2. 简述古典贸易分工理论的观点及代表人物。
3. 简述梯度推进理论、增长极理论和辐射理论。

第三章
国家区域市场开发

重点问题

- 我国的区域划分
- 区域市场开发的模式
- 经济特区
- 总部经济

　　区域市场的开发和进入是开展区际贸易的基础和保证。根据区域市场开发的主体不同又可以简单分为国家层面上的区域市场开发和企业层面上的区域市场进入。国家对区域划分的根本目的是揭示各经济区域发展的有利条件、主要优势和制约因素，明确发展方向和产业结构，建立符合区域比较利益的劳动地域分工体系，通过生产力合理的布局来提高劳动生产率，推动区域经济发展。因此，了解国家对区域的开发和布局政策对企业进入区域市场也有重大意义。

第一节　区域市场的划分和开发

一、我国的经济区划

　　国内经济区域的划分是指从国情出发，根据社会劳动地域分工的规律，依据一定的区域划分（区划）原则，按客观存在的不同水平、各具特色的地域经济体系或地区生产综合体，本着发挥区域比较优势、扩大区域市场和加强跨地区经济联系的思路，对全国进行战略性的区域划分①。经济区划不只是把经济区的边界划分出来，更重要的是重点分析经济区的发展条件、经济结构与空间结构变化、发展中存在的问题来制定适合区域市场发展的空间政策和产业政策，从而实现对区域市场的合理开发。

1. 我国经济区划的方法

对经济区的类型划分有多种方法，我们根据区内经济活动的构成及特点，可以把经济区划分为经济类型区和综合经济区两种。

（1）经济类型区。经济类型区指区内经济活动特征相似或相一致的经济区。其特点是区内经济活动具有某一方面或某些方面相似程度高、一致性强的特征，从而与区外有明显的差异。通常，经济类型区通过经济发展水平、特殊的经济问题、特定的发展条件和发展方向等来进行识别。如根据经济发展水平高低判断，有经济发达区、中等发达区、欠发达区；依据经济发展中存在的突出问题分为经济贫困区、萧条区、过度集聚区；按国家采取的特殊优惠政策或为其规定的特定发展方向识别，在我国有经济特区、边境区、高新技术开发区、保税区等。类型经济区中包括部门经济区，如工业经济区、农业经济区、商贸经济区、旅游经济区等，根据不同需要，在部门经济区下还可以进一步分为各种类型的综合部门经济区和单项部门经济区。类型经济区的划分有利于国家合理分配资金，便于国家在制定区域经济政策时实行分类指导，为指定区域性的经济政策和国民经济各部门的合理布局提供科学依据。

但是，这样的划分强调区划的均质性，因而在同一区域内部缺少经济发展上的互补性，致使在区域内部不存在也不大可能建立起重要的地区间经济联系。因此，为了合理组织区域经济发展，必须有综合经济区。

（2）综合经济区。综合经济区是一个以中心城市为核心，以交通通信网络系统为脉络，上下级城市密切联系、城乡结合，拥有某些方面优势和一定经济发展实力，可以为实现更高一级（甚至国家）的发展目标独立承担一个方面任务的连接成片的区域②。由于它在区域经济和国家整个国民经济和社会发展中具有较强的经济空间组织功能，因而常常被用于国民经济和社会发展计划与规划之中。它的特点是：区内结构中包括了一个或少数几个主导产业部门、若干个围绕主导产业部门发展的辅助性产业部门，以及适应以上两类部门发展需要的基础产业部门，各类经济活动以主导产业部门为核心存在着经济关联性，从而构成一个

①②　高洪深．区域经济学［M］．北京：中国人民大学出版社，2014．

相对完整的国民经济体系。

综合经济区对于充分发挥全国各地区的资源和要素优势，建立和发展特色区域市场，实现区际的优势互补，避免地区间产业结构的同质化，提高资源利用效率、促进区域经济协调发展和可持续发展都有重要的意义。

2. 我国的经济区划实践

（1）改革开放前。这个时期我国的经济区划主要是以省、市、区的行政区划为依托，划分跨省（市、区）的大经济协作区，并在较长时间内按这种区划来组织国民经济发展。1958 年，国家有关部门将全国划分为七大经济协作区。1962 年，把其中的华中区和华南区合并为中南区，从而成为东北、华北、西北、华东、中南和西南六大经济协作区。到了 20 世纪 60 年代后半期，六大经济协作区实际已不复存在，但至今仍不时被人们沿用。

（2）改革开放初期。改革开放不久，为了充分发挥中心城市和工业基地的作用，协调地区与地区、地区与部门、城市与腹地之间的关系，国家选择了若干地区进行经济区规划试点，并在国民经济和社会发展"七五"计划中提出了东、中、西三大经济地带的概念，并以东部沿海地区为重点实施非均衡发展的地区倾斜战略。在 1996 年 3 月，经全国人大八届四次会议批准的我国《国民经济和社会发展"九五"计划和 2010 年远景目标纲要》中明确提出了促进区域经济协调发展的总要求，要"按照市场经济规律和经济内在的联系以及地理自然特点，突破行政区界限，在已有经济布局的基础上，以中心城市和交通要道为依托，逐步形成七大跨省区市的经济区域"。在"十五"计划纲要中指出，东部地区要加强与中西部地区全方位的经济技术合作，支持和参与西部大开发，更好地发挥东部地区的辐射带动作用。东中西各经济区域都要打破行政分割，重塑市场经济条件下的新型地区经济关系，形成各具特色的区域市场。

（3）改革开放后期至今。在"十二五"规划中，中国区域发展的新格局，以城市群为基础和核心，形成八大经济圈：①大长三角经济圈：以长三角城市群为核心的大长三角经济圈。包括现在的长三角城市群和江淮城市群。②泛渤海经济圈：以京津冀、山东半岛为核心的泛渤海经济圈。过去提出的环渤海经济圈包括辽宁，但根据经济联系，辽宁省、吉林省、黑龙江省以及内蒙古东部联系更密切，和山东半岛和京津冀的联系并不密切，因此泛渤海经济圈未包括辽宁。山西省虽划分在中部，但是它和河南、湖北、湖南的联系不如和京津冀更密切。内蒙古中部和京津冀、山东半岛联系很密切，所以泛渤海把山西和内蒙古中部划进来。为了跟环渤海经济圈相区别，所以提出泛渤海经济圈。③大珠三角经济圈：以珠三角为核心的大珠三角经济圈。2003 年时提出叫泛珠三角经济圈，现在提出"9＋2"模式，所以改变为大珠三角经济圈。④东北经济圈：以辽中南为核心的东北经济圈。⑤海峡经济圈：以海峡西岸城市群和台北为核心的海峡经济圈。⑥中部经济圈：以长江中游、中原城、湘中城市群为核心的中部经济圈。中部经济圈不包括安徽，即江淮城市群。⑦西南经济圈：以川渝城市群为核心的西南经济圈。⑧西北经济圈：以关中为核心的西北经济圈①。

 专栏

中国的区域划分

1. 按行政区域划分

（1）华北地区：北京、天津、河北、山西、内蒙古（5个省、市、区）。

（2）东北地区：辽宁、吉林、黑龙江、大连（4个省、市）。

（3）华东地区：上海、江苏、浙江、安徽、福建、江西、山东、宁波、厦门、青岛（10个省、市）。

（4）中南地区：河南、湖北、湖南、广东、广西、海南、深圳（7个省、市、区）。

（5）西南地区：重庆、四川、贵州、云南、西藏（5个省、市、区）。

（6）西北地区：陕西、甘肃、青海、宁夏、新疆（5个省、区）。

2. 按经济带划分

（1）东部沿海地区：北京、天津、河北、辽宁、上海、江苏、浙江、福建、山东、广东、广西、海南、大连、宁波、厦门、青岛、深圳（17个省、市、区）。

（2）中部内陆地区：山西、吉林、黑龙江、安徽、江西、河南、湖北、湖南（8个省、区）。

（3）西部边远地区：四川、重庆、内蒙古、贵州、云南、西藏、陕西、甘肃、青海、宁夏、新疆（11个省、市、区）。

---

① 根据百度文库整理。

二、国家区域市场开发

1. 国家区域市场开发的内涵

区域市场开发是人类运用发展经济的各种手段、利用各种资源作用于特定区域、谋求经济增长和区域经济发展的过程。区域市场开发因其开发主体的不同而开发的角度不同、产生的效果也不同。国家区域开发站在更宏观的角度上，力求保持区域资源、环境、经济社会和谐统一的前提下，求得对区域内资源利用的最大效益、经济的最大限度增长和社会的进步。

它与区域经济发展和区域规划有明显的区别，如表 3 - 1、表 3 - 2 所示。

表 3 - 1　区域市场开发与区域经济发展

	区域市场开发	区域经济发展
主体	有明确的开发主体；主观行为	许多主体不自觉地参与的客观过程
客体	未被利用的或未被充分有效利用的资源	在原有基础上进行量的扩张和质的提高
时间	时效性	持续不断

表 3 - 2　区域市场开发与区域规划

	区域开发	区域规划
性质	由规划到实施的全过程	预测和设想
主体	政府、企业	只能是政府

2. 国家区域市场开发的模式

（1）增长极模式。把区域有限的资源集中使用到主导部门的发展上来，通过对主导部门的投入，激活产业链条，扩大区域市场需求，带动相关部门的发展。这种主导部门集中而优先增长的先发地区就是增长极。通过对增长极的培育和开发，实现其吸纳周围生产要素、壮大自身，并向周围地区扩散和带动的作用。

（2）发展轴模式。此模式也称点轴模式，是增长极模式的扩展。两个增长极及其中间的交通线就具有高于增长极的功能，发展轴的聚集和扩散效应更强，对周边的影响更大。随着发展轴不断的丰富之后，将演变成发展地带，从而起到更大的辐射作用。

（3）网络型模式。若干发展轴联合在一起，形成"你中有我，我中有你"的局面，从而形成增长的网络。增长网络的形成，使极化效应产生的集聚规模经济在更大的范围内表现出来，而不仅仅是一个点，对于网络所在的区域来说，意味着增长结果的分散化和增长极点的分散化；对于更大的区域来说，则将整个网络区域视为一个巨大增长极，所以其极化的效应更强，对区域经济的影响也更大。

（4）区域产业更替模式。区域内部通过产业部门的更替，把区域经济要素从衰退部门转到兴旺部门，使相同的投入能够有更多的产出。区域内部产业部门的更替，实质上就已经形成部门结构的转变。这种转变是与产业部门的创新分不开的，因为从衰退部门转出的生产要素，大多要投入到处于创新活动阶段的发展部门，而这些部门往往是比原有部门高出一个技术档次的部门。于是生产要素的部门转移与新技术的应用同时发生，生产的技术水平和产出水平同时提高，出现经济增长的新局面。兴旺部门是接受生产要素转移的部门，衰退部门是生产要素转出的部门。

（5）区域空间转移模式。区域市场开发是一个动态的过程，各个区域都希望通过经济的增长，使发展的水平不断提高。由于区域内部各部门的发展，都在经历一个创新、发展、成熟和衰老的过程，各个区域产业结构中的部门构成不同，反映出的区域空间发展水平也就不同。作为发达区域，其所拥有的产业很可能不平均地分布于产业部门发展的四个阶段。但如果衰退部门占多数，整个区域就将衰落，所以不断开拓创新部门，淘汰衰退部门，就成为发达区域必不可少的行动。然而，开拓新部门并不意味着全部是创新，有相当一部分是从更发达的区域或国外转移过来的。在这里，区域的开发也遵循梯度转移规律。即一般处于高梯度的地区，其创新活动比较激烈，新的产业部门、新产品、新技术等都不断产生和发展，同样人们的生活水平和消费水平也必然会随之提高，对新产品需求的增加和旧产品成本的上升，使高梯度创新地区必须有所扬弃，所以部门在区域间的转移就有了原动力。处于低梯度的地区，往往经济发展水平较低，资金、技术都很缺乏，所以出于发展的渴望，具有较大的接受梯度转移的主动性；低梯度地区由于资源耗竭而产生经济停滞，迫切需要从发达地区转入新的产业部门，改善部门结构。有许多地区，其经济发展是建立在某种资源优势的基础上的，特别是发展比较早的地区，许多产业都依靠本地丰富的资源，并以此为主导产业发展，但随着开采时间的延长，区域的资源优势逐渐趋于枯竭，导致区域市场发展必须寻求新的方向。比如英国的西北煤炭产区、美国的匹兹堡地区和我国某些以煤炭和石油为基础兴起的城市，如胜利油田所在地山东东营市都有类似经历。

因此，我国的区域市场开发往往结合各区域自身的特点和优势，配合我国国家发展的产业和空间布局方向，依托具有发展潜力和良好发展基础的地区，并给予一定的优惠政策，实现以点带线、以线带面的整体开发效果。

第二节　经济特区

一、设立经济特区的目的

经济特区是指一个国家或地区通过法令划出一定范围，在对外经济贸易活动中采取较其他地区更开放、更灵活、享有更优惠政策的地区。通常用减免关税、降低土地使用费、放宽海关管制和外汇管制，以及提供各种服务等优惠方法和条件，吸引外商前来发展转口贸易，或鼓励和吸引投资、引进先进技术、发展加工制造业和从事各种经营或生产等业务活动，以达到提高土地使用效益、开拓出口及货物、增加外汇收入和促进本国或本地区经济发展的目的。设立经济特区的目的和作用主要表现在以下几个方面：

1. 可以利用外资引进技术，提高产品质量，增强产品竞争力

国外的资金被优惠政策和良好的投资环境吸引进来以后，还会相应地带来先进的技术和企业管理经验，有利于我国学习现代经营管理经验，培养管理人才。近年来发展较快的科技型经济特区的设立对于引进国外的先进科学技术、促进科技交流和开发、提高生产技术水平起到了尤为突出的作用。

2. 可以利用外商销售渠道，适应国际市场的需要和惯例，从而扩大出口，增加外汇收入

通过设立经济特区，提供特殊的管理办法和优惠条件，吸引更多的外商前来从事各种业务活动，以进一步促进出口贸易和转口贸易的发展，许多发展中国家为了改变原来实行的不太成功的进口替代工业化战略，转而实行面向出口的工业化战略，纷纷设立以国际市场为导向的出口加工区和自由贸易区，借助国外的资金和先进技术，发展出口加工工业，扩大本国的出口规模。20 世纪 60 年代中后期，亚洲地区的出口加工区热，20 世纪 70 年代，拉美和加勒比岛国出口自由贸易区的不断涌现，自 20 世纪 80 年代以来，综合性经济特区、保税区、出口工业区和开发区在中国与其他一些国家的大量出现，正是这一工业化战略转型的客观结果。

3. 有利于增加就业机会，扩大社会就业

许多发展中国家由于人口增长过快、就业机会少，导致劳动力过剩，出现了显性和隐性失业。在发达国家，由于经济增长缓慢和经济结构调整等原因，也存在着大量的失业人员。要解决失业问题，就需要增加就业机会。通过设立经济特区等形式实现土地要素的国际移动，在一定程度上促进输出国经济的发展，创造新的就业机会，从而缓解失业问题。

4. 有利于加快特定地区经济发展与经济开发的速度，形成新的产业结构和社会经济结构，对全国（地区）经济发展形成辐射作用

向外商有偿定期出让土地使用权或外商进行土地合作开发等，不仅能使特区内形成新的产业结构，从而引导新的社会经济结构的产生，还能促进特区经济更快、更健康地发展，缩小与其他地区经济发展水平上的差距。同时，经济特区的设立和实践，还能够带动附近地区乃至全国经济和社会效仿经济特区发展模式，总结其发展经验，并依托经济特区发展的成果，让经济特区不仅是一块改革的试验田，更是一个经济发展的增长极，对全国地区经济发展形成辐射的带动作用。

二、设立经济特区的条件

经济特区的产生和发展同其他任何事物一样都需要一定的条件，各类经济特区的设置总是与当时当地的具体条件相关，这些条件既包括"硬条件"，也包括"软条件"，从世界各国和地区设立经济特区的成功经验中可以看到，设立经济特区所需要的条件主要有：

1. 优越的地理位置

各种类型经济特区的建立几乎都需要良好的地理环境。港口、码头、铁路要塞、公路枢纽、国际机场等附近地区具有建立经济特区的较好条件。

2. 完善的基础设施

建立经济特区的"硬条件"不仅包括优越的地理位置，也包括良好的基础设施，如交通设施，供水、供电、供气、供热设施，环保设施，以及银行、保险、信息、税务、医院和学校等设施。

3. 优惠的经济政策

优惠的经济政策主要体现为外商以同样的资金、技术等在特区内进行投资并

开展正常的生产经营活动，其收益高于在非特区的投资收益。

4. 完善的法律制度

经济特区的建设和发展往往涉及各种复杂的经济和法律关系，因此，在特区建立之初就要制定和颁布一整套系统的法律法规。法律的完备可以使投资者有法可依，使投资者能够充分预测投资的风险程度，从而增强他们投资的信心，同时，完备的法律也可以保障特区内的经济和政治利益。

5. 高效率的管理机构

在经济特区，要建立起一个能起政府作用、总揽一切管理大权、指挥整个特区建设的高效率的管理机构。这个管理机构的各个部门必须依法办事，减少不必要的工作环节，提高工作透明度，各司其职。是否拥有这样的管理机构往往成为特区发展快慢以及成败的关键。

三、经济特区的类型

经济特区的具体类型有以下七种：

1. 贸易型的经济特区

其功能在于让外商在区内能够免税（关税）进行商品转运、仓储、分装与贸易。这类经济特区包括自由港或自由贸易区、自由边境区、过境区和保税区等具体形式。在这类经济特区内，一般不实行贸易管制，对一般性的进出口商品不征收关税，而只对少数特殊规定的进口商品，根据情况征收少量进口税或禁止进口，或要求按特别规则处理。这种经济特区较多地设在港口、码头、车站、机场和边境地区。例如，巴拿马的科隆自由贸易区和英国的利物浦自由港就属于这种类型的经济特区。

（1）自由港或自由贸易区。自由港（Free Port）又称自由口岸，是全部或绝大多数外国商品可以豁免关税自由进口、出口的港口。自由港一般具有优越的地理位置和港口条件，其开发目标和营运功能与港口本身的集散作用密切结合，它必须是港口或港口的一部分。

自由贸易区（Free Trade Zone）是由自由港发展而来的，它是以自由港为依托，将范围扩大到自由港的邻近地区。其主要目的是方便转口和对进口货物进行简单加工，并以转口邻近国家或地区为主要目的。

自由贸易区，也称为对外贸易、自由区、工商业自由贸易区等，是划在关境以外的一个区域，对进出口商品全部或大部分免征关税，并且准许在港内或区内开展商品自由储存、展览、拆散、改装、重新包装、整理、加工和制造业等业务活动，以促进地区经济及本国对外贸易的发展，增加财政收入和外汇收入。1547 年，在热那亚湾的里窝那①设立了世界上第一个自由贸易港区。17 世纪以后，一些在国际贸易中处于优势地位和航海业发达的欧洲国家，为了扩大对外贸易，陆续把沿海的一些著名港口开辟成自由贸易港区。目前知名度较高的有德国汉堡和不来梅、荷兰鹿特丹、丹麦哥本哈根、巴拿马科隆、新加坡、中国香港和中国澳门等自由港和自由贸易区。

　　国际上通行的自由贸易区内基本没有关税或其他贸易限制，实施贸易与投资自由化的政策与法规，贸易区内人、财、物及信息的流动都比较自由，程序简便、透明，政府部门办事效率高，通关速度快以及资金融通便利。自由贸易区通常还有完善的海、陆、空交通基础设施，有发达的国际化的各式联运体系和物流体系，有满足现代大型集装箱船舶需要的深水港及其港务体系，有通向世界各地的航线及发达的内支线。尽管自由贸易区本身是对进出口的双向鼓励，但多数国家在本国境内开设自由贸易区的目的是为了促进出口。

　　自由贸易区是目前世界范围内区域经济一体化的一种具体表现形式。由于科技的高速发展和各国经济相互依赖性的不断增强，区域内数个国家和地区联合起来统一对内、对外经济贸易政策、消除各种贸易壁垒已经成为一种潮流。一般来说，自由港或自由贸易区可以分为两种类型：

　　一种是把港口或设区的所在城市都划为自由港或自由贸易区，如中国香港整个地区都属于自由港。在中国香港，除了个别商品外，绝大多数商品可以自由进出，免征关税，甚至允许任何外国商人在那里兴办工厂或企业。另一种是把港口或设区的所在城市的一部分划为自由港或自由贸易区。例如，德国汉堡自由贸易区是由汉堡市位于港区的两部分组成，汉堡自由贸易区位于港区的中心，占地5.6 平方英里。外国商品只有运入这个区内才能享有免税等优惠待遇，不受海关监督②。

　　自由港或自由贸易区没有关税和其他贸易限制，奉行贸易、投资自由化原则，要素流动自由，资金融通便利，政府办事高效率、高透明度，基础设施完备，有发达的通信、运输设施和条件，海、陆、空运输发达，并与世界主要航线相通，物流体系完善。

　　许多国家对自由港或自由贸易区的规定，归纳起来，主要有以下几个方面：

---

　　①　里窝那（意大利语：Livorno）是第勒尼安海的一个港口城市，位于意大利托斯卡纳西部，是里窝那省的首府。里窝那是意大利西岸第三大的港口城市，2014 年人口为 160512 人。

　　②　张玮. 国际贸易原理［M］. 北京：中国人民大学出版社，2009.

其一，关税方面的规定。对于允许自由进出自由港或自由贸易区的外国商品，不必办理报关手续，免征关税。少数已征收进口税的商品，如烟、酒等再出口，可退还进口税。但是，如果港内或区内的外国商品转运入所在国的国内市场上销售，则必须办理报关手续，缴纳进口税。这些报关的商品，既可以是原来进口商品的全部，也可以是一部分；既可以是原样，也可以是改样；既可以是未加工的产品，也可以是加工产品。有些国家对在港内或区内进行加工的外国商品往往有特殊的征税规定。例如，美国规定，用美国的零配件和外国的原材料组装加工的产品，进入美国市场时，只对该产品所包含的外国原材料的数量或金额征收进口关税，同时对于该产品在港内或区内的增值部分也可免征进口关税。又如奥地利规定，外国商品在其自由贸易区内进行装配或加工后，商品增值 1/3 以上者，即可取得奥地利原产地证明书，可免税进入奥地利市场；增值 1/2 以上者，即可取得欧洲自由贸易联盟原产地证书，可免税进入奥地利市场和其他欧洲自由贸易联盟成员国市场。

　　其二，业务活动的规定。对于允许进入自由港或自由贸易区的外国商品，可以储存、展览、拆散、分类、分级、修理、改装、重新包装、重新贴标签、清洗、整理、加工和制造、销毁、与外国的原材料或所在国的原材料混合，再出口或向所在国国内市场出售。

　　由于各国情况不同，有些规定也有所不同。例如，在加工和制造方面，瑞士规定储存在区内的外国商品不得进行加工和制造，如要从事这项业务，必须取得设立在伯尔尼的瑞士联邦海关厅的特别许可方可进行。但是，第二次世界大战后，许多国家为了促进经济与对外贸易的发展，都在放宽或废除这项规定。

　　其三，禁止和特别限制的规定。许多国家通常对武器、弹药、爆炸品、毒品和其他危险品以及国家专卖品如烟草、酒、盐等禁止输入或凭特种进口许可证才能输入；有些国家对少数消费品的进口要征收高关税；有些国家对某些生产资料在港内或区内使用也缴纳关税，例如，意大利规定在的里雅斯特自由贸易区内使用的外国建筑器材、生产资料等也包括在应征关税的商品之内。此外，有些国家如西班牙等，还禁止在区内零售。

　　世界上自由港、自由贸易区有很多，中国拥有着世界上最大的自由港——中国香港。1841 年，中国香港开始成为自由港，这与其资源条件和地理位置有着紧密的关联，生活、生产资料甚至水资源，几乎全部依靠进口。中国香港自由开放的政策吸引着大量外国资本的进入，促进了中国香港作为贸易转口、物流、金融中心的地位的建立。2007 年，中国香港的对外货物贸易总额达到 7195 亿美元，进口额和出口额分别居世界第 19 位和第 12 位。

　　（2）保税区。保税制度（Bonded System）是一种国际通行的海关制度，是指经海关批准的境内企业所进口的货物，在海关监管下，在境内指定的场所储存、加工、装配时，暂缓缴纳各种进口税费的一种海关监管业务制度。

我国现行保税制度的主要形式：一是为国际商品贸易服务的保税仓库、保税区、保税物流园区、保税港区、寄售代销和免税品商店；二是为加工制造服务的来料加工、保税工厂、保税集团。有些国家如日本、荷兰等，没有设立自由港或自由贸易区，而是实行保税区。

其一，保税区。保税区是海关所设置的或经海关批准注册的，受海关监督的特定地区。外国商品存入保税区内，可以暂时不缴纳进口税；如再出口，不缴纳出口税；如要运进所在国的国内市场，则需办理报关手续、缴纳进口税。运入区内的外国商品可进行储存、改装、分类、混合、展览、加工和制造等。此外，有的保税区还允许在区内经营金融、保险、房地产、展销和旅游业务，如本国企业组织或外国企业组织直接举办或资助举办的博览会、展览会和样品陈列所。设置保税区主要是为了发展转口贸易，增加各种费用收入，并给予贸易商经营上的便利。因此，许多国家对保税区的规定与自由港、自由贸易区的规定基本相同，起到了类似自由港或自由贸易区的作用。

保税区的功能主要有国际贸易、进出口加工、保税仓储等。就目前发展情况而言，我国的保税区进口贸易功能相对较强，吸引外资和发展出口制造业的功能类似于出口加工区、经济技术开发区。运营状况较好的保税区主要依靠出口加工业和进口仓储分拨，而口岸贸易、转口贸易、出口仓储等功能却没有得到充分的发挥。

其二，保税仓库。保税仓库是经海关批准，外国货物可以不办理进口手续和连续长时间储存的场所。它是为了使货物能在较长时间内储存和暂时不缴纳关税而建立的。如进口货物再出口则不必缴纳关税，这就便于货主把握交易时机出售货物，有利于业务的顺利进行和转口贸易的发展。

一般来说，在保税区的仓库，有的是公营的，有的是私营的；有的货物储存的期限为一个月到半年，有的期限可达三年；有的允许进行加工和制造，有的不允许进行加工和制造。如日本保税区则规定外国货物运入或运出各种保税区，可暂时免征关税，但应预先向日本海关呈交申报单，取得海关人员的监督，如以后运入日本国内市场时再行纳税。保税区的外国货物如作为样品暂时运出，须经海关批准；保税区的外国货物废弃时，应预先向海关申报；保税区的外国货物丢失时，除经海关特别批准者外，均应缴纳关税。

其三，保税物流园区。保税区最初的功能定位是仓储、转口和加工，即以发展物流业为主。但现有的大多数保税区发展成了加工制造型的特殊经济区域，有些保税区内几乎已经没有发展物流服务业的用地，物流服务业的发展空间受到制约。为此在 2003 年 12 月 8 日，国务院正式批复海关总署，同意《上海外高桥保税区港区联动试点方案》。2004 年 7 月 15 日，上海外高桥保税物流园区"区港联动"试点正式封关运作。2004 年 8 月 16 日，国务院同意进一步扩大保税区与港区联动试点范围，同意宁波、青岛、大连、张家港、厦门象屿、深圳盐田港、天津保税区与其临近港区开展联动试点，设立保税物流园区。

保税物流园区（区港联动）是指在保税区与港区之间划出专门的区域，并赋予特殊的功能政策，专门发展仓储和物流产业，达到吸引外资、推动区域经济发展、增强国际竞争力和扩大外贸出口的目的，它是目前中国法律框架下的自由贸易区雏形。

保税物流园区具备四项功能：①国际中转功能，对进入园区的境外、国内货物进行分拆、集拼后转运至境内外其他目的港；②国际配送功能，对入区货物进行分拣、分配或进行简单的商业性加工后向国内外配送；③国际采购功能，对采购的国内货物和境外货物进行综合处理和简单的商业性加工后向国外销售；④转口贸易功能，构建集交易、展示、出样、订货于一体的转口贸易服务体系，有利于区内企业开展转口贸易。

其四，保税港区。保税港区是目前中国开放层次最高、优惠政策最多、运行规则基本与国际接轨的一种新的自由贸易港区模式，它集目前国内保税区、出口加工区、保税物流园区三方面的政策优势于一体，类似于自由港或自由贸易区。保税港区对进出港区的全部或大部分货物免征关税，并且准许在自由港内开展货物自由储存、重新包装、整理、加工和制造等业务活动。除港口功能外，保税港区还将具备国际中转、国际配送、国际采购、国际转口贸易和出口加工区五大功能。2005 年 6 月 22 日，经国务院批准，在上海洋山港区正式设立我国第一个保税港区。2006 年 6 月，正式批准在天津港东疆港区设立保税港区。其他的沿海港口天津、大连、青岛、深圳、宁波、厦门、张家港等也想成为保税港区。

其五，保税工厂和保税集团。保税工厂是经海关批准，可以对外国货物进行加工、制造、分类以及检修等保税业务活动的场所。保税工厂和保税仓库都可储存货物，但储存在保税工厂中的货物可作为原材料进行加工和制造。因此，许多厂商广泛地利用保税工厂，对外国材料进行加工和制造，以适应市场的需要，同时减少关税的负担。

外国货物储存在保税工厂的期限为两年，如有特殊需要可以延长。如有一部分外国货物需要在保税工厂以外进行加工制造，必须事先取得海关的批准和在不妨碍海关监督的情况下进行，提交保税工厂以外进行加工和制造的货物，由保税工厂负责。

保税集团（Bonded Group）是指经海关批准，由一个具有进出口经营权的企业牵头，组织关区内同行业若干个加工企业，对进口料件进行多层次、多道工序连续加工，并享受全额保税的企业联合体。

凡经国家批准有进口经营权的生产企业（包括外商投资企业），均可向企业所在地主管海关申请建立保税工厂（集团）。保税工厂（集团）进口料件时能享受全额免税，待加工成品出口后按实际耗用的进口料件免征进口关税和进口环节税。企业成为"保税工厂"可以大幅降低企业出口产品的成本，增强产品的国际竞争力。

我国提出保税区的设想是在 1984 年，是中国借鉴国外自由贸易区、出口加工区的成功经验，并结合中国国情而创办的特殊的经济区域，其主要功能与自由贸易区和出口加工区相似。自 1990 年 5 月以来，我国沿海地区逐步建立起保税区。1990 年，确定在上海外高桥设立保税区，1992 年，又批准在大连、海南省的洋浦等地设立保税区。之后，天津港、青岛黄岛、张家港、宁波、厦门象屿、福州马尾、海口、汕头、珠海、广州、深圳福田、沙头角和盐田港等地的保税区陆续建立，截至 2011 年 9 月，中国的保税区数目已达到 49 个。

 专栏

成都高新综合保税区

成都高新综合保税区 2010 年 10 月经国务院批准设立，2011 年 2 月通过验收，2011 年 5 月封关运行。

成都高新综合保税区由原四川成都出口加工区和成都保税物流中心（B 型）整合扩展而成，位于成都高新区西部园区，总规划面积 4.68 平方千米，由 A、B、C 三个独立区域组成。区内现有英特尔、富士康等 30 多家企业入驻，各项经济指标在全国综保区中均名列前茅。2011 年，成都高新综合保税区实现进出口总额 180 亿美元；至 2011 年底，区内从业人员近 11 万人。

1. 综合保税区八大功能

（1）存储进出口货物和未办结海关手续的货物。

（2）国际转口贸易。

（3）国际采购、分销和配送。

（4）国际中转。

（5）检测和售后服务维修。

（6）商品展示。

（7）研发、加工和制造。

（8）港口作业，经海关批准的其他业务。

2. 主要政策

海关：国际货物入区保税，货物出区进入国内销售按货物进口的有关规定办理报关，并按货物实际状态征税；国内货物入区视同出口，实行退税；区内企业之间的货物交易不征收增值税和消费税等。

外汇：货物由区内运往或者销往境外，区内机构不需办理出口收汇核销手续；区内机构向境外支付进口货款，不需办理进口付汇核销手续。

检验检疫：对境内区外运入综保区的货物予以免检；在口岸和综保区之间实行一次性检疫、检验，即对进出综保区的应检货物在综保区内实施检验检疫。

税收：对区内企业在区内加工、生产的产品和应税劳务，免征增值税、消费税；从境外进入区内的机器、设备、基建物资等予以免税；从境外进入区内的原材料、零部件、元器件等予以保税；从境内区外进入综保区的国产机器、设备、原材料、零部件等予以出口退税。

主导产业：成都高新综合保税区根据政策及比较优势，重点发展笔记本电脑、平板电脑制造，晶圆制造及芯片封装测试，电子元器件、精密机械加工以及生物制药产业。成都高新综合保税区已吸引英特尔、富士康、德州仪器、戴尔、莫仕等世界500强及跨国企业入区发展，投资总额超过25亿美元。

资料来源：成都高新综合保税区宣传资料。

（3）自由边境区（Free Perimeter）。自由边境区过去也称为自由贸易区，这种设置多见于拉丁美洲少数国家。中国在中俄边境、中越边境也有少量的自由边境区。自由边境区一般设在本国的一个省或几个省的边境地区，其目的和功能都与自由贸易区相似，只是在规模上要小一些。对于在区内使用的生产设备、原材料和消费品可以免税或减税进口。如从区内转运到本国其他地区出售，则须照章纳税。外国货物可在区内进行储存、展览、混合、包装、加工和制造等业务活动，其目的在于利用外国投资开发边区的经济，也可通过这些地区自由出口一些商品。

自由边境区与出口加工区的主要区别在于，自由边境区的进口商加工后大多是在区内使用，只有少数是用于再出口。故建立自由边境区的目的是开发边区经济，因此有些国家对优惠待遇规定了期限。在这些边区生产能力得到发展后，就逐步取消某些商品的优惠待遇，直至废除自由边境区。例如，墨西哥在美墨边境设立的一些自由边境区期限已满时，就取消了原有的优惠待遇。

（4）过境区。沿海国家为了便利内陆邻国的进出口货运，根据双边协定，开辟某些海港、河港或边境城市作为过境货物的自由中转处，简化海关手续，免征关税或只征小额的过境费用。它与自由港的区别是：过境货物在过境区内可短期储存或重新包装，但不得加工制造。例如，泰国的曼谷、印度的加尔各答等，都属于此种以中转贸易为主的过境区。沿海国家为了方便内陆邻国的进出口货运，开辟某些海港、河港或对过境货物简化海关手续，免征关税或只征收小额的过境费。

2. 工业型的经济特区

出口加工区（Export Processing Zone）是一个国家或地区在其港口或邻近港口、国际机场的地方，划出一定的范围，新建和扩建码头、车站、道路、仓库和厂房等基础设施以及提供免税等优惠待遇，鼓励外国企业在区内投资设厂，生产以出口为主的制成品的加工区域。其功能在于吸收和利用国外资金与技术在内投资设厂，利用当地廉价的劳动力，从内外采购原材料进行工业生产和制造，产品全部或大部分出口到国外市场销售。新加坡的裕廊出口加工区和韩国的马山出口加工区就属于这种类型。

出口加工区是 20 世纪 60 年代后期和 70 年代初，在一些发展中国家或地区建立和发展起来的。世界上第一个出口加工区为 1956 年建于爱尔兰的香农国际机场。我国台湾高雄地区也在 20 世纪 60 年代建立出口加工区。以后，一些国家也效法设置。中国在 20 世纪 80 年代实行改革开放政策后，沿海一些城市开始兴建出口加工区。其目的在于吸引外国投资，引进先进技术与设备，促进本地区的生产技术和经济的发展，扩大加工工业和加工出口的发展，增加外汇收入。为了发挥和提高出口加工区的经济效果，吸引外国企业投资设厂，许多国家或地区制定了具体的措施，主要包括关税的优惠、国内税的优惠、放宽外国企业投资比率、放宽外汇管制、投资保证规定等。此外，对于报关手续、土地仓库和厂房等的租金、贷款利息、外籍职工及其家属的居留权等都给予优惠待遇。

出口加工区脱胎于自由港或自由贸易区，采用了自由港或自由贸易区的一些做法，但它又与自由港或自由贸易区有所不同。一般来说，自由港或自由贸易区以发展转口贸易、取得商业方面的收益为主，是面向商业的，而出口加工区以发展出口加工工业、取得工业方面的收益为主，是面向工业的。但是，目前有些自由港或自由贸易区以从事出口加工生产为主，却仍然袭用自由港或自由贸易区的名称。例如，马来西亚开辟的一些以发展出口加工业为主的区域仍称为自由贸易区。

2000 年 4 月，中国国务院批准在全国首次设立 15 个出口加工区，昆山出口加工区因在同年 10 月便正式封关运作，成为我国第一个出口加工区。之后，国务院又在 2002 年 6 月、2003 年 3 月、2005 年 6 月分批增设出口加工区，目前经批准设立的出口加工区达 56 个，遍及全国，主要用于促进我国加工工业与加工贸易的发展。例如，浙江目前有杭州、宁波、嘉兴、慈溪四个出口加工区[1]。

（1）出口加工区的类型。其一，综合性出口加工区。综合性出口加工区即在区内可以经营多种出口加工工业。如菲律宾的巴丹出口加工区经营的项目包括服装、鞋类、电子或电器产品、食品生产、光学仪器和塑料产品等。目前世界各地的出口加工区大部分是综合性出口加工区。

其二，专业性出口加工区。专业性出口加工区是指在区内只准经营某种特定的出口加工产品。例如，印度在孟买的圣克鲁斯飞机场附近建立的电子工业出口加工区，专门发展电子工业的生产和增加这类产品的出口。在区内经营电子工业生产的企业可享有免征关税和国内税等优惠待遇，但全部产品必须出口。

目前许多国家和地区都选择一个运输条件较好的地区作为设区地点，这是因为在出口加工区进行投资的外国企业所需的生产设备和原材料大部分依靠进口，所生产的产品全部或大部分输出到外国市场销售。因此，出口加工区应该设在进出口运输方便、运输费用最节省的地方，通常选择在国际港口或在港口附近、国际机场附近设区最为理想。

（2）出口工业区的主要规定。为了发挥和提高出口加工区的经济效果，吸引外国企业投资设厂，出口加工区对外国企业在区内投资设厂做出了一些优惠规定。

第一，对外国企业在区内投资设厂的优惠规定。

关税的优惠规定。对在区内投资设厂的企业，从国外进口生产设备、原料、燃料、零件、元器件及半制品一律免征进口税。生产的产品出口时一律免征出口税。

国内税的优惠规定。出口加工区为外国投资的企业提供减免所得税、营业税、贷款利息税等优惠待遇。

放宽外国企业投资比率的规定。不少出口加工区放宽了对外资企业的投资限制。例如，菲律宾规定，外资企业在区外的投资比率不得超过企业总资本的 40%，但在区内的投资比率不受此项法律的限制，投资比率可达 100%。

放宽外汇管制的规定。在出口加工区，外国企业的资本、利润、股息可以全部自由汇回本国。

---

① 马淑琴. 国际贸易理论［M］. 杭州：浙江大学出版社，2007.

投资保证规定。许多国家或地区不仅保证各项有关出口加工区的政策、规定长期稳定不变，而且保证对外国投资不予没收或征用。如因国家利益或国防需要而征用时，政府将给予合理的赔偿。此外，对于报关手续、土地仓库和厂房等的租金、贷款利息、外籍职工及其家属的居留权等都给予优惠待遇。

第二，对外国投资者在区内设厂的限制规定。许多国家和地区虽然向外国投资者提供种种优惠待遇，但并不是任其自由投资，随意作为，而是既有鼓励又有限制，引导外国企业按照本国的经济和对外贸易发展的需要投资设厂。

限制主要体现在以下几方面：对投资项目的规定。许多国家或地区往往限制投资项目。例如，菲律宾对巴丹出口加工区可设立哪些产业都做出规定，划出范围。它规定第一期轻工业部门包括陶瓷或玻璃器皿、化妆品、食品生产、电子或电器产品、光学仪器、成衣、鞋类、塑料和橡胶产品等轻型的、需要大批劳工的、供出口的产业部门。第二期重工业包括综合性纺织厂、汽车厂、机器厂以及其他确有外国市场、需要大批劳工、进口原料加工再出口的产业。对投资审批的规定。为了保证投资与加工出口的收益，要求外国投资者必须具备一定的条件。例如，菲律宾在审批投资设厂的出口企业时掌握两项基本标准：一是在经营管理、出口推销和技术、财务管理方面具有一定的基础和经验；二是具有输出商品赚取外汇、吸收劳动力的能力，并能采用国内的原料。对产品销售市场的规定。许多国家或地区规定区内的产品必须全部或大部分出口，甚至对次品或废品也禁止或限制在当地国内市场出售。即使准许在本国市场上销售，其数量一般不超过总产量的10%。为了防止区内产品与区外同类的本国产品在国外市场上竞争，往往采用禁止该产品在区内投资或对出口市场加以限制的办法。例如，斯里兰卡规定，不准区内生产的服装向西欧共同市场出口，以排除该产品在西欧共同市场上同本国同类产品的竞争。对招工和工资的规定。有些国家或地区对此作了统一规定，以解决就业、工资和劳资纠纷等问题。例如，菲律宾规定区内工人的最低年龄为14岁以上，不同的工种按其技术的熟练程度规定工资标准，并随着生产和生活指数调整工资水平。

第三，对出口加工区的领导和管理办法的规定。有些国家或地区专门设立出口加工区管理委员会。在这个委员会的领导下，设立专门的办事机构，负责办理区内的具体事务。

截至2011年9月，中国有出口加工区60个，但功能都比较单一，主要服务于出口加工贸易，区内实施封闭管理，提供快捷的通关便利，基本实现"一次申报、一次审单、一次查验"的通关要求。

专栏

新加坡裕廊工业区

裕廊位于新加坡岛西南部的海滨地带,面积为60平方千米。此地区原本为荒芜之地,大部分地貌是沼泽和丘陵,但是具有建设现代化工业区的良好自然地理条件。

1961年,政府计划在裕廊划定6480公顷土地发展工业园区,并拨出1亿新元进行基础设施建设。

1968年,园区内的厂房、港口、码头、铁路、公路、电力、供水等各种基础设施建设基本完成,同年6月新加坡政府成立裕廊镇管理局(JTC),专门负责经营管理裕廊工业区和全国其他各工业区。

截至2003年底,新加坡岛内已建立了30多个工业园区,共占地8025公顷,已开发5069公顷,包含了7000多家跨国公司和本地的高技术制造业公司,对GDP的直接贡献率为25%,雇用了全国1/3以上的劳动力。其中,裕廊镇管理局公司(JTC Corporation)是这些工业园区的主要开发者。

裕廊工业园区的发展建设前后分为三个阶段:

(1)劳动密集型产业主导阶段(1961～1979年):此阶段的入区企业以劳动密集型产业为主,主要是为了解决新加坡就业问题,改变其工业落后的局面。

(2)技术与资本主导阶段(1980～1989年):为了吸引高附加值的资本与技术密集型产业,启动了10年的总体规划(1980～1990年)。

(3)知识经济主导阶段(1990年至今):从20世纪90年代开始,有限的土地资源和激烈的竞争将工业园区的发展推进到一个新的时期。出现了商业园、技术园、后勤园等新概念的园区。为了提高集约化利用园区的土地,JTC将成本效益分析和知识经济融合到工业园区的设计和发展之中。

3. 工贸结合型的经济特区

这种经济特区兼具贸易型经济特区和工业型经济特区的功能,外商既可以在区内从事贸易活动,也可以在区内从事投资生产等工业方面的活动。德国的汉堡和亚洲"四小龙"之一的中国香港就属于这种类型的经济特区。另外,一些贸易型或工业型的经济特区近年来也开始向工贸结合型的方向发展。

4. 科技型的经济特区

其功能在于吸引国内外企业到区内投资设厂,集中发展技术、知识密集型的高科技产业及其产品，加速技术商品化、产业化和国际化的步伐，推动技术进步，扩大技术、知识密集型产品的出口。这种经济特区的具体形式有科学工业园区、科学公园、高新技术产业开发区、高科技园区和尖端工业园区等。这种经济特区一般设在大学和科研机构较集中的地区。例如，中国台湾的新竹科学园区、新加坡的肯特岗科学工业园区、英国剑桥科学公园及中国北京中关村科技园区都属于这种类型。

 专栏

英国高科技工业园的发展

英国在一些基础理论研究方面一直处于领先地位，牛津大学、剑桥大学一直以获得较多诺贝尔奖而闻名于世。但英国在生产技术上越来越落后，甚至有沦为三流技术国的危险。其关键是没有把科研、开发与生产连成一个整体，致使科研成果难以转化成生产力，甚至流到国外，加强了外国在科技竞争中的力量，给本国经济发展造成了威胁。例如，英国在机器人理论研究的许多方面在世界上都是领先的，但却没有使其尽早进入生产阶段，致使世界机器人市场为日本等国所控制。接受这一教训，英国在一些著名的大学城周围建起了高级科技工厂区，共同形成联系密切的科学公园，以促成大学教授、科学家与私人企业家的密切合作以及创新、开发单位与生产企业的紧密结合，促使创新企业迅速发展，使科研成果能最快地转化为生产力。1972 年，英国政府在赫利奥特瓦大学校园内建立了英国第一个科技工业园，从此兴起了一股创办科学园的热潮。1984 年，英国成立了科学园协会。到 20 世纪 80 年代中期，英国的 46 所大学办了近 20 个科学园，1987 年发展到 33 个，2000 年更发展到 53 个。剑桥科学公园在这方面树立了典范，它已被称为英国的"硅谷"。

剑桥大学科学园是世界上最著名的五大高科技园之一。1968 年 11 月，剑桥大学小组委员会提交了著名的"莫特报告"，报告提出要以剑桥大学的声望和实力，把那些立足于科学技术研究的企业吸引到剑桥地区来，并得到了英国政府和企业界的支持。1969 年，具有 700 多年历史的剑桥大学，率先走出了"大学公司"的新路。1970 年，剑桥大学三一学院拿出自己的一块土地筹建剑桥科学园。在此后 10 多年中，剑桥集结了大批高技术公司，行业包括计算机软硬件、电子科学仪器、生物技术等。由于这批高技术公司具有研制、设计、生产小批量高附加值产品的能力，从而使剑桥科学园的利税率猛然上升，并且持续不断，这些高技术公司与剑桥 30 多所在经济上各自独立的学院保持着极其密切、无法分割的关系。

资料来源：高洪深．区域经济学［M］．北京：中国人民大学出版社，2014．

5. 金融型的经济特区

这种类型经济特区的功能是在国际资本融通的税率、管制、保密和服务等方面提供比区外更为优惠的政策和更为有利的条件，以吸引更多的外资来此设立银行或金融机构，促进该区金融业的繁荣和发展。这种类型经济特区的具体表现形式有离岸金融中心、国际银行业自由区和金融贸易区等。例如，巴哈马是目前世界上最大的离岸金融中心，美国纽约于 1981 年设立了国际银行业自由区，中国上海浦东开发区内专门设有陆家嘴金融贸易区。

6. 旅游型的经济特区

这种类型的经济特区基本上都设在旅游资源比较丰富的地区。其主要功能是通过在区内实行各种优惠政策，吸引国内外投资者前来投资，创办旅游方面的企业，如宾馆、饭店、娱乐设施、运输企业、旅游食品和纪念品加工企业以及各种旅行社等，以促进旅游开发区，有的叫旅游度假区。目前，我国已批准设立 12 个国家旅游度假区。

7. 综合型的经济特区

综合型经济特区是指一国在其港口或港口附近等地划出一定的范围，新建或扩建基础设施和提供减免税收等优惠待遇，吸引外国或境外企业在区内从事外贸、加工工业、农畜业、金融保险和旅游业等多种经营活动的区域。我国所设立的经济特区就属于这一类。其功能是加快特定地区经济发展的速度，特别是加快落后地区的开发，这种经济特区不是简单地为某种单一的经济目的而设置的，而是以综合开发某一地区的经济为设区目的，它往往兼有前面几种经济特区的特点和功能。1979 年以来，我国先后在深圳、珠海、汕头、厦门和海南设立的经济特区就属于这一种。多种经营的经济特区对毗邻地区以至整个国家的经济发展，都会产生比自由贸易区和出口加工区更加广泛的影响。这种经济特区的面积一般都比较大，在其内部可分别设立各种类型的经济特区。如巴西马瑞斯自由贸易区和我国已设立的五个经济特区就属于这种类型。

综合型经济特区的特点，以中国为例，主要表现在以下几个方面：

其一，它是综合性多种经营的经济特区，包括工业、农业、商业、房地产、旅游、金融、保险和运输等行业。

其二，经济特区的经济发展资金主要依靠利用外资，产品主要供出口。

其三，对前来投资的外商，在税收和利润汇出等方面给予特殊的优惠和方便，改善投资环境，以便吸引较多外资，促进特区的经济与对外贸易的发展。

其四，实行"外引内联"，加强特区与非特区之间的协调与合作，共同促进市场经济与建设的发展。

 专栏

深圳经济特区

　　深圳不仅拥有转口贸易的海港，还有转口中国香港的铁路和公路口岸。深圳同时还是一个工业区，2005 年深圳保税区实现工业总产值821.5 亿元，其中高新技术产品总值达 755 亿元，占工业总产值比重的 92%。2005 年深圳保税区工业总产值和进出口总额分别占全国保税区的 37.9% 和 34.5%。除此之外，深圳还建有"世界乐园"等著名旅游景点，每年吸引着数百万游客来此游览观光。深圳还是我国的一个重要金融中心，区内的深圳证券交易所为全国各地的企业筹资，并为全国乃至国际投资者提供了方便。

　　以上我们把经济特区主要划分为七种具体类型，这主要是依据各类经济特区的特点和功能划分的。按照其他划分标准，我们还可以把经济特区划分为其他一类具体类型。如根据设区国国家的经济发展水平，可以把经济特区划分为发达国家的经济特区、新兴工业化国家与地区的经济特区和发展中国家的经济特区几种具体类型。

四、经济特区的发展历程和今后的发展趋势

1. 世界经济特区发展回顾

　　世界上最早产生的经济特区，是以自由港或自由贸易区的形式出现的贸易型的经济特区。早在 1228 年，法国南部马赛港的一群资产者就在港区内建立自由贸易区。当时欧洲的一些国家为了发展对外贸易，纷纷建立了自由港，作为经济的特殊区域。1547 年，意大利在西北部热那亚湾宣布建立莱克亨自由港，这是世界上第一个被正式命名的自由港，是后来通行的自由港的雏形，也被认为是最早的经济特区。17 世纪以后，欧洲的一些贸易大国为扩大国际贸易，开辟国际

市场，先后把一些主要港口城市宣布为自由港，或划出一部分地区建立自由贸易区，实行一些优惠措施，吸引外国商品到此转口使之发挥商品集散中心的作用，促进当地经济的发展。17～18 世纪，此类经济特区在欧洲一些著名城市先后出现。随着航海事业的进步和国际贸易的发展，从地中海经波斯湾、印度洋到南亚地区，一系列被西方殖民者征服的重要港口，先后被开辟为自由贸易区。国际分工和贸易中心荷兰、英国等也都开辟了地中海沿岸的港口等作为自由港。在此期间，被宣布为自由港或自由贸易区的有德国的汉堡和不来梅、法国的敦刻尔克和勒阿费尔、丹麦的哥本哈根、意大利的里雅斯特、葡萄牙的波尔多等。到第二次世界大战前，全世界已经有 20 多个国家建立了 70 多个经济特区。第二次世界大战以后，更多的国家和地区为了增强自身的经济实力和扩大对外贸易，积极发展经济特区。不仅在数量上激增，而且在形式和内容上都有新的发展，发达国家继续设立经济特区，发展中国家则更加热情高涨，它们想发展民族经济，但苦于资金短缺、技术落后、失业严重，因此吸取先行国家的经验，设立经济特区，以引进外资和技术成为常用的方法。20 世纪 70 年代和 80 年代期间，有 60 多个国家建立起 200 多个经济特区，主要是出口加工区。随着殖民帝国主义侵略势力的扩张，许多被英、法等国占领的地区也先后被开辟为自由港或自由贸易区，如西班牙的直布罗陀、摩洛哥的丹吉尔、东非的吉布提、也门的亚丁、马来西亚的槟城、新加坡、中国的香港和澳门等。

进入 20 世纪以后，经济特区又有了一些新的发展。第一次世界大战后，《凡尔赛和约》把波兰的但泽（今为波兰的丹斯克市）划为国际共管的自由市，市内设有免征关税的自由港区。希腊在萨洛尼卡港设立了自由贸易区。1923 年，乌拉圭设立了科洛尼亚自由贸易区，墨西哥在其北部边境设置了提华纳和墨西卡利自由边境区，这些是美洲大陆较早建立的经济特区。美国于 1936 年创办了第一个自由贸易区性质的对外贸易区。到第二次世界大战前，全世界有 26 个国家和地区建立了 75 个以自由港和自由贸易区为主要内容的经济特区。

第二次世界大战以后，经济特区的发展进入了一个新的阶段，不仅在量的方面有了很大的变化，而且在质的方面也有了很大的变化。量的方面的变化表现在：经过战后初期的恢复重建和之后的扩建与新建，世界经济特区的数量大大增加了；质的方面的变化主要表现在：战后出现了新的类型的经济特区，如工业型、综合型、金融型和科技型经济特区。1959 年，爱尔兰香农自由贸易区建立，成为世界上第一个以特殊政策吸引外国在出口加工行业进行投资的经济特区。尽管这个经济特区的名称还是自由贸易区，但实际上它的功能是促进出口加工业的发展，因此，它是世界上第一个工业型经济特区。1966 年，我国台湾创办高雄出口加工区。这是亚洲第一个出口加工区，而且是世界上第一个正式以"出口加工区"命名的出口加工区。此后，出口加工业在欧洲、非洲、拉丁美洲迅速涌现。出口加工区迅速兴起的一个重要原因是，在20世纪六七十年代进行的世界范围的产业结构调整导致了劳动密集型产业由发达国家向发展中国家的转移。

继工业型经济特区出现以后，又出现了综合型和科技型经济特区。1967年，巴西政府决定建立马瑞斯自由贸易区，并决定把它发展成为兼具贸易、加工制造业、商业、旅游业等的综合型经济特区。科技型经济特区的最初形式被认为出现在美国，即1951年建立的斯坦福研究公司。但比较典型的科技型经济特区是1979年新加坡建立的肯特岗科学工业园区和1980年中国台湾建立的新竹科学工业园区。

世界上经济特区的数量在不断增加，各种经济特区遍布全球五大洲100多个国家和地区，其中发展中国家和地区拥有的数量略多于发达国家。发达国家的经济特区多属于贸易型、科技型和工贸结合型，而发展中国家和地区的经济特区则以工业型、贸易型和综合型较多。

2. 世界经济特区的发展趋势

世界经济特区的发展已经成为一种超越社会政治制度和超过经济发展水平的经济现象，它已经并将继续对国别经济、区域经济和整个世界经济的发展产生重要影响。综观当代世界经济特区的发展，其总的趋势是正在由初级形态向高级形态发展，正在升级换代。具体来看有以下几个令人瞩目的新特点和新趋势。

（1）经济特区的数量、类型日益增多。由于许多国家政府已经认识到或亲身体验到设立各种类型的经济特区会给本国经济发展带来积极的作用，因此，它们纷纷制定了有关的法规和政策，鼓励在本国境内设立各种类型的经济特区，使世界经济特区的数量迅速增加。20世纪70年代末，世界经济特区的数量由第二次世界大战前的70多个增加到300多个；20世纪80年代中期，世界经济特区的数量超过600个；到1996年底，世界经济特区的总数已经达到1000多个。不仅数量上以惊人的速度增长，而且不断转型换代，朝着高质化、高科技、多功能等方面迈进：一是科学工业园区兴起。许多出口加工区转型升级，向技术密集型过渡。二是多功能综合型经济特区开始出现。一个特区往往都要有转口、加工、旅游和技术开发等功能。三是各类经济特区全面发展。在亚太地区一个半弧形的自由港、自由贸易地带正在形成，它北起朝鲜的先锋郡与韩国的济州岛，中经日本的那霸、中国的天津免税区和浦东外高桥自由贸易区、中国台湾的加工区、深圳、中国香港、新加坡、印度尼西亚，南至泰国、印度，远达斐济。据统计，到目前为止，世界上的经济特区呈规律性地分布于全球五大洲120多个国家与地区，总数已突破1000个。如果把那些具有部分经济特区功能的各种形式的开发区和加工区也包括在内，那更将是数以千计甚至数以万计了。

（2）工贸结合型的经济特区大量涌现。工贸结合型的经济特区是在原来贸易型或工业型经济特区的基础上发展起来的。20世纪70年代以前的经济特区基本上都是单一功能类型的，但后来许多都向工贸结合型转化。如德国汉堡自由港和巴拿马科隆自由贸易区过去仅从事单一的中转贸易业务，但自20世纪70年代以来，它们已逐步放宽了对工业加工装配的限制，正在向着具有工业内容的工贸结合型的经济特区方向迈进。

另外，近年来在世界各国新建立的贸易型经济特区，一般都允许外商在区内开展工业生产活动，如中国已批准设立的15个保税区，既允许外商在区内贸易活动，也允许进行工业加工制造活动。

（3）经济特区的综合性趋势特别明显。近年来，世界上出现了一些规模大的综合型经济特区。一般占地面积较大，常常兼具贸易型、工业型、科技型、金融型和旅游型等几种具体类型经济特区的功能。设立这种经济特区的目的主要是加快特定地区经济发展的速度，国内外企业或公司可以在区内从事农业、工业、商业和金融业等各方面的生产经营活动。如巴西的马瑞斯自由贸易区是世界上最先建立起来的综合型经济特区，其面积达22000平方千米，它把出口加工业、外贸、商业和其他服务业、农牧养殖业、科学文化教育事业有机结合在一起，有重点、多功能地综合经营，取得了明显的经济效益。另外，印度尼西亚的巴塔姆免税区是包括出口加工业、转口贸易和国际商业等功能在内的综合型自由贸易区。中国内地已经建立起来的五个经济特区也基本上属于综合型经济特区。外国专家认为，中国经济特区取得成功的重要原因之一是走综合型发展的道路，它代表了世界经济特区一种新的发展方向。这将有利于经济特区中各行各业的互相补充、互相促进，有利于提高企业的应变能力，减少某种行业单独发展的种种不利因素，有利于提高经济特区的效益，发挥经济特区的巨大作用。实际上，中国香港和中国澳门经过近些年的发展也已经具有了综合型经济特区的功能。

（4）科技型经济特区蓬勃发展。随着科技在经济发展中作用的日趋增强以及国际科技竞争的加剧，各国都开始重视建立以知识、人才、技术高度集中和教育、科研、生产、经营一体化为特点的新型经济特区。科技型经济特区最早形成于20世纪50年代末，20世纪80年代以后进入发展的高峰期。其中，具有代表性的有美国的硅谷、英国的剑桥科学园区、日本筑波科学城和中国台湾的新竹科学工业园区等。发达国家利用自己雄厚的经济和技术力量，大力发展高科技工业区、科学研究公园、科学城等。据报道，20世纪70年代末，世界上仅有20~30座科技园，其中约有一半在美国。如今全世界有500~600座科技园，平均每星期都有一座科技园开业。欧洲科技园发展尤为迅速，并且在不同国家，科学园具有不同的特点。亚洲的日本，1983年通过一项"高技术工业集约地促进开发法"后，在一年多的时间里竟批准设立14个"技术城"特别开发区。同时，亚洲一些新兴的工业化国家也纷纷设立科技型经济特区。目前，世界上已建立起400多个高新产业开发区，自1985年以来，中国政府已批准设立了53个具有科技型经济特区类型的高新技术开发区。在科技型经济特区不断发展的同时，原有的一些其他类型的经济特区也开始由劳动密集型向科技和知识密集型转移，以促进产品结构的升级换代和产业结构的高级化。可以说，当代科技型经济特区迅速发展，其数量之多和增加速度之快比当年的出口加工区热有过之而无不及。这一现象的本身则预示着世界经济特区正朝着一个崭新的阶段飞跃前进。

（5）随着设立经济特区目的的多样性，经济特区的类型日渐增多。近几年来，旅游型经济特区开始出现，而且已开始筹划设立研究开发型的研究发展专区。旅游经济特区主要设立在旅游资源比较丰富的地区，其功能是通过在区内实行各种优惠政策，吸引国内外投资者前来投资，创办各种类型的旅游企业，以促进旅游资源的开发和国际旅游业的发展。目前，中国已批准设立12个具有旅游经济特区性质的国家级旅游度假区，为了加快发展对企业及其产品的国际竞争力有重要影响的研发工作，中国台湾已经开始筹建研究开发型的研究开发区，计划将各部门的开发研究部门设立在专区里，向它们提供各项专业服务，并由财政拨款购买研究发展所需的昂贵仪器设备，以降低企业研究开发的成本，协助企业从事研究开发工作。据调查，有50%的企业支持这一计划。

（6）跨国经济特区开始出现。以往的经济特区都由一个国家全权管辖，是为扩大与国外的经济联系而开辟的经济特区，但是，近几年世界上开始出现由几个国家共同管辖的跨国经济特区，欧洲经济共同体于1988年底兴建欧洲第一个跨越国界的开发区。这一开发区的范围包括法国的隆维、比利时的阿蒂斯和卢森堡的罗当奇，开发区将被建成一个国际商业公司。在园区内对外国投资者提供多方面的优惠。根据由中国吉林省政府提供，联合国开发计划统筹制定的"图们江开发计划"，将在中国、俄罗斯和朝鲜三国共同接壤的三角洲地区建设一个面积为1000平方千米的跨国自由贸易区，货物进出该区完全免税。在跨国自由贸易区内，计划建造10个现代化码头和能供50万个居民使用的各种设施，此外，在自由贸易区外圈，即海参崴—延吉—青津一带，还将形成一个面积达到10000多平方千米的大型跨国经济特区，作为跨国自由贸易区的腹地。预计整个计划所需总投资额达300亿美元。这些跨国界的经济特区对于世界贸易的发展，推动世界经济的增长将产生巨大作用。

（7）经济特区对一国经济发展所起的作用越来越大。现在，世界上已有100多个国家和地区先后设立了各种类型的经济特区，经济特区的建立和发展有力地促进了各国对外经济贸易和国内经济的增长。法国经济学家帕斯卡尔·格罗特在1986年2月发表的《工业自由区前途如何》一文中指出，世界贸易额的20%是经世界经济特区实现的。这一比例到1990年时已增至33%，1994年已突破35%。各种类型的经济特区通过其对资本、技术、劳动力等生产要素的吸纳和扩散功能，在经济发展中起到了"桥梁"和"基地"的作用，从而带动了当地和邻近地区的快速增长。

五、经济特区对我国区域经济发展的推动作用

法国经济学家佩鲁认为，一国或地区实施平衡发展在现实上是不可能的，经济增长通常通过一个或数个经济增长中心逐步向其他地区传导，政府应该采取有关政策，有意识地配置增长后，带动相关产业或地区的发展。

我国地域广阔，各个地区的自然条件、地理区位、历史文化等因素不同。在经济发展水平低的条件下，这就决定了我国的区域经济发展不可能采取全国统一的均衡发展战略。把有限的资源投入特定的区域，使该区域优先于国内其他地区而发展，然后由先富地区带动落后地区经济的发展，而且在优惠政策普惠化之后仍能保持经济的高速增长，继续发挥带头作用。传统经济特区的发展历程蕴含了一种经济发展模式，即可以在某区域内部选择成为经济特区，使该城市群先于其他城市发展起来，然后再发挥辐射作用，带动其他地区经济的发展，从而缩小区域间和区域内部的差距。从这种意义上来说，经济特区的主要功能不再是对外开放的窗口、体制改革的试验田，而是把经济特区作为一种经济发展模式，经济特区成为使区域经济增长的极点。

1. 经济特区已成为我国区域经济发展的重要形式

在中国大陆实际上除了深圳、珠海、汕头、厦门、海南五大综合型经济特区和上海浦东、天津滨海两个新区以外，还先后建立了54个国家级高新区、15个保税区、62个出口加工区、9个保税物流园区、13个保税港区和9个综合保税区。实际上中国目前几乎囊括了经济特区的所有主要模式。经济发展遵循从"点"到"线"再到"面"的发展路径，而经济特区是做"点"的最好形式。

（1）经济特区的极化效应。经济特区的极化效应表现为资金、人才、技术等生产要素向中心城市聚集的过程。生产要素总是从利率较低的地区向利润率高的地区转移，经济特区一般具有明显的区位优势和经济基础，相对于周边地区来说，这些地区经济相对较好、产业相对齐全、基础设施相对完备，因此能吸引众

多的要素聚集于此。要素的聚集形成一定的规模就会产生外部规模经济效应，主要表现为众多企业对基础设施等不可分物品的共享、对中间投入品的共享、对劳动力的共享和对信息的共享所带来的成本节约。集聚经济效应的发生会进一步吸引生产要素的聚集，从而进一步推动特区经济的发展。同时，经济特区内制度的特殊安排为特区经济的发展进一步奠定了基础。税收优惠、土地价格优惠、落户优惠等一系列优惠政策使经济特区形成政策洼地，吸引着优秀的企业和资本向特区聚集。

（2）经济特区的扩散效应。扩散效应是指周围地区随着经济中心地区经济的扩张而从中获得资本、人才、技术等生产要素，推动本地经济的发展。在政府调控和市场机制的作用下，经济特区能在相对较短的时间内吸引要素的聚集，壮大自身的经济，然后通过产业梯度转移机制、制度移植模仿机制、技术溢出机制等发挥扩散效应，推动周边地区经济的发展。

经济特区是中国利用境外资金、技术、人才和管理经验来发展本国和本地经济的重要手段，在我国工业化、城市化和现代化进程中发挥了重要作用，成为中国实施区域经济发展战略的重要形式。

2. 经济特区在我国改革开放中发挥重要的试验和示范作用

经济特区在我国的地位和作用主要有：一是在体制改革中发挥"试验田"的作用。二是在对外开放中发挥重要的"窗口"作用。三是在自主创新中发挥重要的排头兵作用。四是在现代化建设中发挥"示范区"作用。五是对中国香港、澳门顺利回归和繁荣稳定发挥重要的促进作用。中央领导多次指出，发展经济特区，是建设有中国特色社会主义事业的重要组成部分，将贯穿我国改革开放和现代化建设的全过程。

3. 经济特区创办的历史和经验对探索具有中国特色的社会主义市场经济模式具有独特的意义与价值

我国经济特区创办时间虽短，但却与中国改革开放和社会主义现代化建设事业的全局息息相关。中国经济特区的创办与成功实践，是我国改革开放以来实现历史性变革和取得伟大成就的一个精彩缩影与生动反映，经济特区的创办既是建设中国特色社会主义的重要组成部分，又是建设中国特色社会主义的重要成果，一直为全国的改革开放和现代化建设发挥着试验、探路和积极推动的作用，并以自己宝贵的经验为丰富建设中国特色社会主义理论和实践做出了历史贡献。中国经济特区的实践和所取得的成就，不仅超出了国外建设经济性特区的做法和经验，而且其意义超出了特区本身。它不仅具有中国特色，而且具有国际创新意义。中国建设和发展经济特区的基本经验如下：

（1）完善投资环境，包括完善投资的物质环境和人际环境。前者为基础设施结构中以通电、通水、通路、通信、通煤气、通排污、通排洪和平整土地为主体的"七通一平"等，后者包括政治条件（即政治、社会、政策等）的稳定和法制的健全、管理水平（即政府的效率等）、经营条件（包括货币和物价、外汇管制、金融、信息服务和自主权等）、人口素质和市场、政策优惠（包括税费等）。

（2）外引内联有机结合，发挥特区的"四个窗口"即技术、知识、管理、对外政策和对内对外两个扇面辐射的"枢纽"作用。

（3）努力探求建立一种灵活而有效地适应国际市场规律的特区经济体制模式。为此，在计划管理体制、企业管理体制、基本建设管理体制、流通体制、价格体制、劳动人事制度和工资制度以及财政金融体制等方面进行了一系列改革。

为了区别于20世纪80年代的经济特区，综合配套改革试验区常被称为新特区。2014年6月10日，国务院已经先后批准了12个国家综合配套改革的试验区，这些试验区从主题上可以分为：开发开放的，比如上海浦东新区、天津滨海新区；统筹城乡的，包括重庆、成都；"两型"社会建设的，包括武汉城市圈、长株潭城市群；新型工业化道路探索的，包括沈阳经济区；农业现代化的，包括黑龙江省的两大平原；资源型经济转型的，包括山西省。2014年9月19日，中国政府网公布了《国务院批复支持汕头经济特区建设华侨经济文化合作试验区有关政策》，正式同意设立中国汕头华侨经济文化合作试验区。此外，国务院还设立了五个"金融试验区"（区别于"综合配套改革试验区"）：浙江省温州市、广东省珠江三角洲、福建省泉州市、广西壮族自治区和山东省青岛市。它们在功能定位上已经有别于传统的经济特区，这些新区正是在西部大开发、振兴东北等老工业基地、中部崛起等背景之下设立的，它们担负着进一步发展外向型经济，促使经济从外向型开放型转变，以进一步壮大自身经济，从而成为我国经济发展"火车头"的重任。

21世纪的经济特区已经不单纯是改革开发的试验田，经济特区的主要功能已经发生了实质性的变化。通过设立新特区，并赋予该地区相关的特殊政策，能够进一步吸引要素聚集，推动新特区经济的发展。

第三节　总部经济

一、总部经济概念与内涵的诠释

1. 总部经济的产生与概念

总部经济的系统研究和实施是进入 21 世纪后近 10 年的事情，很多学者和专家对此做了比较深入的研究和探讨，并做了比较精辟的描述和系统的表达。总部经济理论是由北京社会科学院总部经济研究中心主任赵弘研究员在国内首次提出的，他对总部经济的内涵和特征、理论价值和实践意义以及经济贡献等进行了深入的研究，对企业迁移、总部集群形成以及地区总部经济发展等进行了广泛的探讨，他对我国总部经济的研究有重要的贡献。

最近几年，伴随着经济全球化、信息网络技术的发展和中国经济市场化程度的不断加深，出现了两种现象：①一批企业，特别是一批民营企业集团，由欠发达地区向中心城市"迁都"，将公司总部迁往上海、北京、广州、武汉、杭州等地；②另一批企业将"生产基地"从中心城市向郊区县甚至外地迁移，却将企业总部，包括销售、研发等部门留在城区。如北京二环、三环内一批制造业企业迁往郊区县。上海同样有将原来在市区的制造业企业迁往郊区县甚至江浙的现象。这两种截然不同的迁移方式都反映了同一个趋势——总部与加工基地不断分离，这实际上是一种在信息经济时代企业资源配置的一种新方式、新动向。

我们从经济学和区域经济发展的各个层面及不同角度对总部经济的概念和内涵进行了诠释，所谓"总部经济"，是指某区域由于特有的资源优势吸引企业将总部在该区域集群布局，将生产制造基地布局在具有比较优势的其他地区，从而使企业价值链与区域资源实现最优空间耦合，以及由此对该区域经济发展产生重要影响的一种经济形态[①]。

2. 总部经济产生的条件

（1）信息技术的高度发达。生产基地与总部的分离必须建立在网络及新的

---

① 赵弘. 总部经济 [M]. 北京：中国经济出版社，2004.

通信手段的普及上。依靠信息技术的发达使得企业内部信息传递及时和准确，大大降低组织成本，才能有条件实现内部不同组织的空间分离。目前，国际上很多知名服装制造企业都将总部设在时尚地区，如纽约、巴黎、伦敦等地，而生产基地总是在劳动资源丰富、劳动价格和生产原料便宜的地方。同时，通过发达的网络，总能在第一时间向生产基地传回当季流行的款式、面料等图纸，指导其生产，从而实现时尚与低成本共存的局面。

（2）企业在发展中对于战略资源的需求地位上升。随着企业规模扩大和市场竞争加剧，企业的竞争已经不再是依靠常规资源，如土地、能源、材料以及一般工人的低价格竞争，而更多地依赖战略资源的比拼。拥有高科技人才、掌握实时的商业信息、配合完善的金融和法律支撑已经在企业竞争中发挥着越来越重要的作用，而这些资源往往都集中在发达地区，这也是促使企业总部向发达城市聚集的原因。

（3）总部与生产基地的发展水平差异较大。企业总部经济实现的另一个条件是总部所在的发达中心城市战略资源密集、成本低，而常规资源稀缺、成本高；生产基地所在的欠发达地区常规资源密集、成本低，战略资源稀缺、成本高。正是由于这两个地方各有所长，而且发展水平差异较大，才使得总部经济有产生的必要。

综合以上几个条件，在如今，中心城市战略资源密集但土地价格高、环境成本高、人工工资高，在欠发达地区，常规资源成本相对较低但战略资源稀缺的情况下，企业按照总部经济的模式进行空间布局，把总部布局在发达的中心城市，而将生产加工基地布局在欠发达地区，由此使企业能够以较低的成本价格取得中心城市的战略资源和欠发达地区的常规资源——实现了两个不同区域最优势的资源在同一个企业的集中配置。这种"总部—加工基地"的布局方式不但能够使企业取得在原有布局模式下难以取得的资源优势，实现资源配置综合成本最低化，而且使得总部所在的中心城市密集的人才、信息、技术等资源得到最充分的效能释放，使得加工基地所在的欠发达地区密集的制造资源得到最大限度的发挥。因此，总部经济是一种能够实现企业、总部所在区域、生产加工基地所在区域"三方"利益都得到增进的"三赢模型"[①]。

二、总部经济的功能

我们利用总部经济为城市经济发展带来的经济效应和总部经济作为一种新的

---

① 赵弘. 总部经济及其在我国的发展［J］. 江海学刊，2005（1）.

经济形态所表现出来的特征来描述总部经济的功能。

1. 总部经济的特征

总部经济是城市经济学研究的范畴，它是城市经济发展的重大突破和战略转移，也是国际经济一体化和知识经济初露端倪的产物。"总部经济"作为一种新的经济形态，表现出若干知识经济和区域经济的特征。

第一，知识密集性。总部经济集中了企业价值链中知识含量最高的区段，企业的研发、营销、资本运作、战略管理等属于知识密集性劳动。

第二，经济集约性。按照总部经济模式发展区域经济，最大限度地利用了中心城市服务业发达、智力资源密集的优势，最大限度地利用了生产基地土地、劳动力、能源等要素优势，最大限度地提高了资源的配置效率，体现了集约经济的特点。

第三，产业延展性。总部经济形成了第二产业与第三产业之间的经济链条，不但能够实现第二产业向第三产业的延展，而且能够实现知识性服务业向一般性服务业的延展和扩散。

第四，发展辐射性。在总部经济模式下，可以通过"总部—加工基地"链条实现中心城市的经济发展向欠发达地区的强力辐射。

第五，合作共赢性。总部经济模式改变了区域之间对同一产业在企业、项目上非此即彼的无序争夺，避免了简单的重复，实现了具有不同资源优势的区域之间通过价值链不同功能的再分工进行合作，实现了共同发展，达到了共赢结果。

2. 总部经济的经济效应

总部经济不但对中心城市的经济结构、就业结构、城市发展产生了深刻影响，而且对城市的空间规划、政策体系、配套服务体系建设、环境建设等方面提出了新的要求。总部经济至少可以为城市经济发展带来以下经济效应：

（1）税收贡献效应。包括企业税收贡献和总部高级白领个人所得税贡献，还有新增的产业链企业的税收贡献。总部如果作为独立的经济实体，要向总部所在地上缴所得税，在我国现行税率之下一般为33%。如果企业采取"公司—分厂"组织形式，企业的增值税、所得税、营业税以及城建税、教育附加等一般也要在企业注册地，即总部所在地上缴纳。同时，如果考察中央商务区范围内单位面积的税收产出的话，写字楼可以容纳几十倍于原有数量的企业，这样就大大增加了单位面积的税收产出。另外，在总部工作的高级白领，其丰厚的个人收入，必然也要通过个人所得税的形式为总部所在区域经济做出贡献。

（2）产业乘数效应。制造业总部所在的区域知识型服务业往往都比较发达，这就会带来为制造业总部服务的产业链的发展。包括由通信、网络、传媒、咨询等组成的信息服务业；由银行、证券、信托、保险、基金、租赁等组成的金融服务业；由会计、审计、评估、法律服务等组成的中介服务业；由教育培训、会议展览、国际商务、现代物流等组成的新型服务业等。一个制造业跨国公司总部向一个区域迁移，都会带动几个，甚至是十几个与其有紧密业务关联的知识型服务公司随之迁移。与此同时，总部经济所带动的商务写字楼、房地产等城市投资对中心城市的增长贡献也是很大的。通过这种"乘数效应"可以扩大一个区域的经济总量，提升第三产业结构水平，提高区域经济竞争力。

（3）消费带动效应。包括总部商务活动、研发活动消费和总部高级白领的个人生活消费，如住宅、交通、子女教育、健身、购物、文化设施和娱乐等。

（4）就业乘数效应。这是产业乘数效应的必然结果。总部经济带来的服务业产业的发展必然为从事该类产业的人员提供充足的就业岗位。同时，总部高级白领的个人生活消费也会带来服务业的消费需求，从而增加就业岗位。

（5）社会资本效应。也可以称为社会效应。大批国内外企业总部入驻，提高了城市的知名度、美誉度，会促进城市政府提高服务质量、改善商务环境、完善城市基础设施和人居环境、推进多元文化融合与互动，各种条件更趋完善，从而会进一步加快城市的国际化进程。如四川双流借助临空经济区发展的总部经济群，不仅带动了该区域的发展，更为双流县在全国的知名度提升打下了良好的基础，对整个区域的会展服务业、旅游服务业、信息产业、观光农业都有积极的带动作用。

三、总部经济对地区经济的作用

1. 对区域经济的辐射和带动

总部经济通过创造条件，吸引、集聚经济资源，然后通过集聚的经济资源吸引更多的资源参与其中运作，从而使企业价值链与区域资源实现最优空间耦合，并产生强大的经济辐射作用，以有效促进地方经济的发展。同时，总部经济的产生又使城市周边地区能够充分利用土地、能源、普通劳动力等具有比较优势的常规资源，形成经济增长的新动力，推动周边区域经济的发展。

2. 促进产业集群的形成

总部经济中的产业在价值链分工中占据高端地位，而这些产业的聚集有利于提高所在区域的整体产业水平，提高区域经济的竞争能力。一批总部的聚集还能极大地扩展产业选择范围和延伸产业链，既可将一大批关联配套企业吸引在自己周围，形成产业集群，还可带动物流、信息、咨询、金融等现代服务业的发展，提高本地区第三产业在经济总量中的比重。

3. 加快区域经济融入国际化的进程

总部经济是经济全球化和知识经济的产物，是城市区域经济发展的重大突破和战略转移。总部经济将资源有效整合为完整的产业链，具有内聚效应和扩散效应，能够实现企业、总部所在区域、生产加工基地三方的利益。它突破了单个国家和地区的狭隘界限，在更广阔的空间内实现商品、劳务、资本、技术等要素的自由流动，深化了区域内的分工，实现了资源的优化配置。因此，它有利于区域经济走向国际化，加快了地区融入国际化的进程。

四、跨国公司区域性总部

跨国公司也可能将一些管理功能从公司总部分离，建立一些区域性总部。这些区域性总部享有重要的行政与组织功能，通常是协调与管理跨国公司在几个国家分公司的生产经营活动，起到一种总部与分公司间的桥梁作用，是公司总部与分公司间沟通的渠道。

区域性总部是跨国公司的一种协调机制，也是跨国公司信息收集的重要机构。为了与其他分公司保持紧密的联系，区域性总部通常布置在交通通信战略性区位，这些区位还应该可以提供高质量的商业服务和高素质的管理与信息处理人才。可以从集聚经济中获益也是重要的区位因素（Dicken, 1998）。

重要的区域性总部区位包括世界性城市，如纽约、伦敦、东京以及在欧洲、北美和东亚的重要城市如斯德哥尔摩、哥本哈根、布鲁塞尔、法兰克福、日内瓦、米兰、多伦多、芝加哥、洛杉矶、休斯敦、首尔、中国香港以及新加坡等。中国"入世"意味着全面融入经济全球化潮流，跨国公司根据其全球战略的需要也开始重新考虑中国在公司全球战略中的定位。把中国全面纳入全球经营网络，一是建立或加强在华总部；二是建立或加强在华运营中心；三是将在华投资企业与在华总部一体化。其中管理体制调整的关键是建立或加强中国地区总部。管理运营中心和研究开发中心是跨国公司全球网络中的主要环节，中国已是众多跨国公司的制造中心，中国也正在成为它们的管理营运中心、研究开发中心。总部经济的兴起是经济全球化在中国城市发展中最突出的表现。

许多国家和地区也非常重视吸引跨国公司的区域性总部。在这方面，中国香港与新加坡的表现最为出色。2000年，中国香港大约有855个跨国公司区域性总部，其中212个是美国的跨国公司设立的，127个属于日本公司；约40%的区域性总部涉及贸易服务；商业服务与金融银行业也在区域性总部。新加坡在1996年出台了吸引跨国公司区域性总部的"国际商业轴心计划"，截至2000年大约有200个区域性总部，其中包括一些重要的跨国公司，如3M、ABB、宝马、康柏、通用汽车、FFIM、摩托罗拉、诺基亚、菲利浦和丰田等（UNCTAD，2001）。

世界经济一体化发展与各种区域性经济组织的建立，如欧盟、东盟、亚太经合组织、北美贸易联盟等，大大刺激了区域性总部的设立。例如，随着日本公司跨国经营的扩张，日本在欧洲、北美、东南亚等设立了许多区域性总部以协调其在国外的经营和管理。1997年，日本在国外的23000多个分公司中有400多个是日本跨国公司的区域性总部（UNCTAD，2001）。

 专栏

跨国公司总部经济在中国的发展现状

随着跨国公司对中国投资的扩大及其对中国战略地位的调整提升，来华投资的跨国公司不断增多。据不完全统计，截至2008年底，上海有上市公司总部300多家、跨国公司地区总部1800余家、跨国公司投资性公司165家、跨国公司研发中心244家；北京聚集各类跨国公司地区总部42家、具有总部性质的投资性公司153家，形成了中心商务区、金融街、中关村科技园区等总部机构聚集区；天津滨海新区已具备跨国公司总部基地的发展条件，许多国际金融保险业机构总部已在天津抢滩设点，如日本爱和谊财产保险（中国）有限公司中国地区总部等。

为了进一步管理这些生产链、控制更大的市场以及利用发展中国家的科研资源以进行本土化创新，这些跨国公司又不断将地区总部、研发中心、采购中心投资性公司、办事处等处于价值链高端的总部环节向中国转移。成立地区总部、集中经营管理已经成为很多跨国公司进一步扩大在华事业的必然要求。北京、上海、天津、广州等城市以其国际地位、雄厚的经济实力等成为跨国公司在华设立地区总部的主要聚集地。这些城市的总部经济发展也因跨国公司地区总部的不断入驻而获得更广阔的发展空间。以上海为例，在上海市认定的跨国公司地区总部当中，世界500强企业占56家，占总数的近1/3，并且有16家被商务部认定为国家级跨国公司地区总部，分别占在华跨国公司地区总部和国家级跨国公司地区总部数量的一半。加入WTO以来，上海在全面开放的市场环境中崛起，外资正在进入更为广阔的市场腹地：2006年，在进入上海的外资中，第三产业的比重首次超过第二产业。2007 年，上海吸收外资的产业结构进一步优化，第三、第二、第一产业合同外资占比分别为 64.47%、35.28% 和 0.25%。现代服务业的扩张规模和质量提升令世人瞩目。2001 年，上海外资商业零售企业不到 100 家，目前已经超过 1600 家。先期进入的外资也显示出良好的示范效应。此外，新业态外资也后来居上，例如，位于青浦的品牌折扣店——上海奥特莱斯开业半年就引进国际品牌和专卖店 205 个，销售超过 3 亿元。融资租赁、资产管理、人才中介、医院、教育、旅游等产业都向外资敞开了大门。"大脑型"的总部经济已经成为上海引进外资的亮点。百事、葛兰素史克等跨国公司最近将地区总部陆续落户上海市中心的都市总部大楼，而英特尔、本田、思科等跨国公司地区总部也分别落户上海紫竹科技园区和漕河泾开发区。2007 年，在上海新批的 79 家外资总部经济项目中，研发中心 34 家、投资性公司 15 家、地区总部 30 家。上海已成为中国内地吸引外资总部经济项目最多的城市。

资料来源：许蔚. 跨国公司总部经济对区域经济的影响分析［J］. 经济研究导刊，2010（3）.

总部经济的发展对聚集企业总部的中心城市以及相关中心城市经济区域的发展均产生了重要而深远的影响。一方面，企业总部在中心城市聚集带来了总部产业与相关服务业的发展，吸引人才、资本等高端生产要素聚集，形成了强大的聚集和辐射效应，有力地推动了中心城市的发展；另一方面，中心城市企业总部与周边生产基地、产业基地的企业价值链与产业价值链的形成，强化了相关产业的实力，扩展了经济的发展空间，有力地带动了中心城市经济区域的发展。

 思考题

1. 根据区内经济活动的构成及特点，经济区划有哪几种类型？
2. 国家区域市场开发有哪些模式？
3. 简述经济特区的七种类型及特点？
4. 总部经济有哪些特征和经济效应？

第四章
国际市场的开拓和进入

重点问题

- 世界市场的构成及交易方式
- 国际市场环境
- 国际市场细分及目标市场选择
- 国际市场进入

企业区域市场开拓是"有计划的市场推广"。任何一个企业的整体市场都是由区域市场组成的,而市场是实现企业自身价值的唯一手段或试金石。因此,作为企业整体市场组成部分的区域市场能否牢牢把握市场,将成为企业能否实现其经济和社会价值的关键。区域市场是一个相对的概念,既可以指一国范围内按不同标准划分而形成的区域,也可以指在全球跨地区、跨国家而形成的市场。对于国内区域市场来讲,因为主权一致、贸易政策一致、货币一致、社会文化大致相同等优势,使得贸易开展障碍相对较小,企业开拓和进入也相对容易。而国际市场,由于种种的限制和不同,企业想要开辟新的国际区域市场还必须了解其市场的特点、环境、运行机制和进入模式等。

第一节　当代世界市场的构成与运行

市场既是商品和服务的交换领域,也是商品生产正常进行的必要条件。随着社会分工和商品生产的发展,市场也逐步发展起来。世界市场既是在整个世界范围内通过对外贸易联系起来的各国商品流通领域的总和，也是在国内市场的基础上发展起来的，更是资本主义生产方式的历史产物。

一、世界市场的发展和构成

1. 世界市场的形成

世界市场的形成与发展同国际分工的形成与发展相呼应，是随着地理大发现而萌芽，随着第一次工业革命的发展而迅速发展，随着第二次工业革命后国际分工体系的建立而最终形成的。

（1）世界市场的萌芽时期。15 世纪末和 16 世纪初的地理大发现将隔绝的大陆、大洲通过贸易手段联系起来，国家之间的交换扩展到更广阔的地理范围，具有"世界"的意义，促进了西欧各国经济的发展，从而使世界市场进入了萌芽的阶段。马克思和恩格斯指出："美洲的发现，绕过非洲的航行，给新兴的资产阶级开辟了新的活动场所。东印度和中国的市场、美洲的殖民化、对殖民地的贸易、交换手段和一般商品的增加，使商业、航海业和工业空前高涨。"[①] 当时的生产力发展受到工场手工业生产的限制，缺乏大量的商品和便捷的交通工具，因此世界市场还只处于萌芽状态。15 世纪末至 18 世纪中期前，随着国家之间贸易的发展和世界市场的发展，直接服务于商品交易的新的商业机构陆续出现，如银行、股份公司、交易所、保险公司等，推动着国际贸易向规范化、成熟商业化运作发展。

（2）世界市场的迅速发展阶段。18 世纪 60 年代到 19 世纪 70 年代，资本主义第一次产业革命确立了机器大工业生产的基础，资本主义生产方式成为世界占统治地位的生产方式，世界市场进入了迅速发展的时代。大机器工业对世界市场的形成和发展起了决定性作用，因为大工业需要不断扩大市场，包括产品销售市场、原料与食品供应市场和提供劳动力的劳动市场，而国内市场规模的有限性和大量生产的无限可能性使大工业经常要超越已有的市场范围，到国外去寻找新市场。机器大工业使工业和人口向城市集中，形成众多的工业中心和生活消费中心，同时，机器大工业为各国的经济密切联系提供和改善了交通运输和通信工具，这样，资本主义大工业便把它的产品销售市场和原料、食品乃至劳动力的来源地都卷入世界市场了。这一时期世界市场上的主要经济贸易联系存在于发达国家与落后国家之间，工业制成品主要是纺织品和钢铁制品，1850 ~ 1870 年，英

---

① 马克思，恩格斯. 共产党宣言 [M]. 北京：人民出版社，1997.

国输出产品的 80% 是纺织品和钢铁制品。

19 世纪末 20 世纪初，第二次产业革命发生，新的产业建立，西欧与北美发达国家完成了工业化过程，工农业生产的发展、交通运输工具的革命、铁路和轮船的出现与发展意味着世界经济代替了国民经济，国际分工进一步发展，世界市场最终形成。各个国家、各个民族的孤立和闭关自守的性质逐渐消失了，商品货币关系有了广泛的发展，世界各国之间的经济联系增强了，封闭的、自给自足的自然经济被开放的世界经济所取代。世界市场是在国际分工和国际贸易不断发展和深化的过程中，逐渐形成和发展起来的，其发达程度取决于参与国际交换的国家数量、商品总额、各国经济发展水平以及国际分工的广度和深度。世界市场形成的标志包括多边贸易和多边支付体系的形成、国际金本位制度和世界货币的形成、比较完备的世界市场运作机制和商品种类的多样化和大宗贸易的增长。

2. 世界市场的构成

第二次世界大战结束后，随着生产国际化和专业化程度的提高，国际经济贸易关系得到进一步发展，世界市场继续扩大，世界市场构成日益复杂。

（1）国家构成。第二次世界大战以前，世界市场的国家构成较为单一，并由少数资本主义国家主宰世界市场。第二次世界大战以后，殖民体系瓦解，大批亚洲、非洲、拉丁美洲的发展中国家以独立主权国家的身份参加了世界市场的活动。因此，第二次世界大战以后的世界市场是一个由各种经济类型的国家组成的既统一又对立的复合体，发达的市场经济国家、东欧国家、亚洲社会主义国家、其他发展中国家和地区在统一的世界市场上并存，相互依赖，又相互矛盾。对于参加世界市场活动的国家，目前采用比较多的是 UNCTAD 分类法，将所有国家分为发达国家、发展中国家、东南欧和独联体国家。2010 年，各类国家在世界货物总出口中所占比重分别为发达国家占 54.15%、发展中国家占 41.78%、东南欧和独联体国家占 4.07%[①]。

（2）订约人构成。世界市场的订约人依照活动的目的和性质可以划分为：

第一，企业与企业主联合组织。企业以追求商业利润为目的而进行经济活动，企业主联合会是企业家联合组织，它们多数为民间组织，代表某一行业企业的利益。游说政府以形成对其有利的政策和措施，同时服务于企业，为企业采购、生产、销售、出口等提供信息及咨询服务。

第二，政府采购。包括直接作为采购方在世界市场采购货物与服务、为了调

---

① 张玮. 国际贸易原理 [M]. 北京：中国人民大学出版社，2009.

整供求关系而专门设立的干预机构以及帮助企业促进交易而设立的促进出口机构。

第三，国际机构。诸如世界银行、国际货币基金组织、联合国之类。它们的日常运转需要消耗大量的物品和服务，是世界市场上诸多商品和服务的大买家。

（3）商品构成。当代世界市场上的商品包括有形商品和无形商品。有形商品依照《国际贸易标准分类》共分为10大类、67章、262组。第二次世界大战以后，在第三次科技革命的推动和其他因素的作用下，世界工农业生产有了较大增长，世界经济中有形商品贸易随之迅速增长。伴随着技术进步，原材料利用率提高，世界市场工业制成品所占比重将不断上升，初级产品所占比重将不断下降，有形产品将更加智能化、高级化。

随着有形商品贸易的迅速增长和各种生产要素在各国之间流动的不断增长，无形商品贸易迅速发展。服务依照国际货币基金、世界贸易组织等国际机构的分类，划分为运输服务、旅游服务、通信服务、金融服务、计算机与信息服务、特许与许可服务、其他商务服务以及个人、文化与娱乐服务十大类。在未来的世界市场上，与高技术相适应的新型服务贸易项目的发展将超过传统的服务项目，高级人才、高素质的劳务人员的跨国流动将越来越成为主流。

（4）商品市场构成。从世界市场的特征看，在第二次世界大战后既有以自由竞争为特征的开放性市场，也有买方与卖方由组织上联系、受垄断组织控制的封闭性市场，还有以商业一次性合同为基础的市场。同时，还有以国际专业、协作化及长期的大规模联系为基础的市场，以及以区域经济一体化为模式、以经济集团为基础的市场。

从世界商品市场的组织形式看，大体分为固定的国际商品市场和非固定的国际商品市场。

第一，固定的国际商品市场。①商品交易所。商品交易所是指在指定的地点，按照规定的程序和方式，由特定的交易人员进行大宗商品交易的专业市场。商品交易所最早建于荷兰阿姆斯特丹的粮食交易所。目前，主要通过交易所交易的商品有50多种，占世界商品流通额的15%～20%。世界性的商品交易所，每天的开盘、收盘价格及全天的最高、最低价格均被刊登在世界重要的报刊上，作为市场价格的指示器，对世界市场价格产生着建设性的影响。②国际商品拍卖中心。这是一种在规定的时间和场所，按照一定的规章和程序，通过公开叫价竞购，把事先经买主验看的货物逐批或逐件卖给最高出价者的过程。以拍卖方式进入国际市场的商品，大多数为品质不容易标准化、不易存储、生产厂家众多、产地分散或难以集中交易的商品，如毛皮、茶叶、古玩艺术品等。一些国家的政府和海关罚没的物品有时也采用这种方式。③国际博览会和展览会以及国际贸易中心。博览会是一种在同一地点、在规定的期限内定期举办的有众多国家、众多厂商参加的产品展销的国际市场。展览会一般是不定期举办的，只展览不销售，通过产品展示促成会后交易的一种方式。

第二，非固定的国际商品市场。通过单纯的商品购销或与补偿贸易、加工贸易、招标投标、租赁贸易等相结合的商品购销形式进行国际商品交易。

（5）商品销售渠道构成。销售渠道是指商品从生产者到消费者手中所经过的路线。世界市场上的销售渠道通常由三部分构成：出口的销售渠道，包括生产企业或贸易企业；出口国和进口国之间的销售渠道，包括贸易双方的中间商；进口国国内的销售渠道，包括经销商、批发商和零售商。随着网络的发展及其在国际贸易中日益广泛的使用，直接贸易成为贸易的主要方式，销售渠道中的中间商也相应减少，如表4-1所示。

表4-1　销售渠道的类型

	出口国						进口国
1	出口企业 ──────────────────────						国外顾客
2	出口企业 ──→ 出口商 ──→ 进口商 ──────→						国外顾客
3	出口企业 ──→ 中间商 ──→ 出口商 ──→ 进口商 ──→ 零售商 ──→						国外顾客
4	出口企业 ──→ 中间商 ──→ 出口商 ──→ 批发商 ──→ 零售商 ──→						国外顾客
5	出口企业 ──→ 中间商 ──→ 出口商 ──→ 进口商 ──→ 批发商 ──→						零售商
6	出口企业 ──→ 中间商 ── 出口商 ──────→ 零售商 ──→						国外顾客
7	出口企业 ──────────────────────→						零售商

第1种类型是国内企业自行出口，到进口国则直接卖给用户。例如，企业接受外国顾客直接订货，以邮寄方式交货。第2种类型是国内企业避开中间商直接交给出口商出口到进口国，进口国也避开中间商直接卖给客户。它大多用于大宗商品交易，因为买主和卖主都比较集中，而且此类商品均有统一的国际市场价格，不宜有太多的中间商插手分享利润。第3种、第4种、第5种类型大多适用于消费品买卖。为便于销售，一般较多用于中间商。第6种、第7种类型一般适用于出口国与进口国的大百货公司、超级市场和连锁商店的贸易。

（6）运输网络构成。世界市场上的运输网络是由铁路运输网、公路运输网、水上运输网、航空运输网和管道运输网（如石油、天然气跨境交易）等组成的。第二次世界大战以后，国际贸易货物运输中的水上运输占第一位，铁路运输占第二位，可见，这两种运输方式尤为重要。

（7）信息网络构成。信息网络是世界市场的中枢。它由国际电话网、大众交流工具（印刷品、电话、电报、电传、电视和广播等）、通信卫星系统以及计算机互联网组成。国际贸易中各种商业信息获取源包括商业性信息提供机构、政府设立的贸易促进机构、政府部门、各种媒体等。随着世界市场信息网络手段的不断多样化和现代化，以及信息网络机构的不断增加和专业化，信息系统也日益国际化。

二、世界市场的交易方式

世界市场上的交易方式多种多样，下面仅介绍几种常见的方式。

1. 经销

经销是指本国出口企业（即供货商）与国外进口商（即经销商）达成书面协议，由经销商承担在规定的时间和区域购买和销售指定商品的义务。经销方式下，供货商和经销商之间是一种买卖关系。经销商在以自有资金付清商品的货款后，便享有商品的所有权，以进口价格和转售价格之间的差额为经销利润，并要承担货物进口后到将货物转售之前的一切经营风险。按经销商权限的不同，经销方式可分为一般经销和独家经销。一般经销也被称为定销，经销商不享有独家专营权。供货商可以在经销协议中规定，在同一经销区域内委派一个以上的经销商来经营同类商品。在这种方式下，经销商与供货商之间存在的只是相对长期、稳定的买卖关系，实质上与一般意义的国际货物买卖没有本质区别。独家经销也被称为包销，是指出口企业（即供货商）授予某一进口经销商在规定期限和规定区域内，享有指定商品的独家专卖权的一种方式。采用独家经销方式时，在经销协议所规定的时间和区域内，只能有一家经销商经营指定的商品，该区域内的任何其他商人均不得销售此种商品。也就是说，包销商享有排他性的经营权，而包销商一般也要承担一定数量的销售、维护授权商品的知识产权、承担出口企业委托的商品促销活动和部分商品的售后服务工作等义务。

2. 代理

代理是指国外中间商受出口商的委托代其销售指定的商品，收取佣金，即出口商给予国外中间商在规定地区和时间内代销指定商品的权利。出口商与代理商是委托与代理的关系，代理商对代销的商品不垫付资金，不承担风险，不负责盈亏。代理只收取一定佣金，既不负责盈亏，也不承担销售数量。代理和委托人的关系纯属委托—代理关系，而不是买卖关系。代理是许多国家商人在进出口中习惯采用的一种贸易做法，在国际市场上存在着名目繁多的代理商，其中包括采购、销售、运输、保险、广告等多方面的代理商，作为国际贸易交易方式的代理是指销售代理。按委托人授权的大小，销售代理可分为独家代理、普通代理、总代理。

3. 寄售

寄售是一种跨国委托代售的做法，指出口方直接将货物按照寄售协议规定的条件，交给代销人在国外出售。代销人只收取代销佣金，不负责盈亏和风险。如寄售期满，货物未能全部售出，则可退回寄售人，所以寄售纯属委托关系。寄售是一种先发货后出售的贸易方式，对卖方具有更大的风险。在寄售方式下，寄售人可以利用代销人的市场资源拓展自己的海外市场。代销人和寄售人的权利义务都规定在寄售协议中，寄售协议涉及的主要内容包括寄售商品的价格、佣金、货款的收付等。在我国进出口业务中，寄售方式运用得并不普遍，但在某些商品的交易中，为促进成交、扩大出口的需要，也可适当运用寄售方式。

4. 招标与投标

在世界市场上，一些国际机构、政府机构、国有企业在进行大规模物资采购时通常采取招标形式，招投标更多地用于国际工程承包。招标是指招标人按事先规定的条件公开征求应征人，选择最优者成交；投标是投标人根据招标人提出的要求，提出自己相应的价格和条件，通过竞争，争取为招标者选中，以达成交易。招标和投标是贸易方式的两个方面，在进出口业务中统称为投标。这是一种有组织的并严格按照招标人（进口商）规定的交易条件，在特定地点进行交易的贸易方式。招标与投标常用于国家政府机构、企业或公用事业单位在采购器材、设备和物资的交易中，还更多地用于国际承包工程。在国际贸易中，主要包括国际竞争性招标、谈判招标、两段招标。招投标的基本程序为招标前准备—发布招标公告—投标—开标—评标—定标—签署交易或承包合同。

5. 加工贸易与补偿贸易

来料加工、来料装配、来样制作和补偿贸易，称为"三来一补"贸易。这是近20年来在国际贸易中出现的一种新的贸易方式。特别是广大发展中国家把它作为吸收外资、引进技术和设备的一种重要手段。我国自实行对外开放政策以来，也把"三来一补"作为发展对外经济贸易的一种重要方式。

（1）加工贸易。加工贸易是指企业从境外保税进口全部或部分原材料、零部件、元器件、包装材料等，经加工和装配后，将半成品或成品复出口的交易形式。加工贸易有两种基本形式：一是来料（件）加工，二是进料加工。在中国的多数加工贸易属于贴牌生产。2011 年，加工贸易产品出口占中国货物总出口的 44%。

（2）补偿贸易。补偿贸易是在一方信贷的基础上，从国外另一方买进机器设备、技术、原材料或劳务，约定在一定期限内，不是用现汇支付，而是用产品或劳务进行偿还的一种方式。偿还时既可一次付清，也可分期分批付清，多数是分期分批付清。补偿贸易的主要形式有产品返销、互购、部分偿还。不论采用什么方式，补偿贸易双方经磋商达成协议后，一般都要签订文书。这种文书主要有补偿贸易协定、设备进口合同、返销或互购合同等。比较简单的补偿贸易通常只签一个协定即可。协定和合同的内容与一般贸易协定和合同的内容基本相似，但多了一个信贷项目。对信贷安排、贷款利息、偿还时间和方式等必须作明确规定。由于补偿贸易具有信贷的特点，所以一般补偿贸易产品的价格略低于当时国际市场的时价。目前，大型补偿贸易的偿还期有 5 年、10 年、15 年甚至 25 年，偿还期限的长短取决于设备投产后的偿还能力。影响企业偿还能力的因素主要有贷款的大小和利率的高低、基本建设期限的长短、产品年产量的多寡、生产成本的高低、产品出口价格高低等。

6. 租赁贸易

租赁贸易是把商品在一定期间的使用权作为交易对象的贸易方式。租赁与其他贸易方式相比，出租人通常对商品享有所有权，承租人只享有占有权和使用权，所以出租人通常负担维修、保养等工作。承租人租设备使用，可以满足一时性、季节性的需要，承租人的租金可以纳入营业费用，这样可以减少企业的纳税额。承租人一般保有留购权利，而作价方法一般为现价减去已付的租金。在国际市场上租赁贸易采用的最广泛的方式是融资性租赁和经营性租赁。

（1）融资性租赁。融资性租赁以融通资金为主要目的，是设备租赁的基本方式。融资租赁的特点是：出租设备由承租人选择，然后由出租人出资购买，交由承租人使用，租金为购买该设备的成本加融资的利息及其他费用之和。租用合同一旦签订，双方都无权撤销，租赁期间出租人仍拥有该设备的所有权并向承租人收取一定的租金。

（2）经营性租赁。在经营性租赁方式下，承租人只是为了在一定期间内使用某种设备，并不想长期租有所有权。通常情况下，经营性租赁具有以下特点：出租的设备由出租人根据市场需要进行选购，购进之后再寻找承租人；租赁期一般较短，有的甚至几天；设备的维修和提供专门性服务等事宜由出租人负责；租金包括租赁期设备的折旧费及其他费用；租赁期满或合同终止后，承租人必须将所租赁设备退回出租人。

第二节　国际市场环境与国际市场调研

一、国际市场环境因素

国际市场的外部宏观环境是对企业生产经营有影响的主要社会力量和社会条件。分析和认识宏观环境有利于企业适应社会环境变化，达到企业营销目标。宏观环境主要包括人口环境、经济环境、政治法律环境、社会文化环境、技术环境、自然环境等。

1. 人口环境

人口是构成市场的第一因素。市场是由有购买欲望同时又有支付能力的人构成的，人越多，购买能力越强，市场规模就越大。因此人口的多少直接影响市场的潜在容量。人口也是需求构成的基本要素。食品、服装、日用品等生活必需品的需求和各国人口的特性息息相关，人口的年龄结构、家庭结构、城乡结构、人口密度等人口特性，又会对市场需求格局产生深刻的影响。因此，企业最关心的是市场规模及其发展趋势，人口环境及其变化对企业营销活动有着重要的影响。

（1）人口数量及人口增长率。人口数量是决定市场规模和潜在容量的一个基本要素，按人口数目可大略推算出市场规模。1950 年，世界人口为 25 亿人，1960 年为 30 亿人，1970 年为 37 亿人，1980 年为 45 亿人，到 1990 年，世界人口总数已超过 50 亿人。1999 年 10 月世界人口达到 60 亿人，2016 年，全世界人口已达到 67 亿人，有 18 个国家人口已超过 1 亿人。人口环境一方面表现在人口规模迅速上升，另一方面表现在世界各国的人口分布非常不均衡。全世界的人口有一半以上集中在 7 个人口上亿的国家，而有 40 多个国家，其人口少于 100 万人。亚洲地区人口约占世界人口的一半，中国是世界上人口最多的国家，人数约13 亿人。中国和印度两国人口占亚洲人口的 70%，占世界人口的 1/3。欧洲地区的人口最密集。《2010 年世界人口状况报告》预测，到 2050 年，世界人口将超过 90 亿人，我国人口自然增长率将在 2030 年实现"零增长"，人口总数达到 14.5 亿人的最高点。世界各国及国内各地区的人口分布状况对产品需求、促销方式、分销渠道都会产生不同的影响。例如，美国人口最稠密的地区是大西洋沿岸、五大湖边缘和加利福尼亚沿海地区，这些地区也是美国最大城市所在地。这些地区对汽车的需求量明显高于其他地区。

（2）人口年龄结构。人口的年龄是市场细分的一个重要因素，这是因为不同年龄特征阶层的人，其收入水平、生理特征、价值观念、消费方式均不同，同一年龄特征阶层的人则有一定的共性。在美国，市场营销学家将人口的年龄结构分为以下六个层次：

1）儿童，年龄在 10 岁以下，他们是玩具、儿童食品的主要市场。

2）青少年，10～19 岁，他们是牛仔裤、录音带、书籍等的主要市场。

3）成人青年，20～24 岁，他们是家具、电器、运动器材等的主要市场。

4）早期中年人，25～49 岁，他们是新汽车、服装、娱乐业的主要市场。

5）后期中年人，50～60 岁，他们是高级服装、旅游、娱乐业的主要市场。

6）退休人员，60 岁以上，他们是药物、按摩器、服务业的主要市场。

年龄结构的不同导致消费市场的进一步细分。例如，婴儿物资供应市场、儿童物资供应市场、青年物资供应市场、成人物资供应市场、老年人物资供应市场等，各种市场均有不同的需求及不同的购买动机和习惯。

目前，世界人口年龄结构正呈现两种明显的发展趋势：

第一，世界人口平均寿命在延长，老人市场在扩大。随着经济技术的发展，生活水平日益提高，医疗卫生条件逐步完善，人的平均寿命在不断延长。发达国家的人均寿命已达 76 岁，最高的日本平均寿命达 79 岁。这导致"银发消费"市场越来越蓬勃发展。如医药保健用品和特殊服务需求呈现上升趋势。同时，抽样调查表明，旅游是老年人消磨晚年的最大兴趣之一，老人海外旅游即使在经济萧条时也有增无减。所以当今老人市场已成为旅游公司最主要的争夺目标。

 专栏

人口老龄化的到来

2000～2007 年，我国 60 岁以上的老年人口由 1.26 亿人增长到 1.53 亿人，占总人口的比例从 10.2% 提高到 11.6%，占全球老年人口的 21.4%，相当于欧洲 60 岁以上老年人口的总和。人口老龄化年均增长率高达 3.2%，约为总人口增长速度的 5 倍。预计到 2020 年，老年人口将达到 2.4 亿人，占总人口的 17.17%；到 2050 年，老年人口总量将超过 4 亿人，老龄化水平推进到 30% 以上。

资料来源：李润发等. 国际市场营销理论与实务［M］. 北京：北京理工大学出版社，2013.

第二，世界范围内出生率下降，新增人口减少。包括中国在内，世界范围内呈现出出生率下降的趋势。这一方面是由于人们生活水平的提升导致更加关注自身的事业发展和娱乐；另一方面由于育儿成本的上升和工作压力的增加也导致年轻人不愿意生养子女。由于出生率下降，婴幼儿减少，西方国家许多经营儿童食品和用品的企业，或者到出生率较高的国家去寻找市场，或者转变经营目标。近年来，欧洲奶粉厂商大规模进入中国市场便是典型的例子。与此同时，发达国家出生率下降，儿童减少，使许多年轻夫妇有更多的闲暇时间和收入用于旅游、野餐，这给旅游业、饮食业、旅馆业、体育娱乐等行业提供了良好的市场机会。

（3）家庭结构。家庭是商品采购的基本单位，一个国家或地区，其家庭单位的多少、家庭成员平均数量及家庭成员结构，对市场需求及购买方式的影响很大。在某些发展中国家，稳定的大家庭较多，比如，扎伊尔、刚果等国家的家庭人口一般都在二三十人或十几人。但是，随着经济的发展，世界各国的家庭结构正在朝小型化方向发展。近 20 年来，西方发达国家和一些发展中国家，家庭成员的数量正在减少，每个家庭的平均人数在四人以下。家庭的这种发展状况刺激了家电等家庭用品的增加，同时要求住宅市场和租赁市场有相应的发展。

（4）收入。消费者收入是衡量市场规模及其质量的重要指标。企业在考察进入的国家或地区时，还要分析消费者的收入水平。因为这将影响到一个国家市场的规模和市场的潜力。衡量市场潜力需要以下两个收入指标。

第一，人均收入。人均收入揭示了一个国家经济发展水平和现代化的程度以及在卫生、教育和福利等方面所取得的进步。在其他条件相同的情况下，人均收入水平越高，对商品需求的档次越高，质量要求越高，奢侈品、休闲旅游产品和娱乐产品等非基本生活用品需求量越大，而人均收入低的国家则以维持日常生活需要的食品和一般消费品为主。

第二，国民收入。国民收入是经济统计中一个衡量经济发展的十分重要的综合性指标。评估国民收入的一个有效方法，就是比较各国的国民生产总值（GNP）。国民生产总值是衡量一个国家经济实力和购买力的重要指标，从国民生产总值的增长幅度，可以了解一个国家经济发展的状况和速度。一般来说，国民生产总值增长越快，对工业品的需求和购买力就越强。

2. 经济环境

世界各国的国民收入水平和技术经济结构存在着很大的差别，而这两者明显影响着进出口商品的数量和价格、进出口商品的结构、市场购买力和国际收支。目前，世界各国的经济结构大致可以划分为生存经济、原材料和能源出口经济、新兴工业化经济、发达工业经济四种主要类型。不同经济类型的工业化水平不同，对原材料的供应、机械设备及消费品的需求也不同，这对于营销产品、决定和发展市场都有重要的意义。

（1）生存经济类型（又称农业自给型经济）。在这一类型国家中，绝大部分国民以农业为生，技术经济落后，产品以自给为主，居民购买力低，市场狭小。这类国家的国内环境给出口商的机会很少。

（2）原料输出型经济。这种类型的国家在经济上由于某一种或某几种原料丰富，其他物资缺乏，大部分国民的收入靠输出原料获得，如出口石油的中东国家等。这些国家往往是进口有关设备、工具、处理装置以及卡车的良好市场。人均国民收入有的国家很高，因而也提高了其进口能力，有的国家还需要进口大量奢侈品。

（3）新兴工业化型经济。这是指工业化初期的发展中国家或建立了一定物质技术基础的新兴工业化国家。这类国家往往是制成品出口增长最快的国家，其工业生产开始占据重要地位，工业品可达到国家总产品的 10%~20%。像巴西、菲律宾、印度尼西亚、埃及和印度。它们呈现出进出口两旺的局面，对原材料、燃料、先进的技术设备、中高档消费品的需求较大，精仿品、纸张和汽车的出口则不断上升。

（4）工业发达型经济。这是指工业化已建立了相当的基础，工业十分发达的国家。在世界上有少数国家的经济十分发达，其贸易额占世界总贸易额的绝大部分，在世界经济中起主导作用。像美、日、德等现代工业化经济大国，在国际分工中具有"资本密集型"的特征，并建立了雄厚的工业基础，其跨国公司也极为发达。它们在国际市场中主要输出工业品和资本，进口大量的土特产品、燃料及矿产品等初级产品，它们购买力强，需求旺盛，市场容量大，消费水平高，是国际市场中的最佳市场，但竞争也十分激烈。

除此之外，基础设施也是分析国际经济环境的重要因素。一国的基础设施主要包括运输条件、能源供应、通信设施以及各种商业基础设施。一个国家的基础设施越发达，企业在该国的经营活动也就越顺利；相反，则要么企业设法适应该国条件，要么放弃该市场。

3. 政治法律环境

政治与法律是影响国际市场的重要宏观环境因素。政治因素像一只有形之手，调节着企业营销活动的方向，法律因素则成为企业规定商贸活动的行为准则。政治与法律相互联系，共同对企业的市场活动发挥影响和作用。

（1）政治风险的类型。

第一，东道国政局不稳定造成的政治风险。这主要体现在政权的更迭频率和发生政治冲突方面。政权的更迭会影响一国政治环境的稳定性。如果一国的政权更迭频繁或没有规律，则该国政治环境就不太稳定，势必会影响企业的正常经营活动。同时，政治冲突会引发战争、政变、动乱、恐怖活动和罢工等不安全因素，也会给企业经营带来影响。

第二，东道国的政府政策变化造成的政治风险。

没收、征用和国有化。没收是指政府强迫企业交出财产，不给企业任何经济补偿；征用是指政府强迫企业交出财产，给企业一定的经济补偿，但补偿的数额与企业的财产价值极不对称，所以对企业来说这并非是自愿的交易；国有化是指政府将企业的资产收归国有，由政府接管经营，这是国际企业面临的最严重的政治风险。

本国化。利用各种较为隐蔽的手段，逐渐控制外来投资的过程就是本国化。具体措施主要有逐渐缩小外国企业在本国某行业或某一企业的所有权比例；要求本国人担任企业的高级职务；规定更多的产品在国内生产或大部分原材料由国内提供；要求出口产品中含有一定的国产比例等。

（2）法律风险的类型。

第一，本国法律对企业经营行为的影响。本国法律是指各个国家出于自身的政治利益和经济利益，对于本国企业的国际市场活动制定出明确的涉外经济法规，加以规范其国际市场营销活动。大体表现在以下几个方面：

对出口产品的法律限制。如限制产品不准出口给某个敌对国家，或是对某些稀缺资源的出口进行限制，或是对出口商品价格进行限制。

对技术出口的管制。对本国高新技术和某些有战略意义的技术出口，许多国家都实行严格管制，但对一般技术则采取鼓励出口的措施。

第二，国际法律。主要依据是国际条约、国际惯例、国际组织的协议以及有关国际问题的判例等。尽管国际上还没有一个相当于各国立法机构的国际法制机构，也没有一个国际性执行机构实施国际法，但国际法依然在国际商业事务中扮演着重要角色。

第三，东道国的法律环境。直接影响企业国际市场营销活动的是东道国的相关法律。目前，世界上大多数国家现行的法律制度大致可以分为两大体系——大陆法系和英美法系。由于采用的法律体系不同，很可能会造成针对同一法律条文产生不同的解释。这样就可能使企业处于国际市场中面临一个不确定的法律环境。因此，熟悉东道国的法律环境、对国际市场的法律环境进行慎重而明确的分析对保障企业权益有重要作用。

4. 社会文化环境

文化是指社会成员所共有的通过学习得来的思想、情感和行为的总和。它一般包括语言文字、宗教信仰、价值观念、教育水平和风俗习惯等。文化环境因素对企业的国际营销活动具有重要的影响。如果东道国文化与本国文化的差异不被企业所了解，就会造成沟通上的困难，甚至引发一些不必要的误会。

（1）各国消费禁忌和风俗禁忌。各国消费禁忌和风俗禁忌如表 4 - 2 和表 4 - 3 所示。

表 4 - 2　各国消费禁忌

动植物禁忌	伊斯兰国家：熊猫
	英国：山羊（喻为不正经的男子）
	欧洲：大象（笨拙的同义词）、孔雀（恶魔的代表）
	非洲北部和泰国：狗（不祥之物）
	非洲和法国：仙鹤（蠢汉、淫妇的代名词）
	中国：猫头鹰
	日本：荷花、狐狸和猫
	巴西：鹿（同性恋）
	印度：公鸡、棕榈树
	法国和拉美国家：菊花（不吉利、妖花）
	法国：郁金香（无情无义）
数字禁忌	中国香港、新加坡、韩国、马来西亚：不喜欢数字4
	日本：不喜欢数字4、6、9、42
	新加坡、非洲：不喜欢数字7
	欧洲：憎恶13、星期五
颜色禁忌	保加利亚：鲜绿色
	马来西亚、法国和比利时：绿色
	俄罗斯、德国、瑞士：黑色（尤其是送礼时）
	美国：紫色
	加纳：橘黄色（丧服色）
	巴西：紫色（悲哀）、暗茶色（不幸）、黄色（绝望）、深咖啡色（招致不幸）
	基督教和伊斯兰教：黄色（前者被认为叛徒犹大的衣服色，后者象征死亡）

资料来源：谢琼．国际市场营销［M］．北京：北京理工大学出版社，2011.

表4-3 各国风俗禁忌

马尔代夫风俗禁忌	马尔代夫人讲礼貌，重礼节。他们相见时互相拉住对方的手问好。马尔代夫人淳朴、好客。朋友到家，主人会拿出家里最好的食物款待客人。马尔代夫人以伊斯兰教为国教，有许多宗教习俗，如禁酒、禁食猪肉、每天祷告五次等
英国风俗习惯	英国人凡事都循规蹈矩。他们的汽车行驶方向和欧洲其他国家正好相反。基于将英语作为母语的自负，除英语外，英国人不会讲其他语言
德国风俗习惯	德国人有一种名副其实的讲究效率的声誉。德国谈判者的个人关系是很严肃的。要习惯于在所有场合下穿一套西装（不要将手放在口袋里，这被认为是无理的表现）。馈赠要针对个人，即使是以公司的名义
意大利风俗习惯	意大利人比德国人少一些刻板，比法国人多一些热情，但在处理商务时通常不动感情，做出决策较慢，并不是为了同幕僚商量，而是不愿仓促表态
西班牙风俗习惯	西班牙人强调个人信誉，宁愿受点损失也不愿公开承认失误。如果你认为他们在协议中无意受到了损失而帮助他们，那么便永久地赢得了他们的友谊和信任
新加坡风俗禁忌	新加坡是一个多元种族和多种宗教信仰的国家，因此，要注意尊重不同种族和不同宗教信仰人士的风俗习惯。如参观清真寺必须脱帽脱鞋进入，女士不能穿短裤或暴露的裙子，也不可进入祷告大厅

资料来源：李润发等．国际市场营销理论与实务［M］．北京：北京理工大学出版社，2013.

（2）文化策略。文化适应。所谓"文化适应"是指企业在进行国际市场营销时必须充分考虑当地的文化特征，适应当地文化传统的要求。国际贸易者尽量以与国际市场现有文化准则相和谐的方式经营类似于市场上已有的产品。在文化上与目标国家保持一致，从而使营销阻力减到最小。

有计划变化的策略。有计划变化的策略是指有意识改变那些对预计的营销目标形成阻力的文化因素，从而促进产品销售的文化策略。首先需要准确测度哪些文化因素会引起文化抵触，其次尽可能把阻力转化为企业的促进因素，引导企业产品做出调整，达到企业顺利进入目标市场的目的。

选择性遵守习俗。贸易行为必须与目标国家的商业习惯和愿望相适应，这并不是要求企业完全改变自己的方式而求同于目标顾客，而是要选择性地遵守。比如尊重别人的宗教信仰、生活习惯、习俗等。但是有些东西可不遵守。比如，不必非穿当地的服装，不必勉强吃不合口味的食物等。同时，有许多国家的习俗都不让外国人参加，作为参与国际市场的企业应当回避。

二、国际市场调研

新经济的先进技术在市场调研手段当中也应用广泛。过去，企业进行市场调研常常要借助调研中介，或派调研人员到市场中访问并进行手工的信息收集、统计、汇总，而信息技术的渗透改变了这种传统的落后局面，使调研呈现出科技化、便捷化、准确性、时效性强的特点。客户通过自身的营销信息管理系统识别所面临的问题之后，通过网络将要调研的问题以电子邮件的形式告知专业性的调研公司；调研公司接到客户的调研任务书后，可通过人工智能计算机分析判断调研目标是否切中经营问题的要害，并依据计算机的分析结构设计调研方案与抽样方案，合理设计访问地图和访问线路，甚至可通过无纸化的调查问卷直接在网上进行访问和记录；对获得访问者的第一手资料，可采用相应的统计分析程序汇总分析，然后撰写调研报告，并由网络反馈给客户。市场调研的整个进程都是借助计算机在网上进行的，实现了调查无纸化，节省了大量的访问时间和调查费用，效率得以大大提高，满足了企业经营决策对时限、费用的要求。

　　但是由于国际市场多元化、多层次的特点，国际市场调研与国内市场又有所不同。它的复杂程度更高、地域和文化的障碍更多、调研的难度也更大。准确的市场预测为企业进行市场细分和定位都有重要的作用，因此，确定好市场调研的内容尤为重要。

　　1. 国际市场调研的内容①

　　（1）国际市场环境调研。国际市场环境调研，主要针对国际市场上影响国际企业进行国际营销的各种宏观和微观环境因素进行调查。

　　政治法律环境。包括政府方针、政策、法律法规，以及政局的变化、政府人事的变动、战争、暴乱等可能影响本企业的因素。

　　经济环境调研。包括有关经济增长、通货膨胀、经济周期及与此相关的一般性资料、储蓄与投资的变化、政府消费结构等宏观经济指标。

　　科技环境。主要内容有国际国内新技术、新工艺、新材料的发展速度、变化趋势、应用和推广情况等。

　　社会文化环境。主要指世界各国的不同社会文化因素对企业营销的影响。包括民族、宗教、价值观念、风俗习惯、社会制度、家庭及教育等情况。

　　竞争形势。包括目标市场上有哪些竞争性产品，竞争对手是谁，分别来自哪些国家，主要竞争对手的生产能力、市场份额、价格、服务等信息，以及有什么变动趋势，本企业与竞争对手的比较有何优势，或有哪些不利条件，是否有被竞争对手忽视的细分市场，竞争对手使用哪些销售渠道，进行何种促销活动，售后服务质量如何，竞争对手成败的原因。通过对竞争对手的分析，弄清市场竞争的强度和竞争结构，评价产品是否有利于进入该市场以及进入后采取何种策略应付

---

① 王艳. 国际市场营销［M］. 北京：北京交通大学出版社，2012.

面临的竞争，有利于企业在竞争中不断地发展和完善自己。

（2）国际市场需求调研。国际市场需求调研主要是指对市场容量、顾客和消费行为进行调研。

市场容量调研。包括人口变化、收入水平、市场占有率和购买力投向等方面。

顾客调研。主要是了解购买本企业产品或服务的个人或团体的情况，如民族、年龄、性别、职业、地区等。

消费行为调研。主要是了解各阶层顾客的购买欲望、购买时间、购买数量、品牌偏好等情况。

（3）国际市场供给调研。国际市场供给调研主要调研以下几个方面：

产品或服务质量（内在质量、外观形态、商标、包装及售后服务等）、供给的变化趋势、市场占有率。

消费者对本企业产品或服务的质量、性能、价格、包装的意识、评价和要求。

本企业产品或服务的市场寿命、有无新产品或服务来替代。

生产资源、技术水平（如新设计、新技术、新工艺的信息）、生产布局与结构、运输状况等。

竞争对手的产品或服务的情况。

（4）国际市场行情调研。主要包括以下几个方面：

整个行业市场、地区市场、企业市场的销售状况和销售能力。

商品供给的充足程度、市场空隙、库存状况、市场竞争程度、竞争对手的实力、策略和手段。

有关企业同类产品的生产经营、成本、价格、利润的比较，各个销售环节的市场价格、价格弹性及替代品价格，不同地区价格差别、进口税则、税率以及各种国内税对商品价格的影响。

整个市场价格水平的现状和趋势、顾客最易接受的价格和定价策略。

新产品定价及价格变动的幅度。

2. 国际市场信息的主要来源①

（1）国际市场直接信息的来源。直接信息指的是企业信息人员亲自收集、整理、加工的各种原始信息，大多靠实地考察得来的。许多发达国家都有比较严密的直接信息收集网络。许多企业通过这些信息网络对国际市场有关产品的生

---

① 李润发等. 国际市场营销理论与实务 ［M］. 北京：北京理工大学出版社，2013.

产、销售、财务、技术价格等行情几乎了如指掌。

直接信息主要有以下六种来源：

第一，企业派技术人员、信息人员或推销人员等，到一定的国际市场进行实地考察、收集市场信息。

第二，委托本国驻外经济贸易机构进行调查，获取信息。

第三，委托本国出国人员（特别是经济、技术访问团）对有关国际市场进行专门调查或附带调查。

第四，企业在世界各地的销售网点，不断从市场上反馈得到的信息资料。

第五，委托市场所在国的代理商、零售商、进口商、批发商或其他中间商，帮助收集有关的市场信息。

第六，网络信息，如通过互联网可以同时了解来自世界各地网上公布的实时金融、商品、价格等市场信息。只不过在收集信息时，一定要注意通过便利、不受地理位置及时间约束的互联网收集信息，这样既可以保证信息的正确性和直接性，也能保证信息的时效性。

（2）国际市场间接信息的来源。间接信息是他人收集并通过整理、加工的各种信息资料，也称为第二手信息资料。间接信息的来源包括企业内部信息源和企业外部信息源两个方面。与国际市场营销有关的企业内部信息源，主要是企业自己收集、整理的国际市场营销信息，企业产品在国际市场销售的各种记录、档案材料和历史资料，如客户名称表、购货销货记录、推销员报告、客户和中间商的通信、信件等。

企业外部的国际市场信息源包括的范围极广，主要是国内外有关的公共信息机构。

本国政府机构。政府有关部门、国际贸易研究机构以及设在各国的办事机构通常能够较全面地收集世界或所在国的市场信息资料。本国的对外贸易公司、外贸咨询公司等也可以提供较为详细、系统、专业的国际市场信息资料。

外国政府。世界各国政府都有相应的部门收集国际市场资料，很多发达国家专设贸易资料服务机构，向发展中国家的出口企业提供部分或全部的市场营销信息资料，如世界各国进出口贸易统计资料、销售机会、各国进口要求和手续、各国市场销售方法和营销惯例、经营各类具体产品的进口商、批发商和代理商的名称表以及求购具体数量的具体产品的买主名称。此外，每个国家的统计机关不定期发布各种系统的统计数字，一些国家的海关甚至可以提供比公布的数字更为详尽的市场贸易和营销方面的资料。

图书馆。每个国家都有图书馆，无论是大学的、地方的、公立的、私人的或专业的、综合性的，都可以提供有关市场贸易方面的资料。公共图书馆和大学图书馆，至少可以提供市场背景资料的文件和研究报告，有关具体课题的大量资料一般从专业图书馆和资料室索取，这种图书馆在发达国家有很多。最有价值的信息往往来自附属于对外贸易部门的图书馆，这种图书馆起码能提供各种贸易统计数字、有关市场的产品、价格情况以及国际市场分销渠道和中间商的基本市场信息资料。

国际组织。这类组织很多，目前大多数组织在互联网上设有网址，要查最新信息时可以通过网址直接查询，并且可将免费文件复制过来。与国际市场信息有关的主要有联合国、世界贸易组织、国际贸易中心网，此外，一些国际性和地方性组织如欧盟、中美洲共同市场、亚太经济与合作发展组织（APEC）等对了解特定地区的国际市场也是很有帮助的。

各国外交使节和贸易机构。各国驻外大使馆常常能够提供驻在国的大量信息资料，包括贸易统计数字、关税、进出口额、进出口产品品种、市场价格、生产企业、贸易企业和进出口企业名录以及该国能够提供帮助的官方和非官方组织名称等。

消费组织。现在，在许多国家，尤其是在发达国家，有一些以保护消费者利益和社会利益为目的的组织。这种组织大多参加检验在它们国家出售的产品，并且在特定出版物里报告检验结果。它们还能系统报道市场行情的各个方面，并进行消费者调查。此外，消费组织还向有关部门索取资料。

相关企业。参与市场经营的各类企业是市场信息的重要来源之一。市场信息人员只要写信给这些企业的外联部门索取商品目录、产品资料、价目表、经销商、代理商、批发商和经纪人一览表、年度报告等就可以得到有关竞争者的大量资料，了解竞争者的全貌和竞争环境。

第三节　国际市场细分及目标市场选择

一、国际市场细分

1. 国际市场细分的概念

市场细分是选择目标市场的前提。其最早是 20 世纪 50 年代中期由美国市场营销学家温德尔·史密斯在总结西方企业市场营销实践经验的基础上提出的。国际市场细分从市场细分引申而来，是市场细分理论在国际营销领域的运用和深化。它是指企业把整个国际市场划分为若干个具有某种相似特征的消费者群体，便于企业制定营销战略和策略，有效地到达该市场。企业按照一定的细分标准，可以把整个国际市场细分为以下三种：

（1）一个国家一个市场。这是指以一个国家的地域疆界为一个特定的市场。这样的细分有助于应用统一的贸易政策，避免跨国家区域有可能带来的法律不同而产生的纠纷。同时，一个国家的民族、风俗文化、政治环境、所处的经济发展阶段基本一致，使得市场宏观环境也基本相同，便于开展贸易。

（2）以类似的国家为同一个市场。有些国家的消费者因为有类似的地理环境、经济状况、文化模式和政治气候等，如欧盟成员国的许多国家，因此购买某种产品的行为是基本相同的。尽管它们不属于同一个国家，但是仍然可以将这些类似的国家视为同一个市场。

（3）打破国家的界限，视某种共同的东西为细分的标准。比如就某些产品而言，对于英国、加拿大、澳大利亚和新西兰等国家的妇女都有相同的需求，这样她们就构成了同一类市场，而不再考虑国家的界限。

这三种细分的方式各有长处，第一种拘泥于国界，虽然视线过窄，但是收集资料获取信息相对容易；第二种略有长处，可以将对少数国家的研究结果沿用于同类的其他国家；第三种虽然视线更宽阔，也最能体现全球化市场的精神，但是获取资料会遇到许多困难。

2. 国际市场细分的标准

世界上众多的国家和地区，要想进入就面临着如何细分市场的问题。第二次世界大战以后，区域性贸易和经济一体化的发展已经使得一些经济区域也可以作为一个市场来整体对待，如欧盟、北美自由贸易区、东南亚国家联盟等，这些区域性的政治经济组织中，各国间的社会经济已经高度融合，可以作为一个单一的经济体来进行分析。有时企业进入了某一个国家，就相当于进入了该组织的其他国家。但一般来说，依据最终用户的不同，国际市场可以分为国际消费品市场和国际工业品市场。

（1）国际消费品市场的细分。国际消费品市场，由于消费者所在地理区域、年龄、性别、宗教信仰、收入水平、生活方式和购买行为等多种因素的影响，不同的消费者有不同的需求特征。这些不同的需求特征是我们细分国际消费品市场的依据。一般可以概括为地理因素、人口因素、心理因素和行为因素四大因素。

地理因素。地理因素就是企业按照消费者所在的地理位置、地理环境等变数来细分市场，如城市、郊区和农村、沿海和内地、平原、山区和高原等。许多企业在组织国际业务时，习惯上把世界分为西欧、东欧、北美、南美、南亚、中东等地区。因为处于同一地理区域的国家具有相似的自然条件和宗教信仰文化背景，便于开展贸易活动。同时，在进行地理细分时，除地理位置以外，地理环境也是一个重要的参考因素。从气候方面讲，可分为寒带、温带、亚热带、热带等；从地形方面讲，可分为高原、平原、山丘、丘陵、沙漠地带等。地理环境的不同导致消费的内容和结构也有不同。比如，俄罗斯和非洲中部国家的气温不同，对电脑散热系统的要求也不同。在热带和亚热带对空调和电扇的需求量较大，而寒带和亚寒带却对火炉和暖气的需求量较大。

同时需要注意的是，地理因素是一个相对静态的因素，在同一种地理环境下也可能因为经济的巨大差异导致消费需求量和结构存在巨大差异。比如同属北美自由贸易区的加拿大、墨西哥就和美国在经济实力上有较大差别，因此，消费结构也会有所不同。

人口因素。所谓人口因素就是按照人口总量、性别、年龄、文化程度、收入水平、家庭状况、宗教信仰、民族、职业等特征细分市场。在人口细分的诸变量中，又以人均收入、人口总量、年龄、宗教信仰四项最具有参考价值。人均收入的高低直接决定了收入的水平和构成。根据平均收入水平，可以将各国消费者的收入分为高收入、中等收入、低收入三个层次。收入因素在住宅、汽车、旅游和金融服务业等方面有明显体现；在国际市场中，对于许多低值易消耗的消费品来说，人口总量往往是比人均收入更为重要的细分变量。除此之外，年龄的构成也对市场有重要影响。如印度和中国同为人口大国，但是过去30年，中国一直实行计划生育，使得人口结构与印度截然不同，这就决定了个人消费用品企业在中国和印度市场上需要采取不同的营销策略。世界范围有基督教、伊斯兰教和佛教三大宗教，还有其他形式的区域性宗教。对于宗教信仰不同的消费者来说，他们的消费需求特征也有很大的差异。

心理因素。所谓心理因素，即企业按照生活方式、爱好、气质、性格、购买动机等心理特征来细分市场。随着世界经济的发展，广大居民生活水平的提高，人们在满足自己的生理需求后开始不断追求心理需求。特别是在一些高收入的发达国家，如欧美国家，高收入群体更加注重心理上的享受和愉悦。因而心理因素成了国际市场尤其是发达国家市场细分的重要变数之一。高收入人群更注重商品所代表的个性和地位，不太计较价格，那么企业就要针对此特点，开发出具有特点的子市场以满足越来越多追求独特商品的群体的需求。

行为因素。所谓行为因素，是指企业依据消费者的购买动机或使用某种商品所追求的利益、使用者状况及使用频率、对品牌的忠诚状况，以及对各种营销因素的敏感程度来细分国际消费品市场。如牙膏的生产企业可以按照消费者所追求的牙膏功能这一行为因素开发出保持牙齿洁白、防治龋齿、防止过敏、保持口气清新等多个子市场。在香水这一国际市场，不再是使用过和未使用的区别（西方国家的消费者几乎没有不使用香水的），而更应该注重消费者对于香水的浓度、香味的持久、香味本身的个性化独特需求，开发出新的子市场。对于行为因素的划分，企业一方面要深入地进行市场调查，对消费者的行为特点进行定量的统计分析；另一方面还应结合其他的细分方法进行双重多重细分，以保证市场细分的有效性。

（2）国际工业品市场的细分。工业品市场和消费品市场需求不同，包装更注重保护商品和操作方便，对于工业品而言，只要两个物品技术标准完全一样，工厂主就会认为它们是一样的，而不会因为精美的包装、时髦的促销而增加对它的购买。因此，对工业品市场的细分也会有不同的标准。

最终用户。在国际市场，企业通常使用最终用户这个变数来细分国际工业品市场。这是因为不同的最终用户因其追求的利益各不相同常常对产品在性能、质量、品种、规格等方面有不同的需求。用户更加注重各种技术指标，同样的零部件，不同产品生产商对技术的要求不同。例如，轮胎公司可以根据用户的最终用途将轮胎市场细分为飞机用轮胎市场、军用轮胎市场、一般工业用轮胎市场、农业用轮胎市场等子市场，即使是用于汽车的轮胎，也因越野车、轿车、轻型汽车和重型汽车不同而存在重大差异。三峡大坝主体工程用的水泥与普通民宅用的水泥要求也不相同。企业只有针对不同最终用户的需要和利益追求，生产不同的产品，采用不同的国际市场营销组合，才能满足不同的最终用户需求，促进企业在国际市场上的发展。

根据用户规模与购买实力大小来细分市场。用户规模与购买实力大小也是企业细分国际工业品市场的重要变数。工业企业常根据客户数量和购买力大小来细分国际市场。一方面用户规模不同，对产品的技术水平、数量、复杂程度等有不同的要求；另一方面用户规模不同，在市场上的议价能力也不相同。例如，如果市场由大客户组成，则可以采用直接销售的方式来提供个性化的服务；如果市场由众多小客户构成，则更多地用间接渠道进行销售，从而降低成本、扩大市场区域。

根据购买组织的特点来细分市场。购买组织的特点，是指企业的组织结构和组织系统，购买决策产生的过程和程序，什么人参与购买决策，他们在购买决策过程中充当什么角色、起什么作用。由于在国际工业品市场上的购买者属于集团购买，因而购买集团或组织的特点是市场细分的重要变数。

一般来说，参与企业购买决策的人员和规模大小同所购买的产品、企业的规模和管理模式有关。有的企业通过招标采购，有的企业通过谈判采购。如果一个企业采购少量低值的原料，参与决策的人会很少；如果采购的是大型成品设备，那么就会有经营管理人员、技术人员、采购人员等众多的人参与决策。民主管理式企业参与购买决策的人多，家族式集中管理企业参与决策的人少。

地理位置。如果处于产业区内，则使工业品市场比消费品市场更为集中。例如，美国的钢铁工业区、航空工业区、IT工业区等。又如我国有长三角、珠三角经济区等。每个经济区内又有不同的产业集群，如果根据产业区划分市场，有利于集中布局，针对性地实施营销组合，以达到节省销售成本、节约运输费用、提供及时有效的服务等。

二、国际目标市场确定

1. 国际目标市场概念

国际市场的细分是企业选择国际目标市场的重要前提和基础。企业通过市场的细分，发现不同的消费群体和未被满足的市场需求，形成了若干个不同的细分市场。国际目标市场（Target Marketing）就是在对这些细分市场的盈利潜力和规模进行评估的基础上，结合企业自身的条件，从中选定一个或几个细分市场作为自己的营销对象。

2. 国际目标市场选择

（1）选择国际目标市场的标准。目标市场的规模和发展前景。这是指企业所选择的目标市场应该是市场规模足够大，发展前途看好，盈利水平高。尤其是细分市场发展潜力的大小，这关系到企业销售额和利润增长的潜力。规模大的市场也是竞争激烈的市场，这必然减少单个企业的获利机会。企业一定要根据自身的实力进行判断，选择合适的市场进入。

目标市场的吸引力。吸引力主要指长期获利的能力，根据波特的五力分析，现实的竞争者、潜在的竞争者（进入者）、替代品、购买者和供应者共同构成了一个市场或子市场的长期内在吸引力。只有充分具备吸引力的细分市场才能成为企业的目标市场。

行业的市场潜力。主要是指行业在特定国家或地区在将来一段较长时间内的销售量和发展具有一定潜力。这不仅包括目标国家的产业结构布局是否和企业所在的行业吻合，还包括目标市场的购买力、消费者偏好、技术发展水平等是否具有发展潜力。

相对的稳定性。这是指所选目标市场的主要标准在经营周期内应该是保持相对稳定的。如果目标市场动荡不安，将使企业原来制定的针对目标市场的营销战略的有效性降低或失效，影响企业对生产经营活动的有效组织。

企业自身的目标和能力。在综合考察了目标市场的各项指标以后，企业还必须结合自身的能力选择合适的目标市场。企业应进入最能发挥其优势的市场，而不是仅进入一个能获利的市场。例如，中国的手机业起步较晚，很难与三星、苹果等大型公司在美国市场抗衡，但是在国际化过程中，有的手机企业就选择了中东、东南亚等虽然比美国市场容量小但是竞争也相对较小的市场，通过国际化经营来积累经验、技术和资金，如今在成熟的发达国家市场也能占据一定的份额。

 专栏

企业长远发展的关键——正确地评估市场前景

改革开放后，中国想引进国外汽车制造商，当时中国汽车市场容量很小，不少大型知名企业宁愿在欧美的成熟市场混战，也不愿到中国市场来。但在 2008 年金融危机后，美国通用因本土销量大幅下降而要重组，但其在中国的业务却快速发展，有的报刊文章甚至提出了"中国救'通用'"的观点。

20 世纪 80 年代，我国汽车业开始引进国外合作者，通过合资等形式来提高汽车行业的整体实力。克莱斯勒是美国三大汽车公司之一，德国大众汽车公司也是全球知名汽车企业。在 20 世纪 80 年代，克莱斯勒在中国市场可以说是占尽先机。早在 1983 年，克莱斯勒与北汽合作成立了北京吉普汽车有限公司，主要生产 BJ 2020 吉普车。这是中国汽车行业第一家中外合资的整车生产企业。1995 年，北京吉普年销售曾接近 2.6 万辆的最佳水平。可惜的是，克莱斯勒在中国市场的辉煌只是昙花一现。后来与北汽、福田汽车等中国汽车企业的合作关系似乎都不太融洽，市场表现欠佳。更为遗憾的是，克莱斯勒放过了中国乘用车最大的子市场——轿车市场。中国一汽轿车合作项目最早是从与克莱斯勒的合作开始的，当时克莱斯勒向一汽出售 488 发动机，一汽计划引进克莱斯勒道奇 600 车型。但是在与克莱斯勒谈具体合作事宜时，或许是因克莱斯勒忽视中国市场，或许是由于其他原因，合作项目没有谈成。最后，一汽与德国大众达成了合作，现在中国市场上满街跑的捷达、宝来和高尔夫等大众汽车轿车就是由一汽大众生产的。现在，克莱斯勒想在世界上最大的汽车市场有所作为，2009 年意大利汽车制造商菲亚特及其合作伙伴收购了克莱斯勒资产，组建了全球第六大汽车制造公司。据报道，克莱斯勒高调地参加了 2012 年的北京车展，发布了概念车，以此宣告克莱斯勒品牌重返中国汽车市场。另据《南方都市报》2012 年 4 月 19 日报道，克莱斯勒已在北京建成了首家体验中心，计划将在广州、青岛、上海、杭州和苏州等一二线城市建立体验中心。出资 10 亿美元打造的全新克莱斯勒 300C 将是打开中国市场的主角，克莱斯勒 300C 据说被业界称为"近 20 年来最好的克莱斯勒轿车"。

中国汽车市场的发展让 30 年前的企业家难以预测，根据中国汽车工业协会发布的数据，2009 年中国汽车累计产销突破 1300 万辆，超过美国成为世界第一汽车生产和消费国。由于中国人口众多，经济增长快，中国汽车市场会在将来至少 10 年保持增长的趋势，有专家估计，中国的年汽车销量将超过 4000 万辆，到时，汽车销量将远超美国。汽车界有人说"得中国者得天下"，中国汽车行业的快速发展引来了世界上几乎所有的知名汽车企业。其中，大众汽车公司是在 20 世纪 80 年代就进入了中国市场，可以说是抢占先机。法国标致也是很早就进入中国市场的汽车企业，据说由于该公司不太重视中国市场，第一家合资企业广州标致汽车在 20 世纪 90 年代就倒闭了。20 世纪 90 年代，日本的日产、本田，美国的通用等汽车企业纷纷进入中国，在中国成立了合资整车企业。大部分较早在中国有整车生产的汽车企业都在中国市场表现良好，那些重视中国市场的企业更是表现优异，它们所提供的车型、价格和质量适合中国市场的需求，较早地在消费者心中树立了良好的形象，提高了在中国的知名度。进入 21 世纪，中国汽车市场快速发展，较早进入的企业有先发优势，大众、本田、丰田、通用等早期进入者表现良好。那些进入中国较迟的企业或很早进入中国市场，但由于各种原因失败了的企业（其中失败的主要原因要么是不重视中国市场，要么是产品不太符合中国消费者的需求），这些企业在中国市场的表现普遍较差。

当前，在中国汽车（乘用车市场，与商用车市场有所不同）市场上，自主汽车市场约为 1/3，进口或合资品牌约为 2/3。自主品牌主要占据中低端市场，中高端市场大部分被合资或进口汽车占领，高端市场全部或几乎全部被进口或合资汽车占领。美国的通用、福特，日本的丰田、本田、日产、马自达，韩国的现代、大宇，欧洲的大众、奔驰、宝马等汽车品牌几乎主导了中国中端、高端和豪华汽车市场。大部分较早在中国投资生产的企业表现良好。大众公司 20 世纪 80 年代就进入了中国市场，2011 年的全年销量超过 200 万辆（大众汽车在全球范围内总共售出 816 万辆汽车），中国市场为大众全球销量贡献约 25%，完全可以预计，将来大众在华销量占比将会增加。有人说"中国市场拯救美国通用汽车"，始于 2007 年的美国金融危机导致美国本土汽车销量大幅度下降，美国本土是通用的主要市场，这直接导致了通用汽车全球销量下降。但通用在华的汽车销量却是增加的，通用在华业务是其所有子市场中表现最好的。2011 年，通用在华销量超过 240 万辆（通用 2011 年全年销量约 900 万辆）。2009 年，通用汽车重组，重组后的新通用非常重视中国市场，新通用公司宣布正式成立并启动运营在华业务。新通用计划撤销所有区域总部，转而在上海成立国际运营部。上海成立国际运营部将负责新通用北美以外的所有业务。事实上，上海国际运营部相当于新通用在全球的第二总部。大众和克莱斯勒都在 20 世纪 80 年代进入了中国市场。但由于克莱斯勒在中国市场的失误，21 世纪头 10 年，大众汽车在华的年销售量超过 200 万辆，而克莱斯勒的销售量只是大众公司的一个零头。30 年前，中国汽车市场的容量很小，但 30 年后的今天，中国成为汽车消费最大的汽车市场国。当年，德国大众汽车公司毅然决定进入中国市场是明智的，德国大众对汽车市场前景的正确判断为今天大众冲击世界汽车霸主打下了基础。但是，克莱斯勒没有正确地估计中国市场的发展前景，没能抢占先机，这是导致其在中国市场表现不佳的重要原因之一。

资料来源：李润发等．国际市场营销理论与实务［M］．北京：北京理工大学出版社，2013.

（2）选择目标市场策略时应考虑的因素。企业如何选择适合本企业情况的目标市场策略，是一项复杂的工作。企业应当全面地考虑其内在条件和外在环境，全面权衡各种市场策略的利弊，根据不同情况选择、决定或改变市场营销策略。概括起来，应考虑以下几点因素：

企业的资源和实力。包括企业的人力、物力、财力及生产、技术、管理和协调能力。如果企业的实力较强，则可以实行无差异市场营销策略或差异性营销策略；如果企业的实力不强，无力将整个市场作为自己的目标市场，则采用密集性营销策略更有效。

产品的特性。如果企业经营的是一种相互差别不大的同质性产品，即产品在性能、技术指标、质量、品种等方面几乎无差别，如钢铁、煤炭、粮食等，产品竞争主要集中在价格上，消费者没有太大偏好，则可以采用无差异营销策略；如果企业产品可以有多种设计、多种性能，如服装、汽车、家用电器和日用百货等，消费者选择余地较大，产品同质性较低，则比较适宜采用差异性营销策略或密集性营销策略。

产品的生命周期。产品在不同生命周期阶段，市场竞争程度、生产技术和消费者对产品的认知程度等都不同。因而，在产品的不同生命周期，企业可以采取不同的营销策略。产品的生命周期分为投入期、成长期、成熟期和衰退期四个阶段，当企业的产品处于投入期时，由于产品刚上市，竞争者少，宜采用无差异营销策略，便于检测商场需求和市场潜力。当产品处于成长期和成熟期时，由于竞争者增多，市场需求逐渐多样化，企业宜采用差异性营销策略。当产品进入衰退期时，宜采用密集性营销策略，以便保持原有市场，延长产品的生命周期。

竞争对手的营销策略。市场的变化瞬息万变，企业应该根据竞争对手的策略作出相应的调整。如果企业的竞争对手采用无差异的营销策略，则企业应攻击其弱点，采用差异性或密集性营销策略与之竞争。相反，如果竞争对手积极采用市场细分，那么企业不宜采用与之相反的无差异的营销策略，而应采取更有效的市场细分，以更精尖的产品争夺更有利的市场，采用差异性或密集性策略，以发挥企业的优势，提高企业的市场竞争力。在实际生活中，竞争双方的各方面条件总是在不断变化的，经营者应综合分析各种市场因素，采用灵活适宜的策略，并根据市场情况及时地进行调整。

竞争者的数目。一般来说，如果竞争者数目比较多，可采用差异性营销策略，体现企业自身的优势和特点以吸引顾客对本企业的注意力；如果竞争者比较少，甚至不存在竞争者的独占状态，则企业可采取无差异性的营销策略，不仅可以满足消费者的需求，还可以节约成本、扩大企业市场占有率。

3. 国际目标市场策略

（1）无差异性目标市场策略。无差异性目标市场策略是指企业把整个市场看作一个大的目标市场，用单一的标准化产品来满足整个市场的需求。除产品单一外，广告、促销等营销策略也力求统一化，如全球统一的广告主题、统一的营业推广策略等。采用这种策略的企业强调市场上所有消费者的需求共性，而忽视它们之间需求的差异性。企业为整体市场生产标准化的产品，并实行无差异性的市场营销战略。20世纪60年代，美国可口可乐公司就一直奉行无差异性战略，以单一的品种、标准的瓶装和统一的广告占领了许多国家的市场。一般而言，购买者的需求越接近，越容易使用此种策略，如石油、粮食、盐等。无差异性目标市场营销策略如图4-1所示。

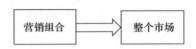

营销组合 ➡ 整个市场

图4-1 无差异性目标市场策略

这种策略的优点是有利于实现规模经济，降低生产、储存、运输、广告及市场推销费用。人们认为这是制造业中大规模和标准化的优势。公司的成本降低会带动产品价格降低，这样可以吸引对价格敏感的那部分细分市场。但是，这类策略也有巨大的缺点，即忽视了个别市场的需要，不能满足消费者越来越复杂的需求，容易被实施细分化战略的竞争者击溃。随着人民生活水平的提高，没有一种产品或品牌能满足所有顾客的全部需求。如早期的福特汽车始终坚持生产一种"T"型汽车，且连颜色都只生产一种黑色，试图以低成本、规模化占领市场，这在"一战"结束之后的头几年，物资匮乏时确实受到了市场的欢迎，但是随后通用汽车公司推出各个型号、各种类型、各种价格的汽车时，福特汽车显然丢失了市场，遭到了溃败。市场竞争日趋激烈，各家企业都不遗余力地寻找未被满足的消费需求，结果导致产品与服务创新不断加速，这也必然给实施无差异性目标市场营销策略的企业带来重大的冲击。因此，这种策略除农矿初级产品、原材料和零部件等工业用品还可使用外，生产个人消费产品的企业越来越少地使用它了。就连可口可乐公司也不断开发产品系列，除传统的可口可乐以外，还开发出了"健怡可口可乐"、"雪碧"、"醒目"、"芬达"、"美汁源"等产品。

（2）差异性目标市场策略。差异性目标市场策略是指企业十分注重市场需求的差异性，把国际市场划分为若干个子市场，并选择两个或两个以上的子市场作为目标市场，根据各个目标市场上的需求差异分别制定营销组合策略。差异性目标市场策略如图 4-2 所示。

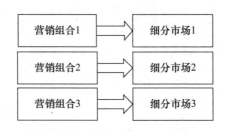

图 4-2　差异性目标市场策略

差异性目标市场策略的优点是企业对不同的细分市场采用不同的有针对性的市场营销策略，能较好地满足不同消费者的需求，有利于扩大商品销售，占领更多的市场，避免过分集中而带来的经营风险，但缺点是生产、储存、运输、市场调研、广告和促销成本等费用都会增加。另外，此种策略需大量的资源，同时对管理和协调能力要求高，稍有不当就可能会因战线过长而顾此失彼。因此，一般世界上只有部分实力雄厚的大公司才会采用这种目标市场战略。

（3）集中性目标市场策略。集中性目标市场策略是指企业在将整个市场分割为若干细分市场后，根据竞争形势和战略目标，选择一个或少数几个子市场作为目标市场，为该市场开发一种理想产品的策略。一般而言，采用这种策略的一般是资源能力有限的中小型企业和经营形势不好时实施调整或收缩的一些大企业。集中性目标市场营销策略如图4-3所示。

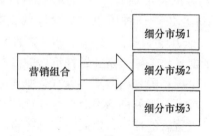

图4-3　集中性目标市场营销策略

集中性目标市场营销策略的优点在于企业能够集中人、财、物等资源向某一特定市场提供最好的产品或服务，不求在较多的细分市场上都获得较小的份额，而要求在某一目标市场上得到较大的市场份额，从而在所选的子市场上取得有利地位，提高在子市场上的市场占有率。另外，因集中于少数几个子市场，可以简化管理和降低企业的生产成本和营销费用，有利于生产、销售渠道和促销的专业化，企业易于取得优越的市场地位。它的缺点在于企业放弃了其他的市场机会，风险较大。若目标市场情况突变，如价格猛跌、生产成本突然提高、出现强有力的竞争者或替代品、消费者的偏好转移等，企业可能陷入困境，从而增加企业的经营风险。

第四节　国际市场的进入

一、进入障碍

与开拓国内市场相比，国际市场开拓更为复杂、风险更大、障碍更多。进入国际市场的障碍主要分为自然障碍和社会障碍两大类。自然障碍是指各种自然条件给国际市场营销带来的障碍，如路途遥远、交通不便、各种自然灾害、气候等。随着经济与科技的发展，这些障碍越来越小，世界各地的可达性已经使国家和地区变为"一飞机"的距离。因此，本章着重分析进入国际市场的社会障碍。社会障碍是指各种社会力量或人为的障碍，包括政治、社会、法律、文化以及贸易政策等方面带来的障碍。

1. 对外贸易政策

国际市场进入要注意各国外贸政策给企业带来的问题。对外贸易政策是各国政府制定和实施的关于贸易的基本行为准则或规范，它服务于本国的经济发展目标。世界上几乎所有的国家都有明确的对外贸易政策。最基本的贸易政策有两大类：自由贸易政策和保护贸易政策（关于对外贸易政策的详细内容见本书第五章）。各国的贸易政策差异很大，对于企业而言，既有障碍，又有机遇。

2. 贸易壁垒

贸易壁垒泛指各种影响、限制或禁止进出口的法律、政策及其他的政府或准政府措施。贸易壁垒可分为关税壁垒和非关税壁垒两大类。

3. 微观层面的障碍

贸易政策和贸易壁垒都是宏观层面的国际市场进入障碍，即进入一个国家的障碍。进入目标国某一行业还存在着诸如行业进入壁垒、顾客转换成本、分销渠道结构和地方政府政策等微观层面的障碍。

（1）早期进入者的成本优势。有些行业如汽车行业是具有规模经济效应的，只有规模达到一定程度时，成本才会降低。早期的进入者由于在当地的生产规模已经达到了一定的产量，因此，规模效应产生，具有较低的成本优势，而后进入者由于刚开始达不到规模产量，单位成本较高，在价格上处于劣势的地位；如果新进入者选择通过出口的方式占领市场，则运输费用、运输时间、中途损耗等也会增加成本。同时，早期进入者还享有当地政府的政策补贴、原料供应和经验积累等优势，都将成为后进入国际市场的障碍。

（2）早期进入者已被当地消费者接受。由于广告宣传、品牌塑造、质量等原因，早期进入者在当地消费者心目中已经占据了一定的位置，消费者也有一定的认知度和接受度，因此，新进入者要将当地消费者吸引过来有一定的难度。同时，顾客转换成本也将构成一定的障碍。如雇员重新培训、相关生产设备更换或流程重新设计费用、重新学习和适应新的系统等都将阻碍顾客选用新的产品。

（3）分销渠道的可获性。在有的市场，中间商与供应商有长期交易的惯例。有时，中间商与供应商中止经销协议要付出代价。如果早期进入者控制了分销渠道，后期进入者可能要付出很大的代价才能将中间商吸引过来，如大幅降低产品价格、提供更多的数量折扣等。后进入者由于缺乏规模经济所带来的成本优势，因此，想要进入原有市场还必须牺牲自己的一部分利润。

二、进入国际市场的战略模式

选择贸易方式必须要符合策略化的要求，因为采用什么贸易方式，将直接关系到产品、定价、销售渠道以及促销等市场营销组合诸因素，甚至还会影响公司对市场的控制程度。因此，选择对外营销方式必须要根据国家的贸易方针、企业经营目标、国际营销环境等因素，结合企业的发展情况和内部资源等条件，进行综合考虑，再酌情确定是以哪种模式进入国际市场。进入国际市场的基本方式有三种，即出口进入、投资进入和契约进入。

1. 出口进入策略

长期以来，出口被认为是最重要的国际市场进入方式，早在 2000 年前，就有了偶尔的进出口贸易。出口有利于国内就业，增加国内收入，各国政府一般都通过各种方式鼓励出口。出口大致分为两种，即间接出口和直接出口。

（1）间接出口。间接出口是指出口企业通过母国的中间商（大型零售商、批发商或贸易公司）出口产品的一种出口形式。间接出口企业不聘用外销人员，也不在国外设立销售机构。间接出口渠道可以使企业在不增加固定资产投入的情况下出口产品，开办费用低，风险小。企业可以借助在国际市场上销售的成功而逐步发展自己，增加出口产品系列的品种，进入新的目标市场，进而转为直接出口。

间接出口的优点：①企业可以利用中间商现有的海外渠道进入海外市场，这对于缺乏海外联系或初次进入外国市场的企业意义尤为明显。②企业可以不必自己处理出口单证、运输和保险业务，节约程序性费用，这对于出口业务较小、缺乏规模效益的企业是很重要的。③企业可以减少市场风险，如买方的信用风险、汇率波动风险、需求变动风险，并将这些风险转嫁到中间商身上。④企业可以保持进退市场和改变国际营销渠道的灵活性，在企业自身条件成熟时，可以采用更为积极的营销策略。

间接出口的缺点：①中间商完全控制了出口渠道，产品出口多少完全由中间商的能力和努力程度决定。随着与中间商合作的加深，企业对中间商的依赖会日益加深，这对想进一步拓展国际市场的企业来说将是极其不利的。②间接出口不允许制造厂商提出自己进入国际市场的战略，企业与国外市场隔离，不利于了解国外信息。③既不利于企业积累国际市场经验，也不利于企业进行更高层次的国际市场营销，企业自身国际营销专业人才的培养和锻炼受到了消极的影响，不利于企业在国际市场上树立自身形象。

（2）直接出口。直接出口是指出口企业绕过国内中间商，独立承担一切出口业务，直接向国外中间商、分销商，乃至最终消费者出售产品。在直接出口方式下，企业不使用国内中间商，但可以使用国外中间商。与间接出口相比，直接出口花费更多；企业要承担的风险也更多，如买方的违约、运输事故等；要求企业有一定的外贸经营能力。但是，企业能直接与国外市场接触，有利于了解国际市场，同时，企业可以控制更多的出口渠道。

直接出口的形式分为三大类：①通过国外中间商出口。企业在国外可以利用的中间商很多，如国外代理商、国外批发商、国外零售商、国外进口商等。由于国外中间商了解当地的市场，有的中间商还有很好的营销渠道和较高的销售服务的能力，因此，恰当地利用国外中间商有利于降低出口成本，有利于迅速进入并占领国外市场。此外，利用国外中间商出口的花费少，出口风险较低。②直接与国外的用户达成交易。如邮寄和派员在外直销等。③企业在国外设立办事处或建立销售子公司。自设的国外销售机构可以直接地接触国外市场，有利于收集一手的国外市场信息，使企业更有针对性地提供适销对路的产品。此外，自设的国外销售机构能更好地执行企业的销售政策，避免国外销售商违反企业销售政策而可能导致的一系列问题。但是，这样企业的投资大，有可能因为不熟悉当地市场而出现经营失误。

直接出口的优点体现在：①出口企业可以摆脱对出口中间商的依赖而自己选择国际目标市场。②出口企业可以较快地积累国际市场营销的经验和培养自己的国际商务人才，为后续的发展打下良好的基础。③通过直接出口渠道，出口企业一方面可以更快地提高其在国际市场上的知名度，更好地树立自己的国际声誉和在东道国的形象；另一方面了解和掌握国际市场的第一手信息，这有利于改善企业的国际营销决策。

直接出口的缺点也是存在的：①直接出口投入的资源数量更大，承担的风险更多，改变将同时意味着付出更高的代价，企业进退国际市场的灵活性不够；②由于寻找国外中间商的难度及维持与之关系的成本更大，且许多出口业务如合同洽谈、单证处理、出口运输和保险等均是由企业自己完成的，因此较间接出口的企业成本更高。

2. 投资进入策略

投资进入策略是指企业用股份控制的方式，直接参与海外企业的生产或服务业的经营。对外投资是一种比出口更为高级的国际营销活动，是企业国际化经营进入高级阶段的国际目标市场的策略。对外投资包括间接投资和直接投资两大类，直接投资又可分为合资企业、合作企业和独资企业三种。

（1）间接投资。间接投资又称证券投资，是指国际企业在国际市场上购买中长期债券、外国公司股票等。但购买股票的额度不能太大，否则成了直接投资。间接投资方式曾经风靡一时，第二次世界大战前英国企业的海外投资中高达80%属于间接投资。第二次世界大战后，间接投资仍然是一种普遍采用的方式。

（2）直接投资。直接投资又分为合资进入和独资进入。

合资进入是指与目标国家的企业联合投资，共同经营、共同分享股权及管理权，共担风险。由于有当地人参与股权和经营管理，因此进入障碍比独资要小，更容易被东道国所接受。合资企业还可以避免东道国政府的政治风险并享有一些优惠政策。但是，由于股权及管理权的分散，合作双方在投资决策、市场营销和财务控制等方面容易发生争端，这将有碍于跨国经营的公司执行全球统一战略。

独资进入是指企业独自到目标国家去投资建厂，进行产销活动。在独资进入的情况下，企业可以完全控制整个管理与销售，经营利益完全归其支配，内部的矛盾和冲突比较少；可以保护国际营销企业的技术秘密和商业秘密，从而保持在东道国市场上的竞争力；但是独资由于缺乏当地合作者的帮助，在利用当地原材料、人力资源和销售网络方面不如合资进入那样便利，且市场规模的扩大容易受到限制，而且可能遇到大的政治与经济风险。

3. 契约进入策略

契约进入国际市场就是指国际化企业与目标国家或地区的企业建立长期的非股权式的经营合作。转让对象通常涉及技术、生产流程、商标、技能的转让，即无形资产的转移。直接投资属于股权式进入，而契约进入则是非股权式进入。契约进入有很多种方式，但其共同点是国际企业对目标市场国企业不拥有股权，而是通过提供专利、管理、劳务、商标、专有技术、设备、零部件等方式与目标市场国企业建立密切的联系，从而达到进入目标市场的目的。常见的方式如下：

（1）许可证贸易进入方式。许可证贸易是指根据许可证贸易合同，企业在规定的期限内将自己的无形资产（专利权、商标权、生产流程、技术秘诀、交易秘诀等），通过契约转让给海外法人，以换取授权费和其他补偿。许可证贸易的核心是无形资产使用权的转移。

这是一种低成本进入国际市场的方式。其优点是：①投资少，对于拥有专利技术但又缺少资金或国外直接经营经验或能力的企业而言，这是一种好的国际市场进入方式；②障碍少，可以避开关税和非关税等贸易壁垒；③可迅速地进入目标市场，因不涉及股权问题，易得到目标市场国政府的批准；④风险小，当目标国家政府对外资实行征用或国有化时，企业可以迅速脱身。

缺点是：①控制力弱，国际企业获得的利润少，对专利、商标等无形资产使用的控制有限，因此可能对公司不利；②潜在竞争强，受权方利用转让的技术，经过一定时期的经营，在目标市场积累了经验，开拓了业务关系，树立了自己的形象，因此可能成为潜在的竞争对手；③机会成本大，垄断性授权协议规定受权方在一定地区内享有使用该技术从事独家经营的权利，这意味着供方放弃了其他的进入方式（如在该地区出口自己的产品、直接投资等），故供方的机会成本会较大。

因此，许可方应通过各种方式来趋利避害，慎重地选择被许可方，合理签订许可交易合同。

（2）特许经营进入方式。特许经营进入方式是指企业（许可方）将商业制度及其他产权诸如专利、商标、包装、产品配方、公司名称、技术诀窍和管理服务等无形资产许可给独立的企业或个人（特许方）。被特许方除向特许方支付初始费用之外，还定期按照销售额一定的比例支付报酬。特许方应该拥有一个有良好信誉的注册商标和商号或专利等经营资源，并且有成功的并且容易被复制的单店管理经验和良好的获利能力产品和经营模式。同时，特许方应有稳定的、保证品质的物品供应系统和确保特许经营体系正常运转的管理及支持系统。世界著名的麦当劳快餐连锁店、肯德基炸鸡连锁店、希尔顿饭店等，都使用此种进入方式。

此种方式的优点是标准化运作带来规模经济和标准化产品，可以降低经营费用，并可以将国际知名的品牌、产品和管理水平带到东道国。企业投资少，风险小，对目标市场国企业的控制权较大。

缺点是受许人受特许经营合同和协议的限制和监督，缺乏自主权，过分标准化的产品和服务，既缺乏新意，又不一定适合当地情况，而且国际企业从此方式中获得的经济效益有限，容易培养潜在的竞争者。

（3）其他常用的契约进入方式。其他契约进入方式还有组装业务、合同制造、工程合同、国际分包合同等。

 思考题

1. 世界市场的构成有哪些方式？
2. 世界市场上的交易方式有哪些常见的类型？
3. 影响国际市场的环境因素有哪些？
4. 国际目标市场策略有哪些？
5. 进入国际市场的战略模式有哪些？

第五章
国际贸易政策与措施

重点问题

· 对外贸易政策
· 关税措施
· 非关税措施
· 鼓励出口的措施
· 控制出口的措施

俄林认为，国际贸易仅是区际贸易的一种，是由区际贸易的发展演化而来的。二者所适用的规律及贸易理论都有很多共同之处。同时，他在《区际贸易和国际贸易》一书中曾谈到了国际贸易的四点特殊之处：

（1）国界不同于地区之间的界限，它构成了商品和各种生产要素流动的重要障碍。

（2）各国的货币制度不同，不同货币制度下的商品贸易有着本身的特殊规律。

（3）各国都有自己特殊的经济利益，这些利益影响着各国贸易政策的制定。

（4）各国的经济发展都有着自己的特点，不同的经济特点使各国的对外贸易也各不相同。因此，掌握国际贸易的通行法则对于开展区际贸易有着重要作用。

第一节　对外贸易政策

一、贸易政策的内涵

1. 贸易政策的定义

贸易政策是指一国政府为了某种目的而制定的、对外贸活动进行管理的方针和原则。贸易政策这一范畴所包含的最基本的因素是：

（1）政策主体。指政策行为者，即政策的制定者和实施者，一般来说就是各国的政府。

（2）政策客体或政策对象。即贸易政策所规划、指导、调整的贸易活动以及从事贸易活动的企业、机构或个人。

（3）政策目标。政府的贸易政策行为是有目的的行动。贸易政策的内容首先是在一定政策目标的指导下确定的。所以，政策目标是制定和调整政策内容的依据。确定贸易政策目标本身是一件复杂的事情，既存在多元政策目标之间的协调问题，又存在目标与手段的搭配（组合）等问题。

（4）政策内容。即实行什么政策。政策内容同时也反映了贸易政策的倾向、性质、种类、结构等。

（5）政策手段或政策工具。即为了实现既定的政策目标，实施政策内容所采取的对外贸易管理措施，如关税措施、非关税措施、汇率措施、利率措施、税收措施等，也包括建立某种贸易制度。

2. 贸易政策调节的对象

贸易政策的调节对象主要是对外经济活动。如果我们把直接调整国内经济活动的其他政策称为国内经济政策，那么，贸易政策可以称为对外经济政策，与国内经济政策形成政策分工。从这一意义上说，对外经济政策与国内经济政策是相互关联的，它们都作为一国总的经济政策的一部分而具有共性，如统一的政策目标、某些共同的政策手段。二者的统一性还表现在它们的相互影响和制约上。在开放经济下，总供给 $Y = C + S + M$，总需求 $Y = C + I + X$，要实现供求平衡，要求 $S - I = X - M$。这一经济均衡模型表明，一国的国内经济状况与它的对外贸易状况是相互依存的。因此，当政府对国内经济或对外贸易进行政策调节时，必然会影响另一方政策的运用。

除了共性的一面，贸易政策又在许多方面明显区别于通常所指的国内经济政策（如财政政策和金融政策）。

（1）政策调节对象不同。尽管每种政策都可能对多个领域同时产生影响，但是，就其直接调节对象而言，各种政策还是有区别的，因此可以按部门划分为财政、金融、外贸、产业政策等。

（2）政策地位不同。国内经济政策是一种泛指，实际上包含许多部门政策，同局限于外贸领域的贸易政策比，其调整范围要广泛得多。同时，国内政策作为许多政策的集合，对国民经济活动产生全面、深刻的调节作用，构成经济政策的主体。贸易政策则处于一种进行局部调节的辅助政策的地位。其实际意义在于，贸易政策的制定一般要服从国内经济政策的需要，要配合其运用，它的政策独立性远低于国内经济政策。

（3）政策手段不同。由于调节领域不同，各种经济政策所运用的政策手段不尽相同。虽然存在不同的政策调节采用同一政策工具的情况，但贸易政策的实施，毕竟有许多不同于国内政策调节的特殊工具，如关税、进口配额、汇率等。

3. 贸易政策制定与实施的目的

（1）保护本国市场。
（2）扩大本国产品的国外市场。
（3）优化产业结构。
（4）积累发展资金。
（5）维护和发展同其他国家和地区的政治经济关系。
（6）其他。

二、贸易政策的划分

贸易政策本身是一个结构复杂的体系，只有了解了它的内部结构，才能合理、有效地运用它进行外贸调控。

1. 根据理解和需要，可以从不同角度对贸易政策的组成进行划分

（1）按照政策目的：鼓励出口政策、限制进口政策、改善贸易条件政策、贸易收支政策等。

（2）按照政策手段：关税政策、非关税政策、汇率政策等。

（3）按照政策部门：出口政策、进口政策、贸易收支政策等。

（4）按照政策空间：内地政策、沿海政策、特区政策等。

（5）按照政策方法：一般政策和特殊政策。

（6）按照政策时间：短期贸易政策、中期贸易政策和长期贸易政策。

（7）按照政策调控范围：总体政策和单项政策，前者是关系全局的、综合性、战略性的政策，如自由贸易政策、保护贸易政策，后者则是处理部门和局部问题的政策，如进口政策、特区政策、关税政策等，各单项政策必须配合运用，才能形成完整的总体贸易政策。

（8）按照所运用政策手段的性质：量的政策、质的政策和改革政策，量的政策指通过改变政策工具的值（如关税率等）进行的贸易调控，质的政策则是通过政策手段的重新组合来实现的贸易调节，改革政策指外贸管理体制的变革，它对外贸活动的影响最为深远。

（9）按照政策任务和领域：贸易过程政策和贸易秩序政策。前者是直接干预各贸易主体行为、贸易效果、贸易现象的政策，其对象有贸易增长、贸易结构、贸易稳定等，后者指决定贸易活动规范框架的政策，即通过建立一定的制度来维护、实现某种贸易规则、行为方式的政策，如管理体制、经营体制、贸易调控方式等，由于它主要体现在各种贸易制度的状态及其调整上，贸易秩序政策也可以称为贸易体制政策。

2. 对外贸易政策的基本类型

从对外贸易产生与发展以来，基本上有两种类型的对外贸易政策，即自由贸易政策与保护贸易政策，其他类型的贸易政策都是在这两种形式的基础上演化而来的。

（1）自由贸易政策。国家取消对商品进出口和服务贸易的限制和障碍，取消对本国商品进出口和服务贸易的各种特权和优待，使商品自由进出口，服务贸易自由经营，也就是说国家对贸易活动不加以或少加以干预，任凭商品、服务和有关要素在国内外市场公平、自由地竞争。

自由贸易政策在历史上多为经济强盛国家所采用。英国是最早实行自由贸易政策的国家。在18世纪后半期，英国最先进入产业革命，确立了资本主义在国内的统治地位，大机器工业代替了民族手工业，工业生产迅速发展。19世纪，英国成为最强的工业国家，它的商品销往世界各地，并从世界各地购买原料和粮食，英国的地位被形容为"世界工厂"。在英国，"世界工厂"地位已经确立并获得巩固，它的商品在已经不怕外国竞争的情况下，英国新兴工业资产阶级迫切要求废除以往的保护贸易政策，主张实行自由竞争和自由贸易政策。

自由贸易政策的理论基础是绝对成本说、比较成本说以及要素禀赋理论等。这些理论意在说明：在自由贸易条件下，各国按照自然条件、比较利益、要素禀赋等，专心生产其最有利和有利较大或不利较小的产品，实行国际分工和交换，将有利于提高产业技能，使资源和生产要素得到最优化的配置，提高劳动生产率，节约社会劳动，增加国民财富。

（2）保护贸易政策。国家广泛利用各种措施对商品进口和服务经营领域与范围进行限制，保护本国的产品和服务在本国市场免受外国产品和服务的竞争，并对本国出口的产品和服务给予优待与补贴，以扩大出口。这是国家对进出口商品贸易、技术贸易和服务贸易所采取的奖出限入的政策。

在19世纪资本主义自由竞争时期，与英国不同，美国和德国先后实行了保护贸易政策。美国是后起的资本主义国家，产业革命进行比较晚，工业基础薄弱，其工业品无法与英国竞争，因此新兴的工业资产阶级要求实行保护贸易政策。19世纪初的德国，工业发展水平远比英、法两国落后，德国受到英、法两国自由贸易政策的冲击，大量廉价商品涌入德国市场。摆脱外国自由竞争的威胁，保护和促进德国工业的发展，在当时成为德国工业资产阶级的迫切要求。1870年后，德国开始加强对原有工业和新建工业的保护。到19世纪末，德国成为欧洲高度保护的国家之一。

就保护贸易政策理论的影响而言，李斯特的保护幼稚工业的理论最具代表性。这一理论最早由18世纪美国经济学家汉密尔顿（Alexander Hamilton）提出，后来由德国经济学家李斯特（Friedrich List）发展和完善，成为完整的理论体系。汉密尔顿主张用征收保护关税的办法来鼓励幼稚工业的发展，但他并不主张对一切进口商品征收高关税或禁止进口，而只是对本国能够生产但缺乏竞争力的进口商品实施严厉的限制进口政策。李斯特接受了汉密尔顿贸易保护的基本理论并加以系统发展，建立了以生产力理论为基础、保护关税制度为核心的保护幼稚产业理论。这一理论在承认自由贸易利益的前提下，主张以保护贸易为过渡，扶持有前途的幼稚产业，促进社会生产力的发展，最终实现自由贸易。

三、贸易政策的制定与执行

各国对外贸易法规政策的制定与修改一般都是由政府职能部门、政府专设机构（如各种形式的委员会）根据国家立法提出贸易政策制定和修改的建议，经反复讨论审议后，由最高行政机构批准付诸实施，或由国家立法机构审议批准，形成法案、法令而生效，多数情况下，政府职能部门、政府专设机构在制定和修改对外贸易政策法规及有关规定之前，要征询有关的政策咨询机构、社会经济集团的意见，发达国家一般要征询大企业的意见，大企业通过各种半民半官方机构（如各职能部门自己组建的政策咨询委员会）、民间机构（如企业家联合会）反映自己对现行贸易政策的看法和建议。类似企业家联合会、商会、工会等的民间组织的领导人还经常聚集在一起协调、商定共同的立场，向政府提出建议，直至派人参与制定或修改有关的贸易法规与政策。

我们以美国、日本为例。根据宪法，美国国会享有对外贸易的立法权和决策权，所有贸易法律法规的制定和对外贸易条约的签订，必须得到国会批准才能生效。特定条件下国会可以授权美国总统全权处理对外贸易谈判。

联邦政府根据国会立法制定和执行对外贸易政策。美国总统掌握着对外贸易政策实施的决策权，包括关税的调整、非关税壁垒削减、保护本国工业、对外谈判签约、实行制裁等各方面。

美国政府中负责对外贸易事务的机关主要是美国贸易代表办公室、商务部、国际贸易委员会和海关。它们直接接受总统领导，但权限由国会确定。

美国贸易代表及其委员会是美国政府参与对外贸易决策的主要机构。美国贸易代表的职责主要包括以下几个方面：

（1）主要负责美国国际贸易（包括商品问题、与国际贸易有关的直接投资问题）政策的制定、实施和协调。

（2）担任总统国际贸易问题的主要顾问，就美国政府的其他政策对国际贸易的影响向总统提出建议。

（3）作为美国的主要代表，负责包括货物贸易和直接投资等事宜的国际贸易谈判。

（4）和其他部门进行贸易政策的协调。

（5）担任总统的国际贸易发言人。

（6）就贸易协定事宜向总统和国会汇报，并就其实施向总统和国会负责；就非关税壁垒、国际商品协议和与贸易协定相关的其他问题，向总统和国会提供建议。

（7）兼任贸易政策委员会的主席。

商务部具体负责美国对外贸易法律法规和政策的实施。海关负责关税、进出口监管以及核定审查贸易法规的执行状况。国际贸易委员会不从属于任何政府部门，拥有贸易调查权，对"不正当竞争"行为进行立案调查，裁定其是否对美国国内行业造成损害并确定采取的对策。此外，一些相关部门，如财政部、农业部等，在其相应的职权范围内承担一定的对外贸易管理职能。

美国贸易政策制定的基本程序为：首先由贸易政策工作委员会提出制定政策的设想及修订政策的意见，经贸易政策审查委员会审议并提出意见，交回贸易政策工作委员会重新研究修改，然后报送贸易政策委员会讨论通过，最后报总统审批后交有关部门执行。有些重大问题，经总统审定后，还要交国会通过，使之形成法案，然后交商务部和有关部门执行。总统对国会提交各种法案，也可对国会制定的法案行使否决权。法案经总统否决后，国会议员要获得 2/3 以上的多数推翻总统的否决，法案才可生效。

日本对外贸易政策制定主要涉及以下两个机构：

1. 贸易会议

1970 年，前贸易会议为出口会议。会议由内阁总理大臣任主席，经济产业省大臣任副主席。成员除外务省大臣、财务省大臣、经济企划厅长官、日本银行总裁、日本输出入银行总裁等政府官员外，还吸收商社和出口厂商的代表以及经济贸易专家等。贸易会议的日常事务由经济产业省处理。贸易会议下设综合部会和 14 个行业会议。此外，还专门设立 70 多个专门部会。贸易会议的主要任务是讨论综合性和长期性的贸易政策，对与贸易有关的（航空、海上运输等非贸易）政策、措施、其他有关事项进行调查与审议。

2. 经济产业省进出口贸易审议会

审议会成立于 1953 年，是经济产业省大臣的咨询机构，由经济产业省大臣指定的民间人士构成。主要任务是对贸易政策进行分析研究和审议，提出意见，反映民间企业的要求。贸易审议会设有常设机构。该会下设调整部会和按商品划分的 14 个专门委员会。

日本对外贸易政策制定的程序通常是由经济产业省提出，经过法律或其他手续，以法律、政令、省令形式确定下来，颁布实施。同时根据情况的变化，及时做出修正。经济产业省是日本政府制定对外贸易政策的主要部门。

关于对外贸易政策制定的机构，有两点需要注意：

第一，虽然名称不同，但多数国家都设立政府跨部门的贸易政策制定委员会，美国是贸易代表办公室下的贸易政策工作委员会、审查委员会、制定委员会；日本是贸易会议；印度尼西亚由经济稳定委员会负责。即使没有专门设立跨部门的贸易政策制定委员会，也由国家的贸易部门或主管贸易的部门会同其他的职能部门共同就对外贸易政策的制定和修改提出建议和方案，由上级行政主管机构审议批准。如印度，商业部是制定贸易政策的主要机构，它定期与其他各部门进行协商，最终形成贸易政策制定和修改的建议和议案。新加坡则是由贸易工业部负责贸易政策的制定和修改，但部门之间的磋商对最终政策的制定和修改建议的形成起着重要作用。

第二，在贸易政策法规制定和修改的过程中，商界参与程度较高。它们可以通过参与政府设立机构的活动实现，如印度的贸易委员会，其成员除有关部门、机构的政府官员外，还包括来自商会、工业联合会等商业企业界的代表。在美国，商界代表可以通过直接向参与贸易政策制定和修改的部门就贸易政策发表意见，如美国的劳工代表或企业界代表可以直接与商务部长、贸易代表面谈，反映对贸易政策的意见，而后由商务部和贸易代表通过正式的渠道转达。此外，贸易政策制定的机构还经常从各种咨询机构听取相关的意见和建议。

关于对外贸易法规、政策制定和修改的程序，则根据法规、政策内容的性质而有所不同。如果政策内容属于指导性或实施性法规，需要通过以法案、法令的形式长时间有效，则必须经由立法机构批准，才能生效实施。如果政策内容属于围绕现有的法律、法规、法令的执行而制定的实施条例、规章、指示等，则只需要最高行政机构，如国务院，甚至有关职能部门单独或联合批准即可生效。

贸易政策与贸易措施是既相关又不能混同的一对概念。政府的外贸管理是通过各项措施来实施的，贸易政策通过贸易措施得到贯彻和体现，二者密不可分。但是，它们又有根本的区别，这主要表现在：①贸易措施只是管理手段或者说政策工具，它们体现贸易政策的内容，是政策的载体，而不直接等于政策本身。②贸易政策在外贸管理中处于决定的、主导的地位，贸易措施是根据贸易政策的目标和内容确定的，处于从属的地位。③贸易措施作为手段和工具，其本身是中性的，可以对对外贸易进行不同方向的调节，贸易政策却是政府的主观选择，有明显的倾向性，并且是相对稳定的。④贸易措施依据经济规律、市场经济法则起作用，贸易政策的形成过程中，则渗透着许多非经济因素的影响。

第二节　关税措施

一、关税的内涵

1. 关税含义

关税（Custom Duties；Tariff）是进出口商品经过一国关境时，由政府所设置的海关向进出口商征收的税收。

2. 海关

海关征收关税的领域叫关境或关税领域。它是海关管辖和执行海关各项法令和规章的区域。一般来说，关境和国境是一致的，但有些国家在国境内设立自由港、自由贸易区和出口加工区等经济特区，这些地区不在关境范围之内，这种情况下，关境小于国境；有些国家之间缔结关税同盟，参加关税同盟的国家的领土即成为统一的关境，此时关境大于国境。

3. 关税的主要特点

关税是国家财政收入的一个重要组成部分。它与其他税收一样，具有强制性、无偿性和预定性，但又具有自己的特点。

（1）关税属于间接税。关税的主要征收对象是进出口商品，其税负由进出口商先行垫付，而后被计入商品价格，转嫁给最终消费者，因而关税属于间接税。

（2）关税的税收主体和客体分别是进出口商和进出口货物。税收主体也称课税主体，是指在法律上负担纳税的自然人和法人，也称纳税人（Taxpayer）。税收客体（Object of Taxation）也称课税客体或课税对象。

关税的税收主体是本国的进出口商。当商品进出国境或关境时，进出口商根据海关规定向当地海关交纳关税，他们是税收主体，是纳税人。

关税的税收客体是进出口商品。根据海关税法和有关部门的规定，海关对各种进出口商品依据不同的税目和税率征收关税。

（3）关税可以调节一国进出口贸易规模与结构。许多国家通过制定和调整关税税率来调节进出口贸易。在出口方面，通过低税、免税和退税鼓励商品出口；在进口方面，通过税率的高低、减免来调节商品进口。对于国内不能生产或生产不足的商品，制定较低税率或免税以鼓励进口，对于国内能大量生产或非必需品的进口，则制定和适用较高税率，以限制进口或达到禁止进口的目的，等等。

此外，关税还可以调整贸易差额。当一国贸易逆差过大时，进口国家可以通过提高关税税率或征收附加税限制进口，减缓贸易逆差，但这一做法只具有短期效应。如美国为扭转巨额贸易逆差，1971 年 8 月宣布对所有进口商品加征 10% 的进口附加税，但这一做法并没有从根本上改变美国的贸易收支状况。

（4）关税是一国执行对外贸易政策的重要手段。一国实施自由贸易政策还是保护贸易政策、贸易保护的程度有多高、所实施的贸易保护是否存在歧视性等都在该国的关税政策上有体现，如在自由贸易政策下，多数商品进口免征关税或适用较低的关税税率，在保护贸易政策下，一国往往对进口商品数量和结构予以限制，限制的主要手段之一就是关税，限制的程度则取决于关税税率的高低。在一国对外贸易关系的发展过程中，实施歧视性待遇通常采用的重要做法之一，就是针对来自不同国家或地区的商品适用不同的关税税率。

4. 征收关税的作用

（1）增加本国财政收入，以此为目的征收的关税称为财政关税。

（2）保护本国的产业与国内市场，以此为目的征收的关税称为保护关税。

（3）配合外交政策的需要，以示区别对待，以此为目的征收的关税称为外交关税。

二、关税的种类

1. 按征税对象或商品流向划分

（1）进口税。进口税是进口国海关在外国商品输入时，对本国进口商所征收的关税。这种进口税在外国货物直接进入关境时征收，或者外国货物由自由港、自由贸易区或海关保税仓库等提出运往进口国的国内市场销售，在办理海关手续时征收。进口税也称正常关税或正税，是列在海关税率表当中，并以进口国货币征收的。所谓关税壁垒，就是对进口商品征收高额关税，以达到遏制进口的目的。

进口税通常分最惠国税和普通税两种。最惠国税适用于从与该国签订有最惠国待遇条款的国家或地区所进口的商品；普通税适用于从与该国没有签订这种贸易协定的国家或地区所进口的商品。最惠国税率与普通税率相比，两者的差幅很大，一般相差 1 ~ 5 倍，少数商品高达 10 ~ 20 倍。例如，美国对玩具征税，最惠国税率为 6.8%，普通税率为 70%。

（2）出口税。出口税是出口国海关在本国商品出口时对出口商所征收的一种关税。经济发达国家一般不征收出口税，因为征收出口税会提高出口商品成本和在外国市场上的销售价格，削弱竞争力，不利于扩大出口。征收出口税的目的或是为了增加财政收入，或是为了保护本国生产需要，向一些原料征收出口税，或是为了保证本国市场供应、防止盲目出口和保护国际市场上的有利价格。我国目前对生丝、铅矿砂、生锑、山羊绒等 100 多种初级产品征收出口税。

（3）过境税。过境税又称通过税，是一国对通过其关境的外国商品所征收的一种关税。其目的主要是增加国家财政收入。现在大多数国家不征收过境税，只征收少量的准许费、印花费和统计费等，因为征收过境税影响本国交通运输业的发展及有关银行、保险、仓储方面的收入。另外，过境货物对本国生产和市场没有影响，所征税率很低，对财政收入意义不大。

2. 按差别待遇和特定的实施情况划分

（1）进口附加税。进口附加税是指进口国家对商品除征收一般的进口正税外，还根据某种特定的目的再征收的关税。它是一种限制进口的临时性措施。其目的主要是：应付国际收支危机，维持进出口平衡；防止外国商品倾销；对某个国家实行歧视或报复等。

进口附加税最常见的有反补贴税和反倾销税。

反补贴税。又称抵消税，它是对在生产加工及运输过程中直接或间接地接受任何奖金或补贴的外国进口商品所征收的一种附加税。反补贴税的税额一般按奖金或补贴数额征收，其目的在于提高进口商品的价格，抵销其所享受的补贴金额，削弱其竞争能力，使它不能在进口国的市场上进行低价竞争和倾销。

反倾销税。是指对实行倾销的进口货物所征收的一种临时性进口附加税。按WTO规定，出口国以低于正常价格的方法，将产品挤入进口国市场，且对进口国内已建工业造成重大损害或重大威胁，对拟建工业产生阻碍，即构成倾销。正常价格是指相同商品在出口国用于国内消费时在正常情况下的可比价格，如果没有这种国内价格，则是相同产品在正常贸易情况下向第三国出口的最高可比价格，或产品在原产国的生产成本加合理的推销费用和利润。征收反倾销税的目的是为了抵制外国商品的倾销，保护本国的产业和国内市场或借"反倾销"调查的名义，故意拖延时间，阻止进口商品的合理贸易。输入国可以征收不超过倾销幅度的反倾销税。

（2）差价税。差价税又称差额税，是指当某种本国生产的产品国内价格高于同类的进口商品价格时，为了削弱进口商品的竞争能力，保护国内生产和国内市场，按国内价格与进口价格间的差额征收的关税。由于差价税是随着国内外价格差额的变动而变动，因此它是一种滑动关税。征收差价的规定各国不一，有的按价格差额征收，有的在征收正常关税以外另行征收，这种差价税实际上属于进口附加税，这是被世界贸易组织所禁止使用的措施。

欧盟为了实现共同农业政策，建立农畜产品统一市场、统一价格，对进口的谷物、猪肉、食品、家禽、乳制品等农畜产品征收差价税。

（3）特惠税。特惠税是指对某个国家或地区的全部或部分商品，给予特殊优惠的低关税或免税待遇的一种关税制度。特惠税有的是互惠的，有的是非互惠的。自1975年《洛美协定》签订后，欧盟向参加协定的非洲、加勒比和太平洋地区的一些发展中国家单方面提供特惠税。它是目前世界上商品享受范围最广、免税程度最大的特别优惠关税。

（4）普遍优惠制。普遍优惠制简称普惠制，是发达国家给予发展中国家出口制成品和半成品的一种普遍的、非歧视的、非互惠的关税优惠制度。普惠制有三个原则，即普遍的、非歧视的、非互惠的。所谓普遍的是指发达国家应对发展中国家或地区出口的制成品和半成品给予普遍的优惠待遇；所谓非歧视的，是指应使所有发展中国家或地区都不受歧视，无例外地享受普惠制待遇；所谓非互惠的，是指发达国家应单方面给予发展中国家或地区关税优惠，而不要求发展中国家或地区提供反向优惠。普惠制的目的是，扩大发展中国家的出口，增强其产品的竞争力，增加外汇收入，以改善其国际收支，促进发展中国家的工业化以及加速发展中国家的经济增长。

建立普惠制是由联合国贸易和发展会议于 1964 年提出，并于 1968 年通过的。目前，世界上有 31 个给惠国，受惠国和地区有 190 多个。普惠制以 10 年为一个阶段，目前正处于第四个阶段。

我国是受惠国之一，利用普惠制促进了我国出口贸易的增长，使我国的制成品和半制成品的出口逐步替代原料等初级产品的出口，加速了我国工业化的进程。

三、关税征收

按照征收的一般方法或征税标准分类，有以下几种税制：

1. 从量税（Specific Dodes）

从量税是以商品的重量、数量、容量、长度和面积等计量单位为标准计征的关税，如 2.00 瑞士法郎/千克。

从量税额的计算公式如下：

从量税额＝商品数量×每单位从量税

各国征收从量税，大部分以商品的重量为单位来征收，但各国对应纳税商品重量的计算方法各有不同。一般有以下三种：

（1）毛重（Gross Weight）法。毛重法又称总重量法，即对包括商品内外包装在内的总重量计征税额。

（2）半毛重（Semi - gross Weight）法。半毛重法又称半总重量法，即对商品总重量扣除外包装后的重量计征其税额。这种办法又可分为两种：①法定半毛重法。即从商品总毛重中扣除外包装的法定重量后，再计征其税额。②实际半毛重法。即从商品总毛重中扣除外包装的实际重量后，再计算其税额。

（3）净重（Net Weight）法。净重法又称纯重量法，即在商品总重量中扣除内外包装的重量后，再计算其税额。这种办法又有两种：

法定净重（Legal Net Weight）法。即从商品总重量中扣除内外包装的法定重量后，再计算其税额。

实际净重（Real Net Weight）法。即从商品总重量中扣除内外包装的实际重量后，再计算其税额。

在从量税确定的情况下，从量税额与商品数量的增减呈正比关系，但与商品价格无直接关系。按从量税方法征收进口税时，在商品价格下降的情况下，加强了关税的保护作用；反之，在商品价格上涨的情况下，用从量税的方法征收进口税，则不能完全达到保护关税的目的。

第二次世界大战以前，发达国家普遍采用从量税的方法计征关税。战后多数发达国家普遍采用从价税的方法计征关税，2006年，欧盟进口关税90%以上为从价税。

2. 从价税（Advalorem Duties）

从价税是以进口商品的价格为标准计征一定比率的关税，其税率表现为货物价格的百分率。计算公式如下：

从价税额 = 商品总值 × 从价税率

从价税额与商品价格有直接关系，它与商品价格的涨落呈正比关系，其税额随着商品价格的变动而变动，所以它的保护作用与价格有着密切的关系。

一般来说，从价税有以下几个优点：

（1）从价税的征收比较简单。

（2）税率明确，便于比较各国税率。

（3）税收负担较为公平，因从价税额随商品价格与品质的高低而增减，较符合税收的公平原则。

（4）在税率不变时，税额随商品价格上涨而增加，既可增加财政收入，又可起到保护关税的作用。

较为复杂的问题是确定进口商品的完税价格。完税价格是经海关审定用来计征关税的货物价格，是决定税额多少的重要因素。因此，如何确定完税价格是十分重要的。发达国家所采用的完税价格标准很不一致，大体上可概括为以下三种：

（1）以成本、保险费加运费价格（CIF）作为征税价格标准。

（2）以装运港船上交货价格（FOB）作为征税价格标准。

（3）以法定价格作为征税价格标准。

《关税与贸易总协定》第七条对海关估价作了具体规定："海关对进口商品的估价，应以进口商品或相同商品的实际价格，而不是以国内产品的价格或者以武断的或虚构的价格，作为计征关税的依据。""实际价格"（Actual Value）是指"在进口国立法确定的某一时间和地点，在正常贸易过程中于充分竞争的条件下，某一商品或相同商品出售或兜售的价格"。当实际价格无法按上述的规定确定时，"海关估价应以可确定的最接近于实际价格的相当价格为依据"。

为了进一步统一各国的海关估价方法，1973 年，东京回合签署了《海关估价协议》。该协议于 1981 年 1 月 1 日生效，1986 年 9 月启动的乌拉圭回合对《海关估价协议》的内容进行了修订，依次列出了六种估价方法作为成员国海关进口商品估价的依据。

3. 复合税（Compound Duties）

复合税即在从价税的基础上增加或减少一个从量税，如 10% + 2.00 美元/千克，20% - 2.00 美元/千克，计算公式如下：

复合税额 = 从价税额 ± 从量税额

4. 选择税（Mixed Duties）

选择税是对于一种进口商品同时订有从价税和从量税两种税率，在征税时基于特定的条件，在从价税和从量税之间进行选择。一般是选择税额较高的一种征收，在物价上涨时使用从价税，在物价下跌时使用从量税。如日本对坯布的进口征收协定税率 7.5% 或每平方米 2.6 日元，征收其最高者。但有时为了鼓励某种商品的进口，也会选择其中税额低者征收。

5. 技术性关税（Technical Duties）

在有些情况下，关税的征收取决于复杂的技术因素，如酒精含量、含糖量或进口商品的价格水平，如 8.2% + T，T 表示一个特殊的计算公式，在这里它将根据产品含有的某种成分如酒精进行公式设计。中国历史上对新闻纸征收的滑准税就属于技术性关税。

四、海关税则与商品名称及编码协调制度

1. 海关税则的内涵

海关税则又称关税税则，是一国对进出口商品计征关税的规章和对进出口的应税与免税商品加以系统分类的一览表。海关凭此征收关税，是关税政策的具体体现。

海关税则一般包括两个部分：一部分是海关课征关税的规章条例及说明；另一部分是关税税率表。关税税率表主要包括三个部分：税则号列（简称税号）、货物分类目录、税率。

2. 商品名称及编码协调制度

长期以来，发达国家税则中的货物分类极为繁细，它不仅是由于商品种类的日益增多和技术上的需要，而更主要的是要保护国内市场以及实行关税差别的歧视政策。目前，国际上存在两大商品分类体系，分别是《海关合作理事会税则目录》和《国际贸易标准分类》。前者主要用于海关管理，后者则主要用于贸易统计。

为了使这两种国际贸易商品分类体系进一步协调和统一，以兼顾海关税则、贸易统计与运输等方面的共同需要，20 世纪 70 年代初期，海关合作理事会设立了一个协调制度委员会，研究并制定《商品名称及编码协调制度》，（以下简称《协调制度》）。经过 13 年的努力，《协调制度公约》及其附件《协调制度》终于在 1983 年 6 月以国际公约的形式通过，于 1988 年 1 月 1 日在国际上正式开始实施。现在世界上有 190 多个国家采用《协调制度》。我国于 1992 年 1 月 1 日起正式实施以《协调制度》为基础的新的海关税则，之前采取海关合作理事会编制的商品分类目录。

《协调制度》是一个新型的、系统的、多用途的国际贸易商品分类体系。它除用于海关税则和贸易统计外，对运输商品的计费与统计、计算机数据传递、国际贸易单证简化以及普遍优惠制的利用等方面，都提供了一套可使用的国际贸易商品分类体系。

第三节　非关税措施

非关税措施是指除关税以外的一切限制进口的各种措施，它是相对关税措施而言的。具有灵活性和针对性、更能直接达到限制进口的目的、隐蔽性和歧视性的特点。

一、非关税措施

1. 进口配额制

进口配额制（Import Quotas System）又称进额制，是指一国政府在一定时期

（如一季度、半年或一年），对于某些商品的进口数量或金额加以直接的限制。在规定的限期内，配额以内的货物可以进口，超过配额的不准进口，或征收更高的关税或惩罚后才能进口。它是国家实行进口数量限制的重要手段之一。进口配额制主要有以下两种形式：

（1）绝对配额（Absolute Quotas）。绝对配额指在一定时期，对某些商品的进口数量或金额规定一个最高数额，达到这个数额后，便不准进口。如美国使用配额限制进口的商品多达数百种，包括纺织品、奶制品、棉花、糖、咖啡、钢材制品、手表等产品。绝对配额在实施过程中，又可以细分为以下两种：

全球配额（Global Quotas；Unallocated Quots）。它属于世界范围的绝对配额，对来自世界任何国家和地区的商品一律适用。主管部门通常按进口商的申请先后或过去某一时期的进口实际额批给一定额度，直到总配额发放完为止，超过总配额就不准进口。例如，加拿大规定，从 1981 年 12 月 1 日起，对除皮鞋以外的各种鞋类实行为期三年的全球配额。第一年的配额为 3560 万双，以后每年进口量递增率为 3%。加拿大外贸主管部门根据有关进口商 1980 年 4 月 1 日至1981 年 3 月 31 日期间的实际数分配额度，但不限制进口国别或地区。

由于全球配额不限定进口国别或地区，在配额公布后，进口商竞相争夺，以从任何国家或地区进口。同时，邻近国家或地区因地理位置接近的关系，到货较快，比较有利，而较远的国家或地区则处于不利的地位。因此，在限额的分配和利用上，难以贯彻国别政策。为了避免或减少这些不足，一些国家采用了国别配额。

国别配额（Country Quotas）。即在总配额内，按国别和地区分配给固定的配额，超过规定的配额便不准进口。为了区分来自不同国家和地区的商品，在进口商品时进口商必须提交原产地证明书。实行国别配额可以使进口国根据它与有关国家或地区的政治、经济关系分配不同的额度。国别配额不得转让，当年的配额用完后，就宣布停止进口。

一般来说，国别配额可以分为自主配额和协议配额：

自主配额（Autonomous Quotas），也称单方面配额。是由进口国家完全自主地、单方面强制规定在一定时期，从某个国家或地区进口某种商品的配额。这种配额不需征求输出国的同意。目前，美国在每年纺织品配额分配时，采用单方面的国别配额。美国每年给中国的纺织品配额是由美国单方面规定的。

自主配额一般参照某国过去某年的输入实绩，按一定比例确定新的进口数量或金额，所以进口国可利用这种配额贯彻国别政策。

协议配额（Agreement Quotas），又称双边配额，是指由进口国家和出口国家政府或民间团体之间协商确定的配额。如果协议配额是通过双方政府的协议订立的，一般需在进口商或出口商中进行分配，如果配额是双边的民间团体达成的，应事先获得政府许可方可执行。协议配额是由双方协商确定的，通常不会引起出口方的反感或报复，并可使出口国对于配额的实施有所谅解与配合，容易执行。

一般来说，绝对配额用完后，就不准进口。但有些国家由于某种特殊的需要和规定，往往另行规定额外的特殊配额或补充配额。如进口某种半制成品加工后再出口的特殊配额、展览会配额或博览会配额等。

（2）关税配额（Tariff Quotas）。关税配额是对商品进口的绝对配额不加限制，而对在一定时期在规定配额以内的进口商品，给予低税、减税或免税待遇，对超过配额的进口商品则征收较高的关税，或者征收附加税或罚款。

按商品进口的来源，可分为全球性关税配额和国别关税配额。

按征收关税的目的，可分为优惠性关税配额和非优惠性关税配额。

优惠性关税配额是对关税配额内进口的商品给予较大幅度的关税减让，甚至免税，而对超过配额的进口商品即征收原来的最惠国税率。如欧盟在实行的普惠制中所采取的关税配额就属于这一类，用关税配额的办法来限制某些享受普惠制待遇国家的商品进口，超过配额就不再享受普惠制税率，而以最惠国税率征收。

非优惠性关税配额是在配额内仍征收原来的进口税（一般为最惠国税），但对超过配额的进口商品，则征收极高的附加税或罚款。

根据中美达成的《中国加入 WTO 双边协议》，中国将全面取消农产品进口的数量限制，对于比较敏感的农产品，如小麦、玉米等，适用关税配额制度。2011 年，中国继续对 8 类进口产品使用关税配额，涉及 45 个 8 位关税税目，它们是小麦（6 个税目）、玉米（5 个税目）、稻米（14 个税目）、糖（6 个税目）、羊毛（6 个税目）、羊毛条（3 个税目）、棉花（2 个税目）、化肥（3 个税目）。但这些产品的配额外关税的税率在降低，配额内平均关税水平为 4.8%，超出配额部分税率为 50.4%。关税配额税率适用于来自所有国家的相关产品，配额的分配与再分配程序由国家发展和改革委员会及商务部共同负责。

同时，中国产品也屡遭关税配额的限制。如日本对中国大葱、鲜香菇、灯芯草的进口做出的限制为：限量以内的征收 3%～6% 的进口关税，超出限量的征收 106%～266% 的进口关税。欧盟对中国出口的橘子罐头的超过配额部分每吨征收 155 欧元的从量税。

2006 年，欧盟保留关税配额 98 项，其中 91 项针对农产品，主要通过发放进口许可证的方式实施管理，适用关税配额的产品包括牛、羊、鸡、火鸡、奶产品、鸡蛋、番茄、水果、蔬菜、小麦、玉米、大米、淀粉、蘑菇、香肠、糖、葡萄汁。虽然根据乌拉圭回合达成的《纺织品与服装协议》，WTO 成员国之间的纺织品及服装贸易不再适用配额，但欧盟仍对来自中国的一些产品保留关税配额的做法。

2. "自动"出口配额制

"自动"出口配额制（Voluntary Export Quotas），又称"自动"限制出口，是出口国家或地区在进口国家的要求或压力下，"自动"规定某一时期（一般为3~5年），某些商品对该国的出口限制，在限制的配额内自行控制出口，超过配额即禁止出口。

"自动"出口配额制与绝对进口配额在形式上略有不同。绝对进口配额制是由进口国直接控制进口配额来限制商品的进口，而"自动"出口配额是由出口国家直接控制这些商品对指定进口国家的出口。但是，就进口国方面来说，自动出口配额与绝对进口配额一样，起到了限制商品进口的作用。

（1）协议的"自动"出口配额。它是出口国与进口国通过谈判而规定的出口限额。在协定中规定有效期内某些商品的出口配额，出口国应根据此配额实行出口许可证制或出口配额签证制，自行限制这些商品出口。进口国则根据海关统计进行检查。

（2）非协定的"自动"出口配额。它是出口国迫于进口国的压力、自行单方面规定出口配额，限制商品出口。这种配额有的是由政府有关机构规定，并予以公布，出口商必须向有关机构申请配额，领取出口授权书或出口许可证才能输出；有的是由本国出口厂商协会"自动"控制出口，没有国际协定的约束。

3. 进口许可证

进口许可证是政府颁发的凭以进口的证书。一些国家为了加强对进口的管制，规定商品进口必须领取许可证，没有许可证，一律不准进口。

依据进口许可证与进口配额的关系，进口许可证可以分为有定额的进口许可证和无定额的进口许可证。

（1）有定额的进口许可证。指国家有关部门预先规定有关商品的进口配额，然后在配额的限度内，根据进口商的申请对于每一笔进口发给进口商一定数量或金额的进口许可证。一般说来，进口许可证是由进口国有关部门向提出申请的进口商颁发的，但也有将这种权限交给出口国自行分配使用的。

（2）无定额的进口许可证。即进口许可证不与进口配额相结合，有关政府机构预先不公布进口配额，不颁发有关商品的进口许可证，只是在个别考虑的基础上进行。由于它是个别考虑的，没有公开标准，因而就会给正常的贸易造成困难，从而起到限制进口的作用。

4. 外汇管制

外汇管制（Foreign Exchange Control）是一国政府通过法令对外汇的收支、结算、买卖和使用所采取的限制措施来平衡国际收支和维持本国货币汇价的一种制度。其目的是控制外汇的使用、限制外汇资本流动、稳定货币汇率、改善或平衡国际收支。在外汇管制下，进口商必须向外汇管制机构（比如我国的外汇管理局）指定的银行购买外汇；出口商必须把他们出口所得到的外汇收入依照官定汇率，卖给外汇管制机关。本国货币出入国境的携带也受到严格的限制。政府通过控制外汇的官定汇价、集中外汇收入和供应数量来掌握进口商品的种类、数量和来源国别，从而起到限制进口的作用。

外汇管制一般可分为以下三种：

（1）数量性外汇管制。数量性外汇管制是指国家外汇管理机构对外汇买卖的数量直接进行限制和分配，旨在集中外汇收入、控制外汇支出、实行外汇分配，以达到限制进口商品品种、数量和国别的目的。一些国家实行数量性外汇管制时，往往与进口许可证相结合。

（2）成本性外汇管制。成本性外汇管制是指国家外汇管理机构对外汇买卖实行复汇率制，利用外汇买卖成本的差异，间接影响不同商品的出口。进口方面，实行外汇管制的国家对于国内需要而又供应不足或不生产的重要原料、机器设备和生活必需品，用较为优惠的汇率。对于国内可大量供应和非重要的原料和机器设备用一般的汇率；对于奢侈品和非必需品使用最不利的汇率。出口方面，对于缺乏国际竞争力但又要扩大出口的某些出口商品，给予较为优惠的汇率；对于其他一般商品的出口适用一般汇率。

（3）混合性外汇管制。混合性外汇管制是指同时使用数量性和成本性的外汇管制，对外汇实行更为严格的控制，以控制商品的进出口。

5. 进口和出口国家垄断

进口和出口的国家垄断，是指在对外贸易中，对某些或全部商品进出口规定由国家机构直接经营，或者把某些商品的进口或出口的垄断权给予某垄断组织。发达国家的进口和出口国家垄断主要集中在四类商品上：

（1）烟和酒。各国的政府机构从烟和酒的进出口垄断中，可以取得巨大的财政收入。

（2）农产品。各国把对农产品的对外垄断销售作为国内农业政策措施的一部分。美国的农产品信贷公司是资本主义世界最大的农产品贸易垄断企业，它高价收购国内的"剩余"农产品，然后以低价向国外倾销，或按所谓的"外援"

计划向缺粮国家，主要是向发展中国家大量出口。

（3）武器。各国的武器贸易多数由国家垄断。

（4）石油贸易。大多被国家所控制。

6. 歧视性政府采购政策

歧视性政府采购政策是指国家制定法令，规定政府机构在采购时要优先购买本国产品的做法。政府优先采购本国货物的政策，使进口商品大受歧视，从而限制了进口商品的销售。美国从 1933 年开始实行《购买美国货法》，并在 1954 年和 1962 年两次修改。它规定，凡是美国联邦政府要采购的货物，应当是美国制造的，或是用美国原料制造的。刚开始商品的成分有 50% 以上是在国外生产的，就作为外国货。后来规定，在美国自己生产力不足，或是国内价格过高，或是不买外国货有损美国利益的情况下，可以购买外国货。优先购买的美国商品价格往往要高出市场价格的 6% ~ 12%，有时所购买的美国货要高出国际市场价格的50%。直到东京回合美国签订了《政府采购协议》后，该法案才被废除。

7. 国内税

国内税是指在一国的国境内，对生产、销售、使用或消费的商品所应支付的捐税，一些国家往往采取国内税制度直接或间接地限制某些进口，比关税更灵活。中国也对进口产品征收增值税和消费税，税率与国内同类产品基本相同。消费税主要针对烟、酒、饮料等，而增值税是按销货值大于进货值的"增值"部分，对国内产品征收一定比例的税收。它适用于生产和销售的每一个环节。增值税对出口商品实行免税或退税，而对进口商品如数征收。欧盟国家也采用增值税，税基相同，但税率存在差异，同时适用于进口产品和本国生产的产品。

8. 最低进口限价

最低进口限价（Minimum Import Price），即指一国政府规定某种进口商品的最低价格，若进口商品低于最低价，则禁止进口或征收进口附加税。例如，1985年智利对绸坯布进口规定，每千克的最低限价为 52 美元，低于此限价，将征收进口附加税。20 世纪 70 年代，美国曾实行所谓的"启动价格制"来限制欧洲国家和日本的低价钢材和钢制品的进口，启动价格是以当时世界上效率最高的钢材生产者的生产成本为基础计算出来的最低限价，当进口价格低于这一限价时，便自动引发对该商品征收进口附加税或罚金。

9. 进口押金制

进口押金制（Advance Deposit）又称进口存款制。进口商若要进口商品，要预先按照进口金额的一定比率，在规定时间内到指定银行无息存入一笔现金，以增加进口商的资金负担，达到限制进口的目的。例如，第二次世界大战后，意大利政府曾规定某些商品不管从任何国家进口，必须先向中央银行缴纳相当于进口值半数的现款押金，并无息冻结 6 个月。据估计，这项措施相当于征收 5% 以上的进口附加税。芬兰、新西兰和巴西等国也实行这种措施。

10. 专断的海关估价制

海关估价是指海关按照规定对申报进口的商品价格进行审核，以确定或估计其完税价格。专断的海关估价措施（Arbitrary Measures for Customs Valuation）是指有些国家根据国内某些特殊规定，违背《海关估价协议》，提高某些进口货物的海关估价，增加进口货物的关税负担，阻碍商品进口。

用专断的海关估价来限制商品的进口，以美国最为突出。长期以来，美国海关是按照进口商品的外国价格（进口商品在出口国国内销售市场的批发价）或出口价格（进口商品在来源国市场供出口用的售价）两者中较高的一种进行征税。这实际上提高了交纳关税的税额。

《海关估价协议》规定，海关估价应以货物的成交价格为标准。所谓成交价格是货物出口到进口方时实付或应付的价格（如发票价格），并视情况进行调整，包括由买方支付的某些费用，如包装费和集装箱费、辅助费用、专利费和许可证费。只有在海关认定第一种标准无法使用的情况下，方可按顺序根据下述标准进行海关估价：①相同货物的成交价格。②相似货物的成交价格。上述两种方法中，所选择的交易必须是向进口方输出的进口货物，货物出口的时间应大致相同。③扣除价格。指应纳税的进口商品在其国内市场的单位销售价格，或其相同或类似商品在其国内市场的单位销售价格，扣除相关的利润、关税和国内税、运输费和保险费，以及在进口时产生的其他费用。④推算价格。即被估价货物的生产成本，加上利润和相当于反映在由该出口国生产者向进口方出口与被估价货物同等级和同品种货物的销售环节中的大致费用。⑤合理确定。如果上述四种方法均不能确定价格，那么，在符合《1994 年关贸总协定》第七条的情况下，可以灵活地使用上述任何一种方法来确定价格。但是，价格无论如何也不得依据下述方法加以确定：出口到第三国市场的货物价格、海关最低限价、武断的或虚假的价格。

11. 进口禁令

进口禁令（Import Prohibition）是指超出 WTO 规则相关例外条款（如 GATT 第 20 条规定的一般例外、第 21 条规定的安全例外等）规定而实施的限制或禁止进口的措施。美国《1962 年贸易拓展法》授权总统在某些产品对美国出口达到一定数量，或在特定情况下可能威胁到国家安全时，采取必要的措施限制该种产品的进口。此外，该法还规定，美国产业可以出于国家安全需要向有关部门申请禁止同类产品的进口，而且该类产品进口禁令可以无限期使用；美国产业根据该条件提出申请时，不需要提供本产业受损害的证据。虽然该法对确定某种产品的进口是否对国家安全造成威胁时应考虑的因素做出了规定，但由于标准不明确，以致总统和商务部等行政部门在实际操作中享有很大的自由裁量权。

中国禁止进口的因素主要包括公众利益、环境保护和履行的国际义务。2011年，中国禁止进口的商品主要包括废弃物（范围涉及动物制品、矿产品、橡胶、皮革、纸张、玻璃、铅、玩具与运动器械、铜、水泥）、二手设备（如服装、贵金属、机器与电子设备、用于装液化气的容器、运输设备）、麻醉剂、化工品、白炽灯泡。此外，动植物、与人类健康安全相关的产品根据相关规定也可能在禁止范围。

12. 技术法规、标准

技术法规、标准主要由国家立法机构制定的法律规范，行政部门颁布的命令、决定、条例、规范、指南等构成。技术法规所包含的内容主要涉及劳动安全、环境保护、卫生与健康和节约能源与材料等。目前，工业发达国家颁布的技术法规种类繁多。尤其是近几十年来，随着贸易战的加剧，许多工业发达国家打着保护本国消费者安全和健康、保护劳工合法权益的旗号，制定了许多有关安全卫生方面的法律，来限制商品进口。英国、日本、中国香港、澳大利亚等国家和地区的交通规则规定，汽车在道路的左边行驶，而美国、中国内地等绝大多数国家和地区的规定与此相反。再如，意大利有一个"通心粉纯度法"，它规定通心粉的制作原料必须是硬质小麦，其他国家采用混合小麦制作的通心粉无法进入意大利国内市场。

发达国家由于经济、技术水平高，对于许多制成品规定了极为严格、烦琐的技术标准，进口商品必须符合这些标准才能进口。

13. 质量认证与合格评定程序

质量认证与合格评定程序是指任何直接或间接用以确定产品或服务、生产与管理体系是否满足技术法规和标准所要求的程序。

许多国家规定对影响人身安全和健康的产品实行强制性认证。这些产品未经政府授权的机构进行认证，未佩戴特定的认证标志，不准在市场上销售。例如，对于电器产品，联邦德国规定必须取得联邦德国电气工程师协会（VDE）的标志。美国为了对商品的安全性能进行认证，设立了代号 UL 的"保险商实验室"，外国商品必须通过 UL 认证后才能顺利地进入美国市场。目前，国际上著名的认证有 ISO9000 系列认证、IEC 电器设备安全标准认证、欧盟 CE 认证、美国 UL 认证等。外国进口商向市场销售某些产品时须向某些认证机构申请认可。

根据《中华人民共和国认证认可条例》及《强制性产品认证管理规定》，列入强制性产品认证目录的产品不得在华销售或进口，除非获得中国强制性认证，得到"CCC"标志。但如果用作研究开发使用，或作为产品的中间投入或加工后再出口，可以不受该条例和规定的约束，但必须出具国家认证认可监督管理委员会要求的各种文件，申请获得国家质量监督检验检疫局的批准。

14. 卫生检疫规定

随着国家之间贸易竞争的加剧，发达国家更加广泛地利用卫生检疫规定限制商品的进口。它们要求进行卫生检疫的商品越来越多，卫生检疫规定越来越严格。例如，花生：日本、加拿大、英国等国要求花生黄曲霉素含量不超过百万分之二；花生酱不超过百万分之十，超过者不准进口。茶叶：日本对茶叶农药残留量规定不超过百万分之零点二至零点五。陶瓷制品：美国、加拿大规定含铅量不得超过百万分之七，澳大利亚规定含铅量不得超过百万分之二。

美国要求其他国家或地区输往美国的食品、饮料、药品及化妆品必须符合美国的《联邦食品、药品及化妆品法》（*Federal Food, Drug and Cosmetic Act*），否则不准进口。

WTO《实施卫生与植物卫生措施协议》（以下简称《SPS 协议》）要求成员国要在非歧视的基础上，以科学为依据，参照国际标准制定、实施卫生与植物卫生措施，相关措施要公开、透明。

15. 商品包装和标签的规定

标签是商品上必要的文字、图形和符号。许多国家为了保护消费者的利益，要求尽量向消费者提供产品质量和使用方法的信息，因而，对进口商品，特别是对消费品标签作了严格的规定。许多国家对商品包装和标签规定了苛刻的要求和烦琐的内容，使出口商增加商品成本，削弱了商品的竞争能力。如新加坡要求黄油、人造黄油、食用油、米、面粉、白糖等依照标准进行包装，否则不得进口。一些国家对于包装材料、瓶型均有具体的规定和要求。

16. 绿色壁垒

绿色壁垒是指以保护环境、保护生态平衡和节约能源等为由的限制或阻碍国际贸易的技术性措施。绿色壁垒所涉及的内容非常广泛，从对环境产生影响的角度出发，其内容可以从商品的生产、加工方法、包装材料、销售方式、消费方式甚至商品废弃后的处理方式等诸多方面加以限制。总体来讲，绿色壁垒可分为下述几大类。

（1）绿色标准与卫生检疫措施。发达国家在保护环境的名义下，通过立法手段，制定严格的强制性技术标准，限制国外商品进口。这些标准都是根据发达国家生产和技术水平制定的，发展中国家是很难达到的。这种貌似公正，实则不平等的环保技术标准，势必导致发展中国家的产品被排斥在发达国家市场之外。

根据《SPS 协议》的有关规定，WTO 成员有权采取如下措施：保护人类、动植物的生命和健康；保护 WTO 成员领土的动物或植物的生命或健康免受虫害或病害、带病有机体或致病有机体的传入以及繁殖或传播所产生的风险；保护 WTO 成员领土内的人类或动物的生命或健康免受食品、饮料或饲料中添加剂、污染物、毒素或致病有机体所产生的风险；保护 WTO 成员领土的动物或植物的生命或健康免受动物、植物或动植物携带的病害或虫害的传入、繁殖或传播所产生的风险；防止或控制 WTO 成员领土内有害生物的传入、繁殖或传播所产生的其他损害。

但是，实际操作中，一些国家违背了《SPS 协议》的科学性、等效性、与国际标准协调一致、透明度、对贸易影响最小原则和动植物疫情区域化原则等，构成贸易壁垒。例如，韩国一直把中国全境视为一个检疫区，一旦发现某一地区存在韩国禁止入境的动植物疫病或虫害，中国非疫区生产的产品也将被禁止进口。

（2）绿色包装要求。绿色包装制度要求节约资源、减少废弃物，用后易于回收再用或者再生，易于自然分解。2000 年 9 月 25 日，欧盟通报了其关于电气和电子设备废物回收或处置的指令草案。指令要求供应商建立废物处理工厂，处置回收的废旧电器，或者供应商向地方回收商按比例支付"寿命终结费"。这个指令草案一出台，立即引起以东盟为代表的发展中国家的强烈反对，成为第20 ~ 23 次 TBT 委员会会议上争论的焦点。英国在 2000 年制订了包装材料重新使用的计划，包装废弃物的 50% ~75% 重新使用。日本也分别于 1991 年、1992 年发布并强制推行《回收条例》《废弃物清除条件修正案》。丹麦以保护环境为名，要求所有进口的啤酒、矿泉水和软性饮料一律使用可再装的容器，否则拒绝进口。美国规定了废弃物处理的减量、重复利用、再生、焚化和填埋五项优先顺序指标。这些绿色包装法规，虽然有利于环境保护，但却为发达国家制造"绿色壁垒"提供了可能，由此引起的贸易摩擦不断。

（3）绿色环境标志。它是一种在产品或其包装上的图形，表明该产品不但质量符合标准，而且在生产、使用、消费和处理过程中符合环保要求，对生态环境和人类健康均无损害。发展中国家要进入发达国家市场，必须取得这种"绿色通行证"，但是其中花费的时间和费用使许多中小型企业望而却步。1978 年，德国率先推出"蓝色天使"计划，以一种画着蓝色天使的标签作为产品达到一定生态环境标准的标志。发达国家纷纷仿效，美国于 1988 年开始实行环境标志制度，有 36 个州联合立法，在塑料制品、包装袋和容器上使用绿色标志，甚至还率先使用"再生标志"，说明它可重复回收，再生使用。欧盟于 1993 年 7 月正式推出欧洲环境标志。凡有此标志者，可在欧盟成员国自由通行，各国可自由申请。目前，美国、德国、日本、加拿大、挪威、瑞典、法国、芬兰和澳大利亚等发达国家都已建立了环境标志制度，并趋向于协调一致，相互承认。它犹如无形的层层屏障，使发展中国家产品进入发达国家市场步履维艰，甚至受到巨大冲击。

（4）绿色补贴。绿色补贴是指为了保护环境和资源，将资源和环境费用计算在成本内，使资源环境成本内在化。发展中国家绝大部分企业本身无力投资新环保技术、环保设备和开发清洁技术产品，又无力承担治理环境的费用，政府为此给予一定的环保补贴。但是很多发达国家却将严重污染环境的产业转移到发展中国家，以降低环境成本，而发展中国家的环境成本却因此而提高。同时，发达国家认为发展中国家的"补贴"违反了 WTO 的规定，以此为理由对接受补贴的进口商品提出反补贴起诉。

二、非关税措施对国际贸易的影响

1. 非关税措施对国际贸易发展的影响

一般来说，非关税壁垒对国际贸易的发展起着重大的阻碍作用。在其他条件不变的情况下，世界性的非关税壁垒加强的程度与国际贸易增长的速度呈反比关系。当非关税壁垒趋向加强，国际贸易的增长将趋向下降；反之，当非关税壁垒趋向缓和或逐渐消除时，国际贸易的增长速度将趋于加快。

2. 非关税措施对商品结构和地理方向的影响

非关税壁垒还在一定程度上影响着国际贸易商品结构和地理方向的变化。"二战"后，受非关税壁垒影响的产品的总趋势是：农产品贸易受影响的程度超过工业品，劳动密集型产品贸易受影响的程度超过技术密集型产品，而受影响的国家则是发展中国家和社会主义国家比发达国家要多，程度也更严重。这些现象都严重影响着国际贸易商品结构与地理方向的变化，使发展中国家和社会主义国家对外贸易的发展受到重大损害。

3. 非关税措施对进口国的影响

非关税壁垒对进口国来说，可以限制进口、保护本国的市场和生产，但也会引起进口国国内市场价格上涨。例如，如果进口国采取直接的进口数量限制措施，则不论国外的价格上升或下降，也不论国内的需求多大，都不增加进口，这就会引起国内外之间的价格差距拉大，使进口国内价格上涨，从而保护了进口国同类产品的生产，这在一定条件下可以起到保护和促进本国有关产品的生产和发展的作用。但是，非关税壁垒的加强会使进口国消费者付出巨大的代价，他们要付出更多的金钱去购买所需的商品，国内出口商品的成本与出口价格也会由于价格的上涨而提高，削弱出口商品的竞争能力。为了增加出口，政府只有采取出口补贴等措施，这增加了国家的预算支出，加重了人们的税收负担。

4. 非关税措施对出口国的影响

进口国加强非关税壁垒措施，特别是实行直接的进口数量限制，使进口数量固定，将使出口国的商品出口数量和价格受到严重影响，造成出口商品增长率或出口数量的减少和出口价格下跌。一般来说，如果出口国的出口商品的供给弹性较大，则这些商品的价格受进口国的非关税壁垒影响而引起的价格下跌将较小；反之，如果出口国的出口商品的供给弹性较小，则这些商品的价格受进口国的非关税壁垒影响而引起的价格下跌将较大。由于大部分发展中国家的出口产品供给弹性较小，所以世界性非关税壁垒的加强使发展中国家受到严重损害。

第四节 鼓励出口的措施

各国除了利用关税和非关税措施限制外国商品进口外，还采取各种促进出口的措施，扩大本国商品的出口。鼓励出口的措施是指出口国家的政府通过经济、行政和组织等各方面的措施，促进本国商品的出口，开拓和扩大国际市场。各国促进出口的做法很多，涉及经济、政治、法律等许多方面，运用财政、金融、汇率等经济手段和政策工具，既有微观方面，也有宏观方面，从国家宏观经济政策方面来讲，主要有以下几种：

一、出口信贷

出口信贷是指一国为了增强本国商品的竞争力，扩大商品出口，通过给予利息补贴并提供信贷担保的方法，在政府的支持下，由本国专业银行或商业银行向本国出口商或外国进口商（或银行）提供较市场利率略低的贷款，以解决买方支付进口商品资金的需要。它是一国的出口厂商利用本国银行的贷款扩大商品出口的一种重要手段，特别是金额较大、期限较长的商品，如机器、船舶、飞机、成套设备等。在国际贸易中，卖方同意买方在收到货物后可以不立即支付全部货款，而在规定期限内付讫由出口方提供的信贷，这通常是奖励出口的一种措施。一般将五年期限的出口信贷列为中期，将五年以上者列为长期。中长期出口信贷大多用于金额大、生产周期长的资本货物。出口国官方机构、商业银行为支持本国出口向本国出口商提供的信贷不属于国际出口信贷范围。

1. 出口信贷的形式

（1）卖方信贷（Supplier Credit）。它是出口方银行向本国出口厂商（即卖方）提供的低利率优惠贷款。这种贷款合同是银行直接资助本国出口厂商向外国进口厂商提供延期付款，以促进商品出口的一种方式。在采用卖方信贷的条件下，通常在签订买卖合同后，进口厂商先支付货款10%～20%的定金，作为履约的一种保证金，在分批交货、验收和保证期满时，再支付10%～15%的现汇货款，其余的货款在全部交货后若干年内分期偿还，并付给延期付款期间的利息。出口厂商把所得的款项与利息按贷款协议的规定偿还给本国的贷款银行。所以，卖方信贷实际上是出口厂商从贷款银行取得贷款后，再向进口厂商提供延期付款。银行与出口厂商之间属于银行信用，出口厂商与进口厂商之间是一种商业信用。

（2）买方信贷（Buyer Credit）。它是出口方银行直接向外国的进口厂商（即买方）或进口方银行提供的贷款，其附带条件就是贷款必须用于购买债权国的商品，因而能起到促进商品出口的作用。这就是所谓的约束性贷款（Tied Loan）。当出口方银行直接贷款给国外进口厂商时，进口厂商用本身的资金以即期付款的方式向出口厂商缴纳买卖合同金额15%～20%的定金，其余货款以限期付款的方式将银行提供的贷款付给出口厂商。然后按贷款合同所规定的条件，向贷款银行还本付息。当出口方银行贷款给进口方银行时，进口方银行也以即期付款的方式代理进口厂商支付应付的货款，并按贷款协议规定的条件向贷款银行归还贷款和利息等。至于进口厂商与本国银行的债务关系，则按双方商定的办法在国内结算清偿。买方信贷不仅使出口商可以较快地得到货款并减少风险，而且使进口厂商对货价以外的费用比较清楚，便于它们与出口厂商讨价还价。因此，这种方式目前较为流行。

2. 出口信贷的特点

（1）信贷发放以资本货物出口为基础。出口信贷支持的一般都是金额较大、需要资金融通期限较长的商品出口，如成套设备、船舶等。买方信贷中出口国银行向进口方提供的贷款必须全部或大部分用于购买提供贷款国家的商品。

（2）贷款利率较低。出口信贷利率一般低于资本市场相同条件的市场利率，利差由政府提供补贴给予补偿，无论贷款机构是政府设立的专门机构，还是普通的商业银行。

（3）出口信贷的贷款金额，通常只占买卖合同金额的 85% 左右，其余 10% ~ 15% 由进口厂商先行支付。

（4）出口信贷发放与出口信贷保险相结合。由于出口信贷期限较长，金额大，涉及不同国家的当事人，因此，出口信贷的风险对贷款银行而言远远大于单纯对国内机构发放的贷款。因此，私人保险公司一般不愿意提供保险。在这种情况下，政府为促进出口，设立专门的出口信贷担保机构来承担出口信贷风险。

（5）出口信贷是政府促进出口的手段。一般而言，获取出口信贷支持的出口商品都是资本品，其所在产业对国内经济增长、就业都有巨大的影响力，对其他产业也有较强的关联效应，因此，几乎所有的发达国家和越来越多的发展中国家设立专门的机构来办理出口信贷和出口保险业务，对商业金融机构发放出口信贷也实施鼓励政策。

第二次世界大战后，出口信贷发展迅速。20 世纪 70 年代初，主要资本主义国家提供的出口信贷约为 110 亿美元，到 20 世纪 70 年代末已增至 320 亿美元以上。其产品的国际贸易额增长也最为迅速，例如，1955 ~ 1971 年国际贸易总额增长约 2 倍，而机器设备的贸易则增长了 34 倍以上。生产和贸易的迅速增长，要求资金融通规模也相应扩大，而市场问题的尖锐化更促使主要资本主义国家加紧利用出口信贷来提高自己的竞争能力。机器设备的国际贸易，除了在发达资本主义国家之间有了很大增长外，发展中国家以及苏联、东欧国家也是机器设备的大买主，它们也都有增加出口信贷的需要。因此，出口信贷在“二战”后国际贸易中的作用大为提高。一些发达国家还使用“福费廷”（Forfaiting）来鼓励大型生产设备等的出口。“福费廷”是指在延期付款的大型生产设备贸易中，出口商把经进口商承兑的、期限在 6 个月至 5 年（甚至更长）的远期汇票，无追索权（Without Recourse）地售予出口商所在地的银行或大金融公司，提前取得现金的一种资金融通的形式。

二、出口补贴

出口补贴（Export Subsidy）是一国政府为了降低出口商品的价格，提高其产品在国际市场上的竞争能力而对出口商品给予出口厂商的现金补贴或财政上的优惠待遇。出口补贴有直接补贴和间接补贴两种形式。

1. 直接补贴

直接补贴即由政府或专门设立的机构根据出口商品的数量或价值直接对出口厂商给予现金补贴。如每出口一数量单位或单位价值的商品，政府补贴多少现金。价格补贴也可以采取补贴差价的方式。补贴的金额大小视出口商的实际成本与出口后获得的实际收入的差距而定。一般来说，还包括出口厂商一定的盈利在内。通过补贴，本国产品获得了与其他国家相同产品同样的价格竞争能力，并且还能保证正常盈利。虽然对工业品的出口给予直接的补贴一直被禁止，但是对农产品的直接出口补贴仍被允许。例如，美国和欧盟就对农产品的出口一直实行所谓的"支持价格"，在国内价格高于国际价格时，就由国家对这种差价予以补贴。2009 年，欧盟接受直接补贴的产品包括小麦和面粉、粗谷物、大米、糖、黄油、脱脂奶粉、奶酪、其他奶制品、牛肉、猪肉、家禽肉、鸡蛋、红酒、新鲜蔬果、加工蔬果、烈性酒及酒精制品。从补贴制度看，欧盟向 WTO 通报的补贴占 WTO 成员方通报总补贴额度的 90% 以上[①]。

2. 间接补贴

间接补贴即由政府对出口商品给予种种财政上的优惠，以降低出口商品的成本，提高出口商品的价格竞争力。这是由于对工业品的直接出口补贴受到有关国际条例的限制，一些国家不得不纷纷寻求变相的补贴形式。如政府对出口厂商直接提供优惠利率的贷款，或对其获得的其他商业机构贷款给予利率补贴；政府退还或减免出口商品生产过程中进口原料、设备等已经交纳的进口关税，退还在国内销售同类产品所交纳的各种国内税；政府直接向出口厂商提供低价的公共设施服务，如低价的水、电等供应；政府免费为出口商品的企业作推销宣传、免费提供海外市场信息、免费提供咨询服务等。这种间接补贴名目也很多，最主要的有出口退税或减免税。对税收的退还或减免有两个方面。一是国内各种税的减免或

---

① WTO, Trade Policy Review Report – European Union, 2007.

退还，如销售税、消费税、增值税、盈利税等。减免国内税的理由是：一方面这些产品未在生产国的国内销售和消费；另一方面这些商品在进口国国内可能被征收同种或类似的国内税。二是进出口税的减免。为了鼓励出口，许多国家对用于出口生产的进口原料或零部件等免征或退还进口关税。大部分国家对出口商品一般也都免征出口税。除此之外，一些国家还对出口商品实行延期付款、提供优惠保险、低息贷款、减低运费等措施，以鼓励商品的出口。

3. 禁止使用的出口补贴

长期以来，各国对出口补贴的问题争论不休，为此，乌拉圭回合谈判中达成的《补贴与反补贴协议》将补贴分为禁止使用补贴、可申诉的补贴和不可申诉补贴三类，并规定除农产品外任何出口产品的下列补贴，均属于禁止使用的出口补贴。

（1）政府根据出口实绩对某一公司或生产企业提供直接补贴。

（2）外汇留成制度或任何包含奖励出口的类似做法。

（3）政府对出口货物的国内运输和运费提供了比国内货物更为优惠的条件。

（4）政府为出口产品生产所需的产品和劳务提供优惠的条件。

（5）政府为出口企业的产品，全部或部分免除、退还或延迟缴纳直接税或社会福利税。

（6）政府对出口产品或出口经营，在征收直接税的基础上，对出口企业给予的特别减让超过对国内消费的产品所给予的减让。

（7）对出口产品生产和销售的间接税的免除和退还，超过用于国内消费的同类产品的生产和销售的间接税。

（8）对于被结合到出口产品上的货物的先期积累间接税给予免除、退还或延迟支付，仍属于出口补贴之列。

（9）超额退还已结合到出口产品上的进口产品的进口税。

（10）政府或由政府控制的机构所提供的出口信贷担保或保险的费率水平极低，导致该机构不能弥补其长期经营费用或造成亏本。

（11）各国政府或政府控制的机构以低于国际资本市场利率提供出口信贷，或政府代为支付信贷费用。

（12）为公共利益的目的而开支的项目，构成了《关税与贸易总协定》第16条意义上的出口补贴。

三、商品倾销

商品倾销（Dumping）是指以低于国内市场的价格，甚至低于生产成本的价格，在国外市场抛售商品，打击竞争者以占领市场。商品倾销通常由私人企业进行，但是随着国家对经济生活介入程度的不断加深，一些国家也设立专门机构直接对外进行商品倾销。按照倾销的具体目的或时间的不同，商品倾销又可分为以下几种：

1. 偶然性倾销（Sporadic Dumping）

这种倾销常常是因为销售旺季已过，或因公司改营其他业务，在国内市场上无法售出"剩余货物"，而以倾销方式在国外市场抛售。这种倾销对进口国的同类产品生产当然会造成不利的影响，但由于时间短暂，进口国家通常较少采用反倾销措施。

2. 间歇性或掠夺性倾销（Intermittent or Predatory Dumping）

这种倾销方法是以低于国内价格，甚至低于成本的价格，在某一国外市场上倾销商品，在打垮了全部或大部分竞争对手垄断了这个市场之后，再提高价格。这种倾销的目的是占领、垄断和掠夺国外市场，最终获取高额利润。有的是为了击垮竞争对手，以扩大和垄断该产品的销路，有的是为了阻碍当地同类产品或类似产品的生产和发展，以继续维持其垄断地位，有的则是为了在国外建立和垄断新产品的销售市场。这种倾销严重地损害了进口国家的利益，因而许多国家采取反倾销税等措施进行抵制。

3. 长期性倾销（Long – run Dumping）

这种倾销是长期以低于国内市场的价格，在国外市场出售商品。由于这种倾销具有长期性，其出口价格应至少不低于边际成本，否则长期出口就会面临长期亏损。在产品具有规模经济时，厂商可以通过扩大生产来降低成本，也可通过获取本国政府的出口补贴来进行这种倾销，还可以在贸易壁垒的保护下，用垄断高价或极低的工人工资来获取高额利润，弥补出口亏损。

四、外汇倾销

1. 外汇倾销的含义

外汇倾销（Foreign Exchange Dumping）是以降低本国货币外汇汇率的方法来扩大商品出口。当一国货币贬值之后，出口商品以外国货币表示的价格降低了，这就相应提高了商品的竞争能力，从而扩大了出口。同时，货币贬值后，贬值国家进口商品的价格相应上涨，这就削弱了进口商品在本国市场上的竞争力。因此，货币贬值能起到促进出口和抑制进口的双重作用。

2. 外汇倾销的条件

但是，外汇倾销并不能无条件和无限制地进行。它只有具备了以下两个条件才能起到扩大出口的作用：

（1）货币贬值的程度大于国内物价上涨的程度。货币贬值一般会引起一国国内物价上涨的趋势。如果国内物价上涨程度赶上或超过货币贬值的程度，货币对外贬值与对内贬值之间的差距也就随之消失，外汇倾销的条件也就不存在了。

（2）其他国家同时实行同等程度的货币贬值或采取其他报复性措施。如果进口国也实行同样幅度的贬值，那么两国货币贬值的幅度就相互抵销，汇价仍处于贬值前的水平，对外贬值的利益就不能得到。如果外国采取提高关税等其他限制进口的报复性措施，也会起到类似的抵销作用。

五、间接的出口信贷

间接的出口信贷又称为出口信贷国家担保制（Export Credit Guarantee System）。它是由政府有关机构对本国出口厂商或商业银行向外国进口厂商或银行提供的信贷担保。当外国债务人拒绝付款时，就由国家机构按照承保的数额给予补偿。许多国家为了做好出口信贷工作，都设立了专门的银行办理此业务。例如，美国有"进出口银行"，日本有"输出入银行"，法国有"对外贸易银行"等。这些银行除对大型固定资本设备等商品的出口提供国家出口信贷外，还向本国私人商业银行提供低息贷款或给予贷款补贴，以资助它们的出口信贷业务，有的还对私人商业银行的出口信贷提供政治风险与商业风险的担保。间接的出口信贷的担保对象主要有两种：

1. 对出口厂商的担保

出口厂商输出商品时提供的短期商业信用或中长期信贷均可向国家担保机构申请担保。有些国家的担保机构本身不向出口厂商提供出口信贷，但它可为出口厂商从其他商业金融机构取得出口信贷提供有利条件。例如，有的国家采用保险金额的抵押方式，允许出口厂商所获得的承保权利，以"授权书"方式转移给贷款银行而取得出口信贷，这种方式使银行提供的贷款得到安全保障，一旦债务人不能按期还本付息，银行可直接从担保机构得到补偿。

2. 对银行的直接担保

通常银行所提供的出口信贷都可申请担保。这种担保是担保机构直接对贷款银行承担的一种责任。有些国家为了鼓励出口信贷业务的开展和提供贷款安全保障，往往给银行更为优厚的待遇。例如，英国出口信贷担保署对商业银行向出口厂商提供的某些信贷，一旦出现过期未能清偿付款，该署可给予 100% 偿付，而不问未清付的原因，但保留对出口厂商要求偿付的追索权。如果出口厂商不付款的原因超出了它所承保的风险范围，该署可要求出口厂商偿还[①]。

 专栏

2013 年中国出口信用保险的发展

2013 年，中国出口信用保险公司（简称中国信保）实现出口信用保险承保金额 3274.4 亿美元，占同期我国出口总额的 14.8% 和一般贸易出口总额的 30.1%。从行业分布上看，机电产品、汽车整车及零部件、船舶、高新技术、纺织品、轻工产品、农产品和医药产品八大行业占全部出口信用保险承保规模的 76.3%。全年服务客户数 4.4 万家，增长 22.9%，其中，小微企业数 2.8 万家，增长 32.2%，占到中国信保全部客户数量的 60% 以上。全年共支持企业通过出口信用保险获得融资超过 3700 亿元人民币，向企业和银行支付赔款 13 亿美元，有力保障了企业的稳定经营。

2013 年，中国信保政策性出口信用保险业务直接和间接拉动我国出口 5200 多亿美元，约占我国出口总额的 24%；促进和保障了 1400 多万个与出口相关的就业岗位；对 GDP 的贡献率接近 6%。

资料来源：经济参考报，http://jjckb. xinhuanet_com/201402/07/content_490227. htm.

六、促进出口的服务措施

为了扩大出口，许多国家还从各个方面提供出口服务。促进出口的服务措施主要有以下方面：

---

① 张玮. 国际贸易原理 ［M］. 北京：中国人民大学出版社，2013.

1. 成立专门组织，研究和制定出口战略，扩大出口

成立专门机构主要是为了向政府提供政策咨询，研究与制定出口战略，扩大出口。美国在 1960 年成立了"扩大出口全国委员会"，其任务就是向美国总统和商务部长提供有关改进鼓励出口的各项措施的建议和资料。1978 年，又成立了出口委员会和跨部门的出口扩张委员会，隶属于总统国际政策委员会。为进一步加强外贸机构的职能，集中统一领导，1979 年 5 月，又成立了总统贸易委员会，负责领导美国对外贸易工作。此外，还成立了一个贸易政策委员会，专门定期讨论、制定对外贸易政策与措施。

2. 建立商业情报网，加强商业情报的服务工作

为加强商业情报的服务工作，许多国家设立了官方的商业情报机构，在海外设立商情网，负责向出口厂商提供所需的情报。例如，英国也有类似的机构，为海外贸易委员会，它通过与英国驻外机构特别是海外商务机构保持密切联系，为本国商品出口企业提供商业信息，如特定国家或地区市场某些商品的供求状况、价格状况、潜在需求，甚至为出口企业达成交易做免费中介。该情报机构装备有计算机情报收集与传递系统。情报由英国 220 个驻外商务机构提供，由计算机进行分析，分成近 5000 种商品和 200 个地区或国别市场情况资料，供有关出口厂商使用，以促进商品出口。

3. 组织贸易中心和贸易展览会

政府出资建设贸易中心，贸易中心是永久性的设施，在贸易中心内常年提供陈列展览场所、办公地点和咨询服务等。贸易展览会是流动性的展出，许多国家都十分重视这项工作。有些国家一年组织上千次国外展出，费用由政府补贴。例如，意大利对外贸易协会对它发起的展出支付 80% 的费用，外加其他国际贸易展览会的公司也给予其费用 30% ~ 35% 的补贴。

4. 组织贸易代表团和接待来访

许多国家为了发展对外贸易，经常组织贸易代表团出访，一些发达国家政府领导人出访时也会伴有强大的工商代表团，或以政府的名义组织专门的贸易代表团出访。出访的费用大部分由政府补贴。同时，政府还指定部门或机构，或建立新的机构负责贸易代表团的出访及接待事宜，提供贸易商之间的接触机会。如加拿大政府组织的代表团出访，政府支付大部分费用，英国海外贸易委员会设有接待处，专门接待官方代表团和协助公司、社会团体接待来访的工商界人士，从事

贸易活动。

5. 组织出口商的评奖活动

第二次世界大战后，许多国家对出口商给予精神奖励的做法日益盛行。对扩大出口成绩卓著的厂商，国家授予奖章、奖状，并通过授奖活动推广它们扩大出口的经验。在美国，设立了总统"优良"勋章和"优良"星字勋章，得奖厂商可以把奖章样式印在它们公司的文件、包装和广告上。在日本，政府把每年6月28日定为贸易纪念日，每年在贸易纪念日这一天，由通商产业大臣向出口贸易成绩卓著的厂商和出口商社颁发奖状。在中国，商务部为出口企业提供网上信息，为中小型企业参与海外展览并获得国际认证提供支持，同时建立对外劳务服务平台，主办出口展览会，由中国国际贸易促进会提供出口咨询服务，并联合财政部建立和管理国际市场开拓基金等。

第五节　控制出口的措施

一、出口管制的内涵与目的

出口管制是指国家通过法令和行政措施对本国出口贸易实行的管理与控制。一般来说，世界各国都会实行鼓励出口的政策；但是，许多国家，特别是发达国家，为了达到一定的政治、军事和经济的目的，往往也对某些商品尤其是战略物资与技术产品实行管制、限制或禁止出口。

二、出口管制的商品

需要实行出口管制的商品一般有以下几类：

（1）战略物资和先进技术资料，如军事设备、武器、军舰、飞机、先进的电子计算机和通信设备、先进的机器设备及其技术资料、核能矿物、可用于核武器研制的技术设备、可用于生化武器研制的原料及技术设备。对这类商品实行出口管制，主要是从"国家安全"和"军事防务"的需要出发，以及从保持科技领先地位和经济优势的需要考虑。如为了保证世界的和平与安全，国际社会通过了"核不扩散条约"，各国都有义务对可能用于核武器制造的技术与装置、原料的出口实行出口管制。同时，国际社会也禁止生化武器的研究与使用，有关化学武器及原材料的出口也受到限制。

（2）国内生产所需的原材料、半制成品和生活紧缺的物资。其目的是保证国内生产和生活需要，抑制国内该商品价格上涨，稳定国内市场。如西方各国往往对石油、煤炭等能源商品实行出口管制。日本严格控制矿产品的出口，瑞典限制废金属、生铁等出口，中国限制粮食出口等。

（3）需要"自动"限制出口的商品。这是为了缓和与进口国的贸易摩擦，在进口国的要求下或迫于对方的压力，不得不对某些具有很强国际竞争力的商品实行出口管制。如发展中国家根据纺织品"自限协定"自行控制出口的商品。

（4）历史文物和艺术珍品。这是出于保护本国文化艺术遗产和弘扬民族精神的需要而采取的出口管制措施。大多数国家对这类商品实行出口许可证制，控制出口。如英国曾规定，古董或艺术品的生产或制作年代早于 100 年以上的，必须领取出口许可证方可出口。

（5）本国在国际市场上占主导地位的重要商品和出口额大的商品。对于一些出口商品单一、出口市场集中，且该商品的市场价格容易出现波动的发展中国家来讲，对这类商品的出口管制，目的是稳定国际市场价格，保证正常的经济收入。比如，欧佩克（OPEC）对成员国的石油产量和出口量进行控制，以稳定石油价格。

（6）为对某国实行制裁而向其禁止出口的商品。如美国将阿富汗、叙利亚、伊朗、黎巴嫩等列入恐怖主义国家而实行禁运。此外，"冷战"时期结束以后，联合国在国际事务中发挥着日益重要的作用，对发动战争侵略的国家实行制裁，其中禁运就是迫使发动战争的国家停止侵略行为的主要措施。

三、出口管制的形式

出口管制主要有以下两种形式：

1. 单边出口管制

它是指一国根据本国的出口管制法律，设立专门的执行机构，对本国某些商品的出口进行审批和发放出口许可证，以此来进行出口管制。出口许可证根据出口管理的松紧程度分为一般许可证和特殊许可证两种。一般许可证相对较易取得，其项下的商品，出口管理较松，出口商事先无须向有关机构申请，只要在填写出口报关单时，填明管制货单上该商品的一般许可证编号，经海关核实，就可办妥一般出口许可证手续。特种许可证项下出口属于特种许可范围的商品，出口管理很严，出口商必须事先向有关机构申请，许可证上填写清楚商品的名称、数量、管制编号以及输出用途，还须附上有关交易的证明书和说明书报批，经国家有关机构批准后，才能办理出口，否则禁止出口。

 专栏

美国的单边出口管制

单边出口管制完全由一国自主决定，不对他国承担义务与责任。例如，美国的出口管制就是由总统指令美国商务部执行，商务部设立贸易管制局专门办理出口管制商品方面的具体事务。其出口管制法案是根据国内形势和其对外政策的变化而制定和修改的。早在1917年，美国国会就通过了《1917年与敌对国家贸易法案》。第二次世界大战后，为加强对社会主义国家实行出口管制，美国国会又于1949年通过了《出口管制法》。该法经多次修改，至1969年12月被《1969年出口管理法》所取代，后者一定程度上放宽了对某些社会主义国家输出战略物资的出口管制，简化了出口许可证颁发手续。1977年和1985年，美国国会又先后修订了《出口管制法》，逐渐放松了对某些国家和某些产品的出口管制。

资料来源：张桂梅．国际贸易理论与实务［M］．杭州：浙江大学出版社，2014.

2. 多边出口管制

它是指几个国家的政府为了共同的政治与经济目的，通过一定的方式建立国际性的多边出口管制机构，商讨和编制多边出口管制的货单和出口管制的国别，规定出口管制的办法以协调相互的出口管制政策和措施。

 专栏

多边出口管制机构

1949年11月，在美国一手操纵下成立的输出管制统筹委员会（Coordinating Committee for Export Control），即巴黎统筹委员会，就是一个多边出口管制机构，其目的是建立对社会主义国家实行出口管制的国际网络，共同防止战略物资和先进技术输往社会主义国家，遏制社会主义的发展。1950年初，该委员会下设调查小组，主管对苏联、东欧和中国等国家的"禁运"，1952年，又增设了一个所谓"中国委员会"（China Committee），以加强对我国的"禁运"。巴黎统筹委员会成立之初有美国、英国、法国、意大利、加拿大、比利时、卢森堡、荷兰、丹麦、葡萄牙、挪威和联邦德国共 12 个参加国。日本于 1952 年参加，希腊和土耳其于 1953 年参加，澳大利亚于 1989 年参加。巴黎统筹委员会的主要工作是：编制和增减多边"禁运"货单，规定受禁运的国别或地区，确定"禁运"审批程序，加强出口管制，讨论例外程序，交换情报等。随着国际形势的变化，该委员会的规定也随之变化，如多边禁运货单已由 20 世纪 50 年代初期的 300 项减至 20 世纪 70 年代的 150 项左右。巴黎统筹委员会成员国若违反有关规定，擅自向受出口管制的国家出口受管制的产品，是要受到制裁的。

"冷战"结束后，各成员国都认为巴黎统筹委员会的历史使命已经完成，于 1994 年 3 月 31 日宣布巴黎统筹委员会解散。1996 年 7 月 12 日，原巴黎统筹委员会的成员国重新在维也纳召开大会，宣布成立一个新的管制出口组织，该组织定名为"瓦瑟纳尔协定"。新组织包括 33 个成员国或地区，其中俄罗斯、波兰、韩国等作为新的成员国加入。新组织的工作重点是打击国际恐怖主义，维护世界和平。与前巴黎统筹委员会相比，"瓦瑟纳尔协定"属于一个松散性的国际组织，对出口的管制相对较松，而且没有法律约束力。"瓦瑟纳尔协定"特别重视的限制对象是朝鲜、伊朗、伊拉克和利比亚四国。该组织从 1996 年 11 月 1 日开始正式实施出口管制。2004 年之后，随着形势的变化，该组织取消了对伊拉克和利比亚的出口管制。

资料来源：张桂梅. 国际贸易理论与实务 [M]. 杭州：浙江大学出版社，2014.

一般而言，一国实施贸易政策的目的是扩大出口和减少进口，但是一些国家出于政治和经济的考虑而实施出口管制政策。出口管制是一国对外实行通商和贸易的歧视性手段之一，实施出口管制，对被管制国家和实施该政策的国家经济造成负面影响。

20 世纪 70 年代以来，各国的出口管制有所放松，特别是出口管制政治倾向有所减弱，但它仍作为一种重要的经济手段和政治工具而存在。

四、出口管制的措施

1. 出口许可证

出口许可证制度，即根据国家限制出口商品的宏观政策而制定的一种限制出口制度，以保证对外贸易有序顺利进行。

2. 国家专营

国家专营又称国家垄断。它是指某些贸易商品的生产与交易由政府指定的机构和组织直接掌握。通过专营，政府可以控制一些重要或敏感产品的进出口，寻求最佳的出口地理分布以及商品生产结构。对进出口商品的国家专营主要集中在以下三种商品上：第一类是烟和酒，因为烟和酒的税负较重，政府从烟和酒的贸易中可以获取更多的财政收入；第二类是农产品，有些国家把对农产品的对外垄断作为国内农业政策措施的一部分；第三类是武器，其贸易一般都由国家垄断。

3. 出口关税

与进口关税正好相反，出口关税是针对某些特殊商品出口征收的税负。出口关税会影响商品的国内、国外价格和出口量。但这一政策要取得成功，取决于国内外的供求状况。

4. 出口配额

实行出口配额是政府限制出口的又一种政策，即控制出口商品的数量。有些出口配额是本国政府主动设立的，也有的配额是适应进口国政府的要求而设立的。

5. 禁止出口与贸易禁运

禁止出口一般是对其战略物资或急需的国内短缺物资进行严格控制的主要手段。贸易禁运则是一些国家为了制裁其敌对国家而实行的贸易控制措施。前者往往针对所有或多数贸易伙伴，禁止只涉及本国出口原材料或初级产品，并不限制进口，而后者往往只针对某个或某些目标国家，所禁止的不仅是出口，同时还禁止从这些国家进口。

 思考题

1. 对外贸易政策的基本类型有哪些？
2. 关税的种类有哪些？
3. 关税征收有哪几种税制？
4. 非关税措施有哪些？
5. 鼓励出口的措施有哪些？
6. 控制出口的措施有哪些？

第六章
国际贸易术语

重点问题

· 《2010 年通则》对《2000 年通则》的主要修改
· 《国际贸易术语解释通则 2010》的主要内容

第一节　贸易术语的概念及其发展

在国际货物买卖中，交易双方通过磋商，确定各自应承担的义务。作为卖方，其基本义务是提交合格的货物和单据；买方的对等义务则是接受货物和支付货款。在货物交接过程中，有关风险、责任和费用的划分问题，也是交易双方在谈判和签约时需要明确的重要内容，因为它们直接关系到商品的价格。在实际业务中，对于上述问题，往往通过使用贸易术语加以确定。

一、国际贸易术语的含义和作用

1. 国际贸易术语的含义

国际贸易术语（Trade Terms）也称价格术语、价格条件，是指用一个简短的概念或外文缩写来表示价格的购成和交易双方的有关责任、费用、风险划分的一种专门用语。

由于国际贸易具有运输距离长、交易中涉及因素多、环节手续复杂、遭遇自然灾害或意外事故而导致损坏或灭失的风险大等特点，为了明确交易双方各自承担的责任、义务，当事人在洽商交易、订立合同时，必然要考虑以下几个重要问题：卖方办理交货的地点、卖方办理交货的方式、货物发生损坏或灭失的风险转移的时间、办理货物的运输、保险以及通关过境手续的责任、承担办理上述事项时所需的各种费用及买卖双方需要交接的单据。

在具体交易中，以上这些问题都是必须明确的，贸易术语正是为了解决这些问题，在长期的国际贸易实践中逐渐产生和发展起来的。在国际贸易中，确定一种商品的成交价不仅取决于其本身的价值，还要考虑到商品从产地运至最终目的地的过程中，有关的手续由谁办理、费用由谁负担以及风险如何划分等一系列问题。如果由卖方承担的风险大、责任广、费用多，其价格自然要高一些；反之，如果由买方承担较多的风险、责任和费用，价格则要低一些买方才能接受。由此可见，贸易术语具有两重性：其一，说明商品的价格构成是否包括成本以外的主要从属费用，即运费和保险费等；其二，确定交货条件，说明交货方式与交货地点，以及买卖双方在交接货物方面彼此所承担的责任、费用和风险。

综上所述，贸易术语是在长期的国际贸易实践中产生的，用来表明商品的价格构成，说明货物交接过程中有关的风险、责任和费用划分问题的专门用语。国际贸易的买卖双方在确定价格条件时使用了贸易术语，既可节省交易磋商的时间和费用，又可简化交易磋商和买卖合同的内容，有利于交易的达成和履约中争议的解决。

2. 国际贸易术语的作用

国际贸易术语是国际组织或权威机构为了减少贸易争端，规范贸易行为，在长期、大量的贸易实践的基础上制定出来的。由此可见，贸易术语与习惯做法是有区别的。国际贸易业务中反复实践的习惯做法经过权威机构加以总结、编纂与解释，从而形成为国际贸易术语。

国际贸易术语的适用是以当事人的意思自治为基础的，因为，术语本身不是法律，它对贸易双方不具有强制性约束力，故买卖双方有权在合同中做出与某项术语不符的规定，只要合同有效成立，双方均要履行合同规定的义务，一旦发生争议，法院和仲裁机构也要维护合同的有效性。但是，国际贸易术语对贸易实践仍具有重要的指导作用。

（1）明确了买卖双方的权利与义务，有助于贸易纠纷的处理，对国际贸易的发展起着积极的作用。如果双方都同意采用某种术语来约束该项交易，并在合同中做出了明确规定，那么这项约定的术语就具有了强制性。经双方当事人明示协议，可以对术语的任何一条进行变更、修改或增添。如术语与合同发生矛盾，应以合同为准。凡合同中没有规定的事项，应按术语的规定办理。国际商会在《2000 年通则》的引言中指出，希望使用《2000 年通则》的商人，应在合同中明确规定该合同受《2000 年通则》的约束。许多大宗交易的合同中也都作出采用何种规则的规定，这有助于避免对贸易术语的不同解释而引起的争议。另外，如果双方在合同中既未排除，也未注明该合同适用某项术语，在合同执行中发生争议时，受理该争议案的司法和仲裁机构也往往会引用某一国际贸易术语形成的惯例进行判决或裁决。在我国的对外贸易中，在平等互利的前提下，适当采用这些术语，有利于外贸业务的开展，而且，通过学习掌握有关国际贸易术语和国际贸易惯例知识，可以帮助我们避免或减少贸易争端，即使在发生争议时，也可以引用某项惯例，争取有利地位，减少不必要的损失。

（2）反映了商品的价格构成，有利于买卖双方对进出口商品进行成本核算与比价。

（3）简化了交易磋商的内容和交易手续，缩短了谈判时间，节省了业务费用，促进交易尽快达成。

综上所述，贸易术语是在长期的国际贸易实践中产生和发展起来的专门用语。它用来表明商品的价格构成，说明货物交接过程中有关的风险、责任和费用的划分。一些国际组织和权威机构为了统一各国对贸易术语的解释，在习惯做法的基础上加以编纂、整理，形成了有关贸易术语的国际贸易惯例。惯例不同于法律，没有法律的强制约束力，它由当事人在意思自治的基础上采纳和运用，但对贸易实践具有重要的指导作用。

二、贸易术语的产生与发展

1. 国际贸易术语发展的历史

国际贸易起源于奴隶制社会，它是随着商品交换跨越国界而产生的，而贸易术语却是国际贸易发展到一定历史阶段的产物。据有关史料记载，中世纪时，海外贸易的主要形式是，商人自己备船将货物运到国外，在当地市场直接销售。也有一些商人则亲自到国外采购货物然后运回国内。还有的是二者兼顾，在售出货物的同时，购进所需的货物。不论哪种方式，都是由货主自己承担货物在长途运输中的全部风险、责任和费用。这些做法是与当时的商品经济发展水平相适应的。那时还没有关于贸易术语的记载。随着商品生产的日益发展和国际贸易范围的不断扩大，到 18 世纪末、19 世纪初，出现了装运港船上交货的术语，即 Free on Board（FOB）。据有关资料介绍，当时所谓的 FOB，是指买方事先在装运港口租定一条船，并要求卖方将其售出的货物交到买方租好的船上。买方自始至终在船上监督交货的情况，并对货物进行检查，如果他认为货物与他先前看到的样品相符，就在当时当地偿付货款。这一描述的情景虽然有别于今天使用的凭单交货的 FOB 术语，但可以说它是 FOB 的雏形。随着科学技术的进步、运输和通信工具的发展，国际贸易的条件发生了巨大的变化，为国际贸易服务的轮船公司、保险公司纷纷成立，银行参与了国际贸易结算业务。到 19 世纪中叶，以 CIF 为代表的单据买卖方式逐渐成为国际贸易中最常用的贸易做法。

2. 国际贸易术语的产生和发展

国际贸易术语在长期的贸易实践中，无论在数量、名称及其内涵方面，都经历了很大的变化。随着贸易发展的需要，新的术语应运而生，过时的术语则逐渐被淘汰。国际商会于 1936 年制定了《国际贸易术语解释通则》，并于 1953 年初次修订时只包括了九种贸易术语，此后又在 1967 年、1976 年、1980 年、1990 年、2000 年、2010 年进行了修改。当《国际贸易术语解释通则 1980》（以下简称《1980 年通则》）问世时，它所包含的贸易术语已增加到 14 种，20 世纪 80 年代，随着科学技术的飞速发展，通过电脑进行的电子数据交换在发达国家得到日益广泛的运用，集装箱多式联运业务也在国际货物运输中进一步普及。国际商会又于 1990 年推出了《国际贸易术语解释通则 1990》（以下简称《1990 年通则》），对《1980 年通则》进一步增减，将原来的 14 种术语改为 13 种，并且对部分术语的国际代码作了适当的变动，对各种贸易术语的解释更加系统化、条理化和规范化。2000 年，国际商会又根据无关税区的广泛发展、交易中使用电子信息的增多以及运输方式的变化，推出了《国际贸易术语解释通则 2000》（以下简称《2000 年通则》），保留了原来的 13 种术语，只是在对当事人的有关义务的规定方面作了适当的变更。

2010 年，国际商会修订的《国际贸易术语解释通则 2010》（以下简称《2010 年通则》）于 2010 年 9 月 27 日正式公布，并于 2011 年 1 月 1 日正式生效。新版本相对于《2000 年通则》，无论在实质上还是形式上都有了一些变化，更加贴合国际贸易实践的新发展。

3. 《国际贸易术语解释通则 2010》

《2010 年通则》与以往版本不是替代与被替代的关系，即以往版本的国际贸易术语解释通则并不失效，合同当事人仍可以选用以往版本中的术语。但是由于不同版本术语的具体权利义务不同，当事人在选择使用通则时应注意注明具体的修订年份。

需要特别注意的是，国际商会已将《2010 年通则》注册为商标，从尊重其知识产权的角度，在选用时应注意加上®符号。当然没有注明®，也不影响其效力。

第二节 《2010 年通则》对《2000 年通则》的主要修改

《2010 年通则》在《2000 年通则》的基础上进行了较大幅度的修订，考虑了无关税区的不断扩大、商业交易中电子信息使用的增加、货物运输中对安全问题的进一步关注以及运输方式的变化。《2010 年通则》与《2000 年通则》相比，主要有下列修改：

一、适用范围的新变化——首次明确贸易术语适用于国内贸易

《2010 年通则》首次明确了它不仅适用于国际贸易，也适用于国内贸易。这是《国际贸易术语解释通则》的一个巨大变化。《国际贸易术语解释通则》自制定以来，一直作为用于国际贸易的术语，但从《2010 年通则》开始，《国际贸易术语解释通则》开始明确适用于国内贸易。贸易术语用于国内交易，对国家更好地对贸易进行管理和进出口企业更好地从事贸易都是有利的。将贸易术语用于国内贸易，也将推进国内贸易立法在货物交付手续、风险划分、费用分摊等一系列问题的简化，从而方便买卖双方明确各方的权利义务；对于以进出口为主业的企业而言，则可以更好地将国内买卖合同与国际货物买卖合同进行衔接。

二、《2010 年通则》术语结构框架的变化

1. 分类方式的变化

《2010 年通则》一反《1990 年通则》采用并沿用的按贸易术语首个字母的顺序排序、并将全部术语分为四组的方式，《2010 年通则》按照各贸易术语所适应的运输方式分为两大组：第一组为适合于任何或多种运输方式的贸易术语；第

二组为适合于海洋与内河运输的贸易术语。

适用于任何运输方式的术语包括工厂交货（EXW）、货交承运人（FCA）、运费付至（CPT）、运费和保险费付至（CIP）、运输终端交货（DAT）、目的地交货（DAP）、完税后交货（DDP）。

适用于水上运输方式的四种：包括船边交货（FAS）、船上交货（FOB）、成本加运费（CFR）、成本、保险费加运费（CIF）。

以运输方式为标准进行的贸易术语分组，将促使商人们在选择贸易术语时把首要关注点集中于交易所欲采用的运输方式，从而促进诸如 FCA、CIP 等术语的运输，这也更贴近现代贸易的实践。

2. 具体术语数量的变化

《2010 年通则》的另一个显著变化是以两个新的贸易术语取代了《2000 年通则》的 DAF、DES、DEQ 和 DDU 术语。《2010 年通则》也从先前的 13 种减少为 11 种。

新术语为"运输终端交货"（Delivered at Terminal，DAT）和"目的地交货"（Delivered at Place，DAP）。DAT 是指在指定目的地或目的港的集散站交货，卖方已经用运输工具把货物运送到达买方指定的目的地后，将装在运输工具上的货物卸载后交由买方处置，即完成交货。DAP 是指卖方已经用运输工具把货物运送到达买方指定的目的地后，将装在运输工具上的货物（不用卸载）交由买方处置，即完成交货。两者的主要差异是卸载，DAT 下卖方需要承担把货物由目的地（港）运输工具上卸下的费用，DAP 下卖方只需在指定目的地把货物处于买方控制之下，而无须承担卸货费。

3. 增加了与安全有关的内容

《2010 年通则》新增通关所需安全信息，并列入 A2/B2 以及 A10/B10 的条款下。自美国"9·11"事件后，恐怖主义袭击逐步成为全球性问题，各国均大幅度加强了对运输货物的安全性关注，欧美发达国家尤其强调查证货物并无自然属性以外的对生命和财产的威胁因素。为此，在《2010 年通则》中提及了卖方应当提供安全通关所需的信息，规定：当适用的情形下，应买方请求并由买方承担费用和风险，卖方必须提供其所拥有的用于货物安全通关所需的信息。

4. "船舷"的变化

《2000 年通则》针对传统的适用于水上运输的主要贸易术语如 FOB、CFR 和 CIF 强调卖方承担货物至在指定装运港越过船舷时为止的一切风险，买方承担货物自在指定装运港越过船舷时起的一切风险。考虑到这种以一条假想的垂直线为风险转移分界线的方法在现实操作中存在许多问题，《2010 年通则》中这三种术语的风险转移不再设定"船舷"的界限，只强调卖方承担货物装上船为止的一切风险，买方承担货物自装运港装上船开始起的一切风险。强调在 FOB、CFR 和 CIF 下买卖双方的风险以货物在装运港口被装上船时为界。

5. 保险内容的变化

2009 年 1 月 1 日由劳氏市场协会（Lloyd's Market Association，LMA）和伦敦国际保险业协会（International Association of London）实施的协会货物保险条款（Institute Cargo Clauses，ICC）取代了伦敦保险业协会（Institute of London Underwriters，ILU），并称为 LMA/IUA 协会货物保险条款，《2010 年通则》考虑了保险的修订情形，将协会货物保险条款（LMA/IUA）增加到术语中，取代了 ICC 协会货物保险条款。

另外，《2010 年通则》在电子商务、统一承运人、链式销售等方面均有新的变化。

第三节 《国际贸易术语解释通则 2010》的主要内容

《2010 年通则》主要包括 11 组贸易术语，具体如下：

EXW——工厂交货（指定地点）

FCA——货交承运人（指定地点）

CPT——运费付至（指定目的港）

CIP——运费和保险费付至（指定目的地）

DAT——终点站交货（指定目的港或目的地）

DAP——目的地交货（指定目的地）

DDP——完税后交货（指定目的地）

FAS——船边交货（指定装运港）

FOB——船上交货（指定装运港）

CFR——成本加运费付至（指定目的港）

CIF——成本、保险加运费付至（指定目的港）

一、EXW——工厂交货（指定地点）

EXW 全称是 Ex Works，意为"工厂交货"（指定地点），指卖方在其所在地或其他指定地点，如工厂、车间或仓库等将货物交由买方处置，即完成交货。按这一贸易术语达成的交易，在性质上类似于国内贸易，本条规则与（当事人）所选择的运输模式无关，即便（当事人）选择多种运输模式，也可适用该规则。本规则较适用于国内交易，对于国际交易，则应选 FCA 规则为佳。

EXW 是指当卖方在其所在地或其他指定的地点（如工厂或仓库等）将货物交付给买方时，即完成交货。卖方不需将货物装上任何运输工具，在需要办理出口清关手续时，卖方亦不必为货物办理出口清关手续。

EXW 是卖方承担责任最小的术语。交付前的费用与风险由卖方承担，交付后的费用与风险由买方承担，即买方必须承担在双方约定的地点或在指定地受领货物的全部费用和风险。

具体义务如下：

1. 卖方义务

（1）货物及凭证。卖方必须按照销售合同提供货物和商业发票，以及合同可能要求的、用以证明货物符合合同规定的其他任何凭证。

发票、保单等文件，均可采用经双方当事人协商或符合商业惯例的、具有法律效力的电子记录或者手续。

（2）出口许可证及通关手续。在有办理海关手续的需要时，卖方应根据买方要求协助买方办理出口货物必需的出口许可证或其他官方许可，但相关风险和费用仍由买方承担。

卖方应根据买方要求协助买方办理通关手续，提供其掌握的货物安全检查所要求的任何信息，但相关风险和费用仍由买方承担。

（3）运输与保险。卖方无为买方签订运输合同的义务。卖方无义务为买方签订保险合同，在当买方请求或约定由卖方承担相关风险和费用时，卖方应当向买方提供其获取保险所需要的信息。

（4）货物交付。卖方应在约定时间、约定或指定地点将货物交给买方处置，但货物不需要放置于任何运输车辆上。如果在指定的地点内未约定具体交货点，或有若干个交货点可使用，卖方有权选择最符合其利益的地点交货。

（5）风险承担。除发生 2.（5）中所描述之灭失或损坏的情形外，在卖方按照 1.（4）交货前，必须承担货物灭失或损坏的一切风险。

（6）费用承担。除 2.（6）规定的可由买方支付的费用外，在卖方按照 1.（4）交货前，卖方必须承担与货物有关的所有费用。

（7）通知。卖方必须及时通知买方提货并提供相关文件。

（8）交货凭证。卖方无出具交货凭证的义务。

（9）包装与检验。卖方必须支付以交付货物为目的的查对费用（如查对货物品质、丈量、过磅、点数的费用）。

除不需要包装便可进行运输的特殊货物外，卖方必须支付货物包装费用。除买方在签订买卖合同前就告知卖方特定的包装要求外，卖方包装时，应采取适宜运输的包装方式。包装应当进行适当标记。

（10）帮助、单据及信息。在买方要求并由其承担风险和费用时，卖方应当采用适当的方式为买方提供及时的帮助，帮助买方取得其出口和/或进口货物以及将货物运至最后目的地所需的任何单据和信息，包括与安全有关的信息。

2. 买方义务

（1）货物及凭证。买方必须按照买卖合同规定支付货物的价款。相关文件均可采用经双方当事人协商或符合商业惯例的、具有法律效力的电子记录或者手续。

（2）出口许可证及通关手续。在需要办理通关手续时，买方必须自行取得任何出口和进口许可证或其他官方许可，办理货物出口的一切通关手续，并承担风险和费用。

（3）运输与保险。买方无为卖方签订运输合同的义务，即使在实际中由卖方装载货物可能更方便。如果由卖方装载货物，相关风险和费用亦由买方承担。如果卖方在装载货物中处于优势地位，则使用由卖方承担装载费用与风险的 FCA 术语通常更合适。

买方无与卖方签订保险合同的义务。

（4）货物交付。买方必须在卖方按照规定交货时受领货物。

（5）风险承担。自卖方按照 1.（4）规定交货之时起，买方必须承担货物灭失或损坏的一切风险。

如果买方未按规定通知卖方，则自约定的交货日期或交货期限届满之日起，买方必须承担货物灭失或损坏的一切风险，但以该项货物已清楚地确定为合同项下之货物为限。

（6）费用承担。买方必须支付自卖方按照 1.（4）规定交货之时起与货物有关的一切费用。

当货物已交给买方处置但买方未受领该货物，或买方未按照规定给予卖方相应通知时，产生的任何额外费用由买方承担，但以该项货物已正式划归合同项下为限。

在需要办理海关手续时，货物出口应交纳的一切关税、税款和其他费用，以及办理海关手续的费用。

买方应承担卖方按照规定给予协助时所发生的一切成本与费用。

（7）通知。买方应在约定的期限内向卖方充分地通知受领货物的具体时间和/或地点。

（8）交货凭证。买方必须向卖方提供已受领货物的适当凭证。

（9）包装与检验。买方必须支付出口国强制检查、检验的费用。

（10）帮助、单据及信息。为使卖方履行 1.（10）的配合义务，买方应向卖方及时通知其对相关交易安全信息的要求。买方必须支付卖方因履行 1.（10）配合义务所产生的所有费用。买方承担向卖方提供货物出口信息的有限义务。

3. EXW 术语的评价

因为卖方是在本国的内地完成交货，其所承担的风险、责任和费用也都局限于出口国内，卖方不必过问货物出境、入境及运输、保险等事项，由买方自己安排车辆或其他运输工具到约定的交货地点接运货物，所以，在卖方与买方达成的契约中一般不涉及运输和保险的问题。而且，除非合同中有相反规定，卖方一般无义务将货物装上买方安排的运输工具。

该术语的特点是，卖方在内陆完成交货，且没有装货（即不需要将货物装上任何前来接收货物的运输工具）的义务，卖方也无须办理出口清关手续。此术语为卖方义务最小的贸易术语。在此术语下，货物的风险自交货时转移。

由于在 EXW 条件下，买方要承担过重的义务，所以对外成交时，买方不能仅仅考虑价格低廉，还应认真考虑可能遇到的各种风险以及运输环节等问题，要权衡利弊，注意核算经济效益。另外，按这一术语成交，买方要承担办理货物出口和进口的清关手续的义务，所以还应考虑在这方面有无困难。如果买方不能直接或间接地办理出口和进口手续，则不应采用这一术语成交。

二、FCA——货交承运人（指定地点）

FCA 全称是 Free Carrier，意为"货交承运人"（指定地点），指卖方于其所在地或其他指定地点将货物交付给承运人或买方指定人。买卖双方最好尽可能清楚地明确说明指定交货的具体地点，如果双方当事人意图在卖方所在地交付货物，则应当确定该所在地的地址，如果当事人意图在其他地点交付货物，则应当明确确定一个与卖方所在地不同的具体交货地点。风险将在交货地点转移至买方。与 EXW 规则相应，本规则一般适用于国际贸易。

如需要，FCA 规则要求卖方办理出口清关手续。但卖方没有办理进口清关手续的义务，也无须缴纳任何进口关税。如果买方希望卖方办理货物的进口清关手续，支付进口关税，则应适用 DDP 规则。

具体义务如下：

1. 卖方义务

（1）货物及凭证。卖方必须按照销售合同提供货物和商业发票，以及合同可能要求的、用以证明货物符合合同规定的其他任何凭证。

发票、保单等文件，均可采用经双方当事人协商或符合商业惯例的、具有法律效力的电子记录或者手续。

（2）出口许可证及通关手续。卖方应当办理出口货物必需的出口许可证或其他官方许可以及办理清关手续，相关风险和费用由卖方承担。

（3）运输与保险。卖方无义务为买方签订运输合同的义务。如买方要求或者依卖方协助买方签订运输合同的商业惯例（买方未给予卖方相反的要求），则卖方可以按照通常条件订立由买方承担风险与费用的运输合同。但订立合同的义务卖方可以单方直接拒绝，如果拒绝，则应当立即通知买方。

卖方无义务为买方签订保险合同，当买方请求或约定由买方承担相关风险和费用时，卖方应当向买方提供其获取保险所需要的信息。

（4）货物交付。卖方应在约定时间、约定或指定地点将货物交给承运人或者买方指定的其他人。

如果在指定的地点内未约定具体交货点，或有若干个指定地点可供使用，卖方有权选择最符合其利益的地点交货。如果指定的地点是卖方所在地，则当货物已装载于买方（承运人）所提供的运输工具时完成交货。如果货物装载于卖方的运输工具上，并且已达到卸货条件，此运输工具处于承运人或买方指定的其他人有权处置时，则完成交货。

除非买方特别通知，否则，卖方可以根据货物的数量、性质等要求，将货物以适宜的方式交付承运人。

（5）风险承担。除发生 2.（5）中所描述之灭失或损坏的情形外，在卖方按照 1.（4）交货前，必须承担货物灭失或损坏的一切风险。

（6）费用承担。除 2.（6）规定的可由买方支付的费用外，在卖方按照 1.（4）交货前，卖方必须承担与货物有关的所有费用，包括货物出口应办理的海关手续费用及出口应交纳的一切关税、税款和其他费用。

（7）通知。卖方必须及时、充分地通知买方已交付或承运人或买方指定的其他人未能在约定的时间内提货，通知相关的风险和费用由买方承担。

（8）交货凭证。卖方应出具已按术语规定交货的交货凭证，相关的风险和费用由卖方承担。如果买方要求，卖方应给予买方一切的协助，帮助买方取得运输单据，但相关风险和费用由买方承担。

（9）包装与检验。卖方必须支付为实现运输货物的检查费用（如查对货物品质、丈量、过磅、点数的费用），以及出口国规定的装运前检验的费用。

除不需要包装便可进行运输的特殊货物或者不需要包装便可进行运输属于特别商业惯例外，卖方必须支付货物包装费用。除买方在签订买卖合同前就告知卖方特定的包装要求外，卖方包装时，应采取适宜运输的包装方式。包装应当进行适当标记。

（10）帮助、单据及信息。在买方要求并由其承担风险和费用时，卖方应当采用适当的方式为买方提供及时的帮助，帮助买方取得其进口货物以及将货物运至最后目的地所需的任何单据和信息，包括与安全有关的信息。

2. 买方义务

（1）货物及凭证。买方必须按照买卖合同规定支付货物的价款。

相关文件，均可采用经双方当事人协商或符合商业惯例的、具有法律效力的电子记录或者手续。

（2）进口许可证及通关手续。在需要办理通关手续时，买方必须自行取得进口许可证或其他官方许可，办理货物进口及过境的一切通关手续，并承担风险和费用。

（3）运输与保险。买方应当订立从指定的交货地点运输货物的合同，相关风险和费用由自身承担，但卖方按照 1.（3）协助买方订立合同的除外。

买方无与卖方签订保险合同的义务。

（4）货物交付。买方必须在卖方按照规定交货时受领货物。

（5）风险承担。自卖方按照 1.（4）规定交货之时起，买方必须承担货物灭失或损坏的一切风险。

如果买方未按规定将承运人或指定其他人告知卖方或提醒其注意，其指定的承运人或其他人未接管货物，则自约定的交货日期或约定的通知日期届满之日起，买方必须承担货物灭失或损坏的一切风险，但以该项货物已清楚地确定为合同项下的货物为限。

（6）费用承担。除卖方应当支付的出口办理清关手续的费用及其他货物出口应缴纳的关税、税款和其他费用外，买方必须支付卖方按照 1.（4）规定交货之时起与货物有关的一切费用。

如果买方未按规定指定承运人或其他人，其指定的承运人或其他人未接管货物，或未按规定通知卖方，则产生的任何额外费用由买方承担，但以该项货物已正式划归合同项下为限。

在需要办理海关手续时，货物进口清关时应交纳的一切关税、税款和其他费用及从他国过境时的过境费用应由买方承担。

（7）通知。买方应在约定的期限内向卖方充分地通知指定的承运人或者其他人的名称、受领货物的具体时间、受领货物的具体地点、指定的承运人或者其他人采用的运输方式等信息，以使卖方能够按规定发送货物。

（8）交货凭证。买方应当接受卖方提供的交货凭证。

（9）包装与检验。除出口国强制检查、检验的费用外，买方应当支付任何装运之前强制检验的费用。

（10）帮助、单据及信息。为使卖方履行 1.（10）的义务，买方应向卖方及时通知其相关安全清关信息的要求。

买方必须支付卖方因履行 1.（10）提供或给予的关于取得单据和信息的协助配合义务所产生的所有费用。

如卖方要求，买方应及时向卖方给予协助，以帮助卖方取得为出口货物和/或从他国过境时需要的包括与安全清关有关的信息在内的任何单据或信息。相关风险和费用由卖方承担。

三、CPT——运费付至（指定目的港）

CPT 全称是 Carriage Paid to，意为"运费付至"（指定目的港），是指卖方向其指定的承运人交货，但卖方还必须支付将货物运至目的地的运费。买方承担交货之后的一切风险和其他费用。

在 CPT 术语中卖方应当与承运人订立运输合同，在指定交货地向承运人或由卖方指定的其他人交货，并由卖方承担将货物运送至指定目的地所产生的必要费用。

此规则的风险和费用在不同的地方发生转移，因此买卖双方当事人应在买卖合同中尽可能准确地明确，风险发生转移至买方的交货地点和卖方订立的运输合同中载明的指定目的地。

如果使用多个承运人将货物运至指定目的地，且买卖双方并未对具体交货地点有所约定，则默认风险自货物由买方交给第一承运人时转移，卖方对这一交货地点的选取具有排除买方控制的绝对选择权。如果当事方希望风险转移推迟至其他地点（如中转地等）发生，那么买卖双方应在买卖合同中特别约定。

买卖双方最好尽可能清楚明确地说明指定交货的具体地点，并需在卖方和承运人（其指定的其他人）的运输合同中载明。基于卖方和承运人的运输合同，卖方承担在指定目的地卸货的相关费用后，不能向买方要求补偿，双方另有约定的除外。

具体义务如下：

1. 卖方义务

（1）货物及凭证。卖方必须按照销售合同提供货物和商业发票，以及合同可能要求的、用以证明货物符合合同规定的其他任何凭证。

发票、保单等文件，均可采用经双方当事人协商或符合商业惯例的、具有法律效力的电子记录或者手续。

（2）出口许可证及通关手续。如港口所在地需要，则卖方应当办理货物出口以及货物送达前从他国过境运输的出口许可证或其他官方许可以及办理清关手续，相关风险和费用由卖方承担。

（3）运输与保险。卖方应当按照通常条件订立运输合同，并将具体的目的地交货地点写入运输合同，依通常路线及习惯方式，将货物运至指定的目的地的约定点。如未约定目的地的交货地点也不能依交易惯例确定交货地点，则卖方可在指定的目的地选择最适合的交货地点。

卖方无义务为买方签订保险合同。

（4）货物交付。卖方应在约定时间、约定地点将货物交给卖方约定的承运人或者卖方指定的其他人。

（5）风险承担。除发生 2.（5）中所描述之灭失或损坏的情形外，在卖方按照 1.（4）交货前，必须承担货物灭失或损坏的一切风险。

（6）费用承担。除 2.（6）规定的可由买方支付的费用外，在卖方按照 1.（4）交货前，卖方必须承担与货物有关的所有费用，包括卖方与承运人或卖方指定的其他人订立的运输合同所发生的运费和一切其他费用，包括根据运输合同规定应由卖方支付的装货费和在目的地的卸货费以及货物出口及从他国过境应办理的海关手续费用及出口和从他国过境应交纳的一切关税、税款和其他费用。

（7）通知。卖方必须通知买方已按照规定交货。并给予买方充分的通知，以使买方能够采取必要的措施领取货物。

（8）交货凭证。根据买方的要求或商业惯例，卖方必须向买方提供卖方与承运人或卖方指定的其他人订立的运输合同所签发的运输单据，且费用由卖方承担。

需要特别说明的是，上述运输单据的货物必须为约定货物，其注明的日期必须在约定的装运时间内。如买方提出要求或根据商业惯例，要求该单据赋予买方在约定地点向承运人受领货物的权利或背书给下一个买方（买方能够通过向下一个买方转移单据或向承运人告知的方式在运输中卖出货物）的要求时，则卖方应当满足。

如果上述运输单据存在多份正本，并以转让的方式签发，则卖方应当将全套完整的正本向买方提供。

（9）包装与检验。卖方必须支付为实现交付货物所必需的检查费用（如查对货物品质、丈量、过磅、点数的费用），以及出口国规定的装运前检验的费用。

除不需要包装便可进行运输的特殊货物或者不需要包装便可进行运输属于特别商业惯例外，卖方必须支付货物包装费用。除买方在签订买卖合同前就告知卖方特定的包装要求外，卖方包装时，应采取适宜运输的包装方式。包装应当进行适当标记。

（10）帮助、单据及信息。如该港所在地需要，在买方要求并由其承担风险和费用时，卖方应当采用适当的方式为买方提供及时的帮助，帮助买方取得其进口货物以及将货物运至最后目的地所需的任何单据和信息，包括与安全有关的信息。

买方根据 2.（10）的规定向出卖人提供或帮助获得单据和信息的费用由出卖人承担。

2. 买方义务

（1）货物及凭证。买方必须按照买卖合同规定支付货物的价款。

相关文件均可采用经双方当事人协商或符合商业惯例的、具有法律效力的电子记录或者手续。

（2）进口许可证及通关手续。在需要办理通关手续时，买方必须自行取得进口许可证或其他官方许可，办理货物进口及过境的一切通关手续，并承担风险和费用。

（3）运输与保险。买方无签订运输合同的义务。

买方无与卖方签订保险合同的义务，但当卖方要求时，买方应当向卖方提供获得保险的必要信息。

（4）货物交付。买方必须在卖方按照规定交货时受领货物，并在指定的目的地从承运人处受领货物。

（5）风险承担。自卖方按照 1.（4）规定交货之时起，买方必须承担货物灭失或损坏的一切风险。

如果买方未按规定向卖方发出通知，则自约定的交货日期或交货期限届满之日起，买方必须承担货物灭失或损坏的一切风险，但以该项货物已清楚地确定为合同项下的货物为限。

（6）费用承担。除卖方应当支付的出口办理清关手续的费用及其他货物出口应缴纳的关税、税款和其他费用外，买方必须支付卖方按照1.（4）规定交货之时起与货物有关的一切费用。

如果买方未按规定通知卖方，则自约定的交货日期或交货期限届满之日起产生的任何额外费用由买方承担，但以该项货物已正式划归合同项下为限。

在需要办理海关手续时，货物进口清关时应交纳的一切关税、税款和其他费用及从他国过境的费用应由买方承担；在途货物直至到达目的地为止的一切费用，应由买方承担；卸货费应由买方承担。上述费用在卖方和承运人或卖方指定的其他人订立的运输合同特别约定应由卖方支付的除外。

（7）通知。买方应就发送货物的具体时间、发送货物的具体地点、指定接收货物的地点向卖方充分通知，以使卖方能够按规定发送货物。

（8）交货凭证。如运输单据符合合同规定，则买方必须接受卖方提供的运输单据。

（9）包装与检验。除出口国强制检查、检验的费用外，买方应当支付任何装运之前强制检验的费用。

（10）帮助、单据及信息。为使卖方履行1.（10）的义务，买方应向卖方及时通知其相关安全清关信息的要求。

买方必须支付卖方因履行1.（10）提供或给予的关于取得单据和信息的协助配合义务所产生的所有费用。

如港口所在地需要，且卖方要求的情况下，买方应及时向卖方给予协助，以帮助卖方取得为出口货物和/或从他国过境时需要的包括与安全清关有关的信息在内的任何单据或信息。相关风险和费用由卖方承担。

四、CIP——运费和保险费付至（指定目的地）

CIP全称是"Carriage and Insurance Paid to"，意为"运费和保险费付至"（指定目的地），是指卖方向其指定的承运人交货，其间卖方必须支付将货物运至目的地的运费，并办理买方货物在运输途中灭失或损坏风险的保险，亦即买方承担卖方交货之后的一切风险和额外费用。

在CIP术语中卖方除应当与承运人订立运输合同，在指定交货地向承运人或由卖方指定的其他人交货，并由卖方承担将货物运送至指定目的地所产生的必要费用外，卖方还必须订立保险合同以防止买方货物在运输途中灭失或损坏风险。CIP 术语只要求卖方投保最低限度的保险险别。如买方需要更多的保险保障，则需要与卖方明确地达成协议，或者自行做出额外的保险安排。

在 C 类术语下（CPT、CIP、CFR、CIF），当卖方将货物交付给承运人时，卖方已经完成了交货义务。CIP 术语的风险和费用在不同的地方发生转移，因此买卖双方当事人应在买卖合同中尽可能准确地明确，风险发生转移至买方的交货地点和卖方订立的运输合同中载明的指定目的地。买卖双方最好尽可能清楚地明确说明指定交货的具体地点，并需在卖方和承运人（其指定的其他人）的运输合同中载明。基于其运输合同，卖方承担了在指定目的地卸货的相关费用，则该费用无权向买方索赔，双方另有约定的除外。CIP 术语要求卖方应办理货物出口清关手续，但不承担办理货物进口清关手续，支付任何进口关税，或者履行任何进口报关手续的义务。

具体义务如下：

1. 卖方义务

（1）货物及凭证。卖方必须按照销售合同提供货物和商业发票，以及合同可能要求的、用以证明货物符合合同规定的其他任何凭证。

发票、保单等文件，均可采用经双方当事人协商或符合商业惯例的、具有法律效力的电子记录或者手续。

（2）出口许可证及通关手续。如需要，则卖方应当办理货物出口以及货物交货前从他国过境运输的出口许可证或其他官方许可以及办理清关手续，相关风险和费用由卖方承担。

（3）运输与保险。卖方应当按照通常条件订立运输合同，并将具体的目的地交货地点写入运输合同，依通常路线及习惯方式，将货物运至指定的目的地的约定点。如未约定目的地的交货地点也不能依交易惯例确定交货地点，则卖方可在指定的目的地选择最适合的交货地点。

卖方必须订立保险合同以防止买方货物在运输途中灭失或损坏风险，保险费用由卖方承担。该货物保险应按照劳氏市场协会和伦敦国际保险业协会等的货物保险条款或其他类似条款中的最低保险险别投保。保险合同应与信誉良好的保险人或保险公司订立，并赋予买方或任何其他对货物具有保险利益的人直接向保险人索赔的权利。保险金额不低于合同价款金额的 110%，币种应与合同币种一致。保险范围应当从发货地点起到指定目的地的货物。卖方应向买方提供保险单或者其他保险范围的证据。

如果买方对货物的险种、险别有特别要求时，卖方应当同意买方的要求，并按照买方所提供的必要信息，加投额外的保险，和/或给予战争、罢工或者其他类似条款的险级保障。但相关保险费用应当由买方承担。

此情况下，卖方必须根据买方的要求、风险和费用，向买方提供买方需要投资额外保险的信息。

（4）货物交付。卖方应在约定时间、约定地点将货物交给卖方约定的承运人或者卖方指定的其他人。

（5）风险承担。除发生 2.（5）中所描述之灭失或损坏的情形外，在卖方按照 1.（4）交货前，必须承担货物灭失或损坏的一切风险。

（6）费用承担。除 2.（6）规定的可由买方支付的费用外，在卖方按照 1.（4）交货前，卖方必须承担与货物有关的所有费用，包括保险费，卖方与承运人或卖方指定的其他人订立的运输合同所发生的运费和一切其他费用（含根据运输合同规定应由卖方支付的装货费和在目的地的卸货费），货物出口及从他国过境应办理的海关手续费用及出口及从他国过境应交纳的一切关税、税款和其他费用。

（7）通知。当买方有权决定发货时间、目的地时，卖方必须通知买方已按照规定交货。并给予买方充分的通知，以使买方能够采取必要的措施领取货物。

（8）交货凭证。根据买方的要求或商业惯例，卖方必须向买方提供卖方与承运人或卖方指定的其他人订立的运输合同所签发的运输单据，且费用由卖方承担。

需要特别说明的是，上述运输单据的货物必须为约定货物，其注明的日期必须在约定的装运时间内。如买方提出要求或根据商业惯例，要求该单据赋予买方在约定地点向承运人受领货物的权利或背书给下一个买方（买方能够通过向下一个买方转移单据或向承运人告知的方式在运输中卖出货物）的要求时，则卖方应当满足。

如果上述运输单据存在多份正本，并以转让的方式签发，则卖方应当将全套完整的正本向买方提供。

（9）包装与检验。卖方必须支付为实现交付货物所必需的检查费用（如查对货物品质、丈量、过磅、点数的费用），以及出口国规定的装运前检验的费用。

除不需要包装便可进行运输的特殊货物或者不需要包装便可进行运输属于特别商业惯例外，卖方必须支付货物包装费用。除买方在签订买卖合同前就告知卖方特定的包装要求外，卖方包装时，应采取适宜运输的包装方式。包装应当进行适当标记。

（10）帮助、单据及信息。应买方要求并由其承担风险和费用时，卖方应当采用适当的方式为买方提供及时的帮助，帮助买方取得其进口货物以及将货物运至最后目的地所需的任何单据和信息，包括与安全有关的信息。

买方根据 2.（10）的规定向出卖人提供或帮助获得单据和信息的费用由出卖人承担。

2. 买方义务

（1）货物及凭证。买方必须按照买卖合同规定支付货物的价款。

相关文件均可采用经双方当事人协商或符合商业惯例的、具有法律效力的电子记录或者手续。

（2）进口许可证及通关手续。在需要办理通关手续时，买方必须自行取得进口许可证或其他官方许可，办理货物进口及过境的一切通关手续，并承担风险和费用。

（3）运输与保险。买方无签订运输合同的义务。

买方无与卖方签订保险合同的义务，但当买方需要增加额外的保险时，买方应按规定向卖方提供必要的信息，以便卖方根据此要求购买额外的保险。

（4）货物交付。买方必须在卖方按照规定交货时受领货物，并在指定的目的地从承运人处受领货物。

（5）风险承担。自卖方按照 1.（4）规定交货之时起，买方必须承担货物灭失或损坏的一切风险。

如果买方未按规定向卖方发出通知，则自约定的交货日期或交货期限届满之日起，买方必须承担货物灭失或损坏的一切风险，但以该项货物已清楚地确定为合同项下的货物为限。

（6）费用承担。除卖方应当支付的出口办理清关手续的费用及其他货物出口应缴纳的关税、税款和其他费用外，买方必须支付卖方按照 1.（4）规定交货之时起与货物有关的一切费用，包括卖方应买方要求购买的额外的保险费用。

如果买方未按规定通知卖方，则自约定的交货日期或交货期限届满之日起产生的任何额外费用由买方承担，但以该项货物已正式划归合同项下为限。

在需要办理海关手续时，货物进口清关时应交纳的一切关税、税款和其他费用及从他国过境的费用应由买方承担；在途货物直至到达目的地为止的一切费用，应由买方承担；卸货费应由买方承担。上述费用在卖方和承运人或卖方指定的其他人订立的运输合同中特别约定应由卖方支付的除外。

（7）通知。当买方有权决定发货时间、目的地时，买方应就发送货物的具体时间、发送货物的具体地点、指定接收货物的地点向卖方充分通知，以使卖方能够按规定发送货物。

（8）交货凭证。如运输单据符合合同规定，则买方必须接受卖方提供的运输单据。

(9) 包装与检验。除出口国强制检查、检验的费用外，买方应当支付任何装运之前强制检验的费用。

(10) 帮助、单据及信息。为使卖方履行 1. (10) 的义务，买方应向卖方及时通知其相关安全清关信息的要求。

买方必须支付卖方因履行 1. (10) 提供或给予的关于取得单据和信息的协助配合义务所产生的所有费用。

在卖方要求的情况下，买方应及时向卖方给予协助，以帮助卖方取得为出口货物和/或从他国过境时需要的包括与安全清关有关的信息在内的任何单据或信息。相关风险和费用由卖方承担。

五、DAT——终点站交货（指定目的港或目的地）

DAT 的全称是"Delivered at Terminal"，意为"终点站交货"（指定目的港或目的地），在指定目的地或目的港的集散站交货，卖方已经用运输工具把货物运送到达买方指定的目的地后，将装在运输工具上的货物卸载后交由买方处置，即完成交货。卖方须承担货物运至指定目的地和卸货产生的一切风险和费用，买方承担卖方交货之后的一切风险和额外费用。终点站包括码头、仓库、集装箱堆场或公路、铁路或空运货站。

DAT 术语中，买卖双方最好尽可能清楚地明确说明终点站及具体交货的地点，并需卖方选择签订与该术语匹配的运输合同。如果双方当事人希望卖方承担从终点站到另一地点的运输及管理货物所产生的风险和费用，则双方应当选择DAP 或 DDP 术语。

DAP 术语要求卖方应办理货物出口清关手续，但不承担办理货物进口清关手续，支付任何进口关税，或者履行任何进口报关手续的义务。如果买卖双方当事人希望卖方办理货物的进口清关手续，支付任何进口税和办理任何进口海关手续，则应适用 DDP 术语。

具体义务如下：

1. 卖方义务

(1) 货物及凭证。卖方必须按照销售合同提供货物和商业发票，以及合同可能要求的、用以证明货物符合合同规定的其他任何凭证。

发票、保单等文件，均可采用经双方当事人协商或符合商业惯例的、具有法律效力的电子记录或者手续。

（2）出口许可证及通关手续。如需要，则卖方应当办理货物出口以及货物交货前从他国过境运输的出口许可证或其他官方许可以及办理清关手续，相关风险和费用由卖方承担。

（3）运输与保险。卖方应当按照通常条件订立运输合同，并将目的港或指定目的地的指定终点站写入运输合同。如未约定目的地的交货地点也不能依交易惯例确定交货地点，则卖方可在指定的目的地选择最适合的交货地点，相关费用由卖方承担。

卖方没有义务对买方订立保险合同。但当买方提出需要保险合同时，卖方应该提供订立保险合同需要的全部信息，相关风险和费用应当由买方承担。

（4）货物交付。卖方应在约定的时间、约定的地点将仍处于交货运输工具上尚未卸下的货物交付给买方处置。

（5）风险承担。除发生 2.（5）中所描述之灭失或损坏的情形外，在卖方按照 1.（4）交货前，必须承担货物灭失或损坏的一切风险。

（6）费用承担。除 2.（6）规定的可由买方支付的费用外，在卖方按照 1.（4）交货前，卖方必须承担与货物有关的所有费用，包括卖方与承运人或卖方指定的其他人订立的运输合同所发生的运费和一切其他费用（含卸货费），货物出口及从他国过境应办理的海关手续费用及出口及从他国过境应交纳的一切关税、税款和其他费用。

（7）通知。卖方必须通知买方已按照规定交货，并给予买方充分的通知，以使买方能够采取必要的措施领取货物。

（8）交货凭证。卖方应当向买方提供提货单据，费用由卖方承担。

（9）包装与检验。卖方必须支付为实现交付货物所必需的检查费用（如查对货物品质、丈量、过磅、点数的费用），以及出口国规定的装运前检验的费用。

除不需要包装便可进行运输的特殊货物或者不需要包装便可进行运输属于特别商业惯例外，卖方必须支付货物包装费用。除买方在签订买卖合同前就告知卖方特定的包装要求外，卖方包装时，应采取适宜运输的包装方式。包装应当进行适当标记。

（10）帮助、单据及信息。应买方要求并由其承担风险和费用时，卖方应当采用适当的方式为买方提供及时的帮助，帮助买方取得其进口货物以及将货物运至最后目的地所需的任何单据和信息，包括与安全有关的信息。

买方根据 2.（10）的规定向出卖人提供或帮助获得单据和信息的费用由出卖人承担。

2. 买方义务

（1）货物及凭证。买方必须按照买卖合同规定支付货物的价款。

相关文件均可采用经双方当事人协商或符合商业惯例的、具有法律效力的电子记录或者手续。

（2）进口许可证及通关手续。在需要办理通关手续时，买方必须自行取得进口许可证或其他官方许可，办理货物进口的一切通关手续，并承担风险和费用。

（3）运输与保险。买方无签订运输合同的义务。

买方无与卖方签订保险合同的义务，但当买方想对货物进行保险时，应向卖方提出自己需要保险的要求，并按规定向卖方提供必要的信息，以便卖方根据此要求购买保险。

（4）货物交付。买方必须在卖方按照规定交货时受领货物。

（5）风险承担。自卖方按照 1.（4）规定交货之时起，买方必须承担货物灭失或损坏的一切风险。

如果买方未按规定向卖方发出通知，则自约定的交货日期或交货期限届满之日起，买方必须承担货物灭失或损坏的一切风险，但以该项货物已清楚地确定为合同项下的货物为限。

如果买方未履行取得进口许可证或其他官方许可、办理货物进口的一切通关手续、支付进口的相关费用，则买方必须承担货物灭失或损坏的一切风险。

（6）费用承担。除卖方应当支付的出口办理清关手续的费用及其他货物出口应缴纳的关税、税款和其他费用外，买方必须支付卖方按照 1.（4）规定交货之时起与货物有关的一切费用。

如果买方未按规定通知卖方，则自约定的交货日期或交货期限届满之日起产生的任何额外费用由买方承担，但以该项货物已正式划归合同项下为限。

如果买方未履行取得进口许可证或其他官方许可、办理货物进口的一切通关手续、支付进口的相关费用，则卖方因此而产生的一切费用由买方承担。

（7）通知。当买方有权决定发货时间、目的地的具体位置时，买方应就接收货物的具体时间、接收货物的具体地点向卖方充分通知，以使卖方能够按规定发送货物。

（8）交货凭证。买方必须接收卖方提供的交货单据。

（9）包装与检验。除出口国强制检查、检验的费用外，买方应当支付任何装船之前强制检验的费用。

（10）帮助、单据及信息。为使卖方履行 1.（10）的义务，买方应向卖方及时通知其相关安全清关信息的要求。

买方必须支付卖方因履行 1.（10）提供或给予的关于取得单据和信息的协助配合义务所产生的所有费用。

在卖方要求的情况下，买方应及时向卖方给予协助，以帮助卖方取得为出口货物和/或从他国过境时需要的包括与安全清关有关的信息在内的任何单据或信息。相关风险和费用由卖方承担。

六、DAP——目的地交货（指定目的地）

DAP 的全称是"Delivered at Place"，意为"目的地交货"（指定目的地），卖方已经用运输工具把货物运送到达买方指定的目的地后，将装在运输工具上的货物（不用卸载）交由买方处置，即完成交货。卖方须承担货物运至指定目的地的一切风险，买方承担卖方交货之后的一切风险和额外费用。

DAP 术语中，买卖双方最好尽可能清楚明确地说明指定交货的具体地点，并需卖方选择签订与该术语匹配的运输合同。基于其运输合同，卖方承担了在指定目的地卸货的相关费用，则该费用无权向买方索赔，双方另有约定的除外。DAP 术语要求卖方应办理货物出口清关手续，但不承担办理货物进口的清关手续，支付任何进口关税，或者履行任何进口报关手续的义务。如果买卖双方当事人希望卖方办理货物的进口清关手续，支付任何进口税和办理任何进口海关手续，则应适用 DDP 规则。

具体义务如下：

1. 卖方义务

（1）货物及凭证。卖方必须按照销售合同提供货物和商业发票，以及合同可能要求的、用以证明货物符合合同规定的其他任何凭证。

发票、保单等文件，均可采用经双方当事人协商或符合商业惯例的、具有法律效力的电子记录或者手续。

（2）出口许可证及通关手续。如需要，卖方应当办理货物出口以及货物交货前从他国过境运输的出口许可证或其他官方许可以及办理清关手续，相关风险和费用由卖方承担。

（3）运输与保险。卖方应当按照通常条件订立运输合同，并将具体的目的地交货地点写入运输合同，依通常路线及习惯方式，将货物运至指定的目的地的约定点。如未约定目的地的交货地点也不能依交易惯例确定交货地点，则卖方可在指定的目的地选择最适合的交货地点，相关费用由卖方承担。

卖方没有义务对买方订立保险合同。但当买方提出需要保险合同时，卖方应该提供订立保险合同需要的全部信息，相关风险和费用应当由买方承担。

（4）货物交付。卖方应在约定的时间、约定的地点将仍处于交货运输工具上尚未卸下的货物交付给买方处置。

（5）风险承担。除发生2.（5）中所描述之灭失或损坏的情形外，在卖方按照1.（4）交货前，必须承担货物灭失或损坏的一切风险。

（6）费用承担。除2.（6）规定的可由买方支付的费用外，在卖方按照1.（4）交货前，卖方必须承担与货物有关的所有费用，包括卖方与承运人或卖方指定的其他人订立的运输合同所发生的运费和一切其他费用（含根据运输合同规定应由卖方支付的装货费和在目的地的卸货费），货物出口及从他国过境应办理的海关手续费用及出口和从他国过境应交纳的一切关税、税款和其他费用。

（7）通知。卖方必须通知买方已按照规定交货。并给予买方充分的通知，以使买方能够采取必要的措施领取货物。

（8）交货凭证。卖方应当向买方提供提取货物的凭证，费用由卖方承担。

（9）包装与检验。卖方必须支付为实现交付货物所必需的检查费用（如查对货物品质、丈量、过磅、点数的费用），以及出口国规定的装运前检验的费用。

除不需要包装便可进行运输的特殊货物或者不需要包装便可进行运输属于特别商业惯例外，卖方必须支付货物包装费用。除买方在签订买卖合同前就告知卖方特定的包装要求外，卖方包装时，应采取适宜运输的包装方式。包装应当进行适当标记。

（10）帮助、单据及信息。应买方要求并由其承担风险和费用时，卖方应当采用适当的方式为买方提供及时的帮助，帮助买方取得其进口货物以及将货物运至最后目的地所需的任何单据和信息，包括与安全有关的信息。

买方根据2.（10）的规定向出卖人提供或帮助获得单据和信息的费用由出卖人承担。

2. 买方义务

（1）货物及凭证。买方必须按照买卖合同规定支付货物的价款。

相关文件均可采用经双方当事人协商或符合商业惯例的、具有法律效力的电子记录或者手续。

（2）进口许可证及通关手续。在需要办理通关手续时，买方必须自行取得进口许可证或其他官方许可，办理货物进口的一切通关手续，并承担风险和费用。

（3）运输与保险。买方无签订运输合同的义务。

买方无与卖方签订保险合同的义务，但当买方想对货物进行保险时，应向卖方提出自己需要保险的要求，并按规定向卖方提供必要的信息，以便卖方根据此要求购买保险。

（4）货物交付。买方必须在卖方按照规定交货时受领货物。

（5）风险承担。自卖方按照 1.（4）规定交货之时起，买方必须承担货物灭失或损坏的一切风险。

如果买方未按规定向卖方发出通知，则自约定的交货日期或交货期限届满之日起，买方必须承担货物灭失或损坏的一切风险，但以该项货物已清楚地确定为合同项下的货物为限。

如果买方未履行取得进口许可证或其他官方许可、办理货物进口的一切通关手续、支付进口的相关费用，则买方必须承担货物灭失或损坏的一切风险。

（6）费用承担。除卖方应当支付的出口办理清关手续的费用及其他货物出口应缴纳的关税、税款和其他费用外，买方必须支付卖方按照 1.（4）规定交货之时起与货物有关的一切费用。

如果买方未按规定通知卖方，则自约定的交货日期或交货期限届满之日起产生的任何额外费用由买方承担，但以该项货物已正式划归合同项下为限。

如果买方未履行取得进口许可证或其他官方许可、办理货物进口的一切通关手续、支付进口的相关费用，则卖方因此而产生的一切费用由买方承担。

指定目的地的货物卸货费应由买方承担，但在卖方和承运人或卖方指定的其他人订立的运输合同中特别约定应由卖方支付的除外。

（7）通知。当买方有权决定发货时间、目的地时，买方应就发送货物的具体时间、发送货物的具体地点、指定接收货物的地点向卖方充分通知，以使卖方能够按规定发送货物。

（8）交货凭证。买方必须接受卖方提供的交货单据。

（9）包装与检验。除出口国强制检查、检验的费用外，买方应当支付任何装船之前强制检验的费用。

（10）帮助、单据及信息。为使卖方履行 1.（10）的义务，买方应向卖方及时通知其相关安全清关信息的要求。

买方必须支付卖方因履行 1.（10）提供或给予的关于取得单据和信息的协助配合义务所产生的所有费用。

在卖方要求的情况下，买方应及时向卖方给予协助，以帮助卖方取得为出口货物和/或从他国过境时需要的包括与安全清关有关的信息在内的任何单据或信息。相关风险和费用由卖方承担。

七、DDP——完税后交货（指定目的地）

DDP 的全称是"Delivered Duty Paid"，"完税后交货"（指定目的地）是指卖方在指定的目的地，办理完进口清关手续，将在交货运输工具上尚未卸下的货物交与买方，完成交货。卖方必须承担将货物运至指定目的地的一切风险和费用，并有义务办理出口清关手续与进口清关手续，对进出口活动负责，以及办理一切海关手续。EXW 术语下卖方承担最小责任，而 DDP 术语下卖方承担最大责任。若卖方不能直接或间接地取得进口许可证，则不应使用此术语。

DDP 术语中，买卖双方最好尽可能清楚明确地说明指定交货的具体地点，并需卖方选择签订与该术语匹配的运输合同。基于其运输合同，卖方承担了在指定目的地卸货的相关费用，则该费用无权向买方索赔，双方另有约定的除外。DDP 术语要求卖方应办理货物进出口的全部清关手续，支付增值税或其他进口时需要支付的税项，如果买卖双方当事方希望买方承担进口的所有风险和费用，应使用 DAP 术语。

具体义务如下：

1. 卖方义务

（1）货物及凭证。卖方必须按照销售合同提供货物和商业发票，以及合同可能要求的、用以证明货物符合合同规定的其他任何凭证。

发票、保单等文件，均可采用经双方当事人协商或符合商业惯例的、具有法律效力的电子记录或者手续。

（2）出口许可证及通关手续。如需要，则卖方应当办理货物进出口以及货物交货前从他国过境运输的进出口许可证或其他官方许可以及办理清关手续，相关风险和费用由卖方承担。

（3）运输与保险。卖方应当按照通常条件订立运输合同，并将具体的目的地交货地点写入运输合同，依通常路线及习惯方式，将货物运至指定目的地的约定点。如未约定目的地的交货地点也不能依交易惯例确定交货地点，则卖方可在指定的目的地选择最适合的交货地点，运输费用由卖方承担。

卖方没有义务对买方订立保险合同。但当买方提出需要保险合同时，卖方应该告知买方应对货物进行保险，相关风险和费用应当由买方承担。

（4）货物交付。卖方应在约定的时间、约定的地点将仍处于交货运输工具上尚未卸下的货物交付给买方处置。

（5）风险承担。除发生 2.（5）中所描述的灭失或损坏的情形外，在卖方按照 1.（4）交货前，必须承担货物灭失或损坏的一切风险。

（6）费用承担

除 2.（6）规定的可由买方支付的费用外，在卖方按照 1.（4）交货前，卖方必须承担与货物有关的所有费用，包括卖方与承运人或卖方指定的其他人订立的运输合同所发生的运费和一切其他费用（含根据运输合同规定应由卖方支付的装货费和在目的地的卸货费），货物进出口和从他国过境应办理的海关手续费用及进出口和从他国过境应交纳的一切关税、税款和其他费用。

（7）通知。卖方必须通知买方已按照规定交货。并给予买方充分的通知，以使买方能够采取必要的措施领取货物。

（8）交货凭证。卖方应当向买方提供提取货物的凭证，费用由卖方承担。

（9）包装与检验。卖方必须支付为实现交付货物所必需的检查费用（如查对货物品质、丈量、过磅、点数的费用），以及出口国规定的装运前检验的费用。

除不需要包装便可进行运输的特殊货物或者不需要包装便可进行运输属于特别商业惯例外，卖方必须支付货物包装费用。除买方在签订买卖合同前就告知卖方特定的包装要求外，卖方包装时，应采取适宜运输的包装方式。包装应当进行适当标记。

（10）帮助、单据及信息。应买方要求并由其承担风险和费用时，卖方应当采用适当的方式为买方提供及时的帮助，帮助买方取得其进口货物以及将货物运至最后目的地所需的任何单据和信息，包括与安全有关的信息。

买方根据2.（10）的规定向出卖人提供或帮助获得单据和信息的费用由出卖人承担。

2. 买方义务

（1）货物及凭证。买方必须按照买卖合同规定支付货物的价款。

相关文件均可采用经双方当事人协商或符合商业惯例的、具有法律效力的电子记录或者手续。

（2）进口许可证及通关手续。在需要办理通关手续且卖方请求时，买方应协助卖方取得进口许可证或其他官方许可，办理货物进口的一切通关手续，风险和费用由卖方承担。

（3）运输与保险。买方无签订运输合同的义务。

买方无与卖方签订保险合同的义务，但当卖方请求时，应向卖方提供必要的信息，以便卖方根据此要求购买保险。

（4）货物交付。买方必须在卖方按照规定交货时受领货物。

（5）风险承担。自卖方按照1.（4）规定交货之时起，买方必须承担货物灭失或损坏的一切风险。

如果买方未按规定向卖方发出通知，则自约定的交货日期或交货期限届满之日起，买方必须承担货物灭失或损坏的一切风险，但以该项货物已清楚地确定为合同项下的货物为限。

（6）费用承担。买方必须支付卖方按照1.（4）规定交货之时起与货物有关的一切费用。

如果买方未按规定通知卖方，则自约定的交货日期或交货期限届满之日起产生的任何额外费用由买方承担，但以该项货物已正式划归合同项下为限。

如果买方未协助卖方取得进口许可证或其他官方许可、办理货物进口的一切通关手续的，则卖方因此而产生的一切费用由买方承担。

指定目的地的货物卸货费应由买方承担，但在卖方和承运人或卖方指定的其他人订立的运输合同特别约定应由卖方支付的除外。

（7）通知。当买方有权决定发货时间、目的地时，买方应就发送货物的具体时间、发送货物的具体地点、指定接收货物的地点向卖方充分通知，以使卖方能够按规定发送货物。

（8）交货凭证。买方必须接受卖方提供的交货单据。

（9）包装与检验。除出口国强制检查、检验的费用外，买方应当支付任何装船之前强制检验的费用。

（10）帮助、单据及信息。为使卖方履行1.（10）的义务，买方应向卖方及时通知其相关安全清关信息的要求。

买方必须支付卖方因履行1.（10）提供或给予的关于取得单据和信息的协助配合义务所产生的所有费用。

在卖方要求的情况下，买方应及时向卖方给予协助，以帮助卖方取得为出口货物和/或从他国过境时需要的包括与安全清关有关的信息在内的任何单据或信息。相关风险和费用由卖方承担。

3. DAT、DAP、DDP 术语的评价

DAT、DAP、DDP 都是在进口国的目的港或目的地交货，这就与前面各组术语有了明显的区别。按照 D 组术语成交的合同称到货合同（Arrival Contract），到货合同是与装运合同（Shipment Contract）相对而言的，按照"F组""C组"术语成交的合同称作装运合同，在装运合同下，卖方要支付将货物按照惯常航线和习惯方式运至约定地点所需的通常运输费用，而货物灭失或损坏的风险以及在货物以适当方式交付运输之后发生意外而导致的额外费用，则由买方承担。卖方要负责将货物安全及时地运达指定地点，包括边境地点、目的港口以及进口国内地，实际交给买方处置，才算完成交货。卖方要承担货物运至该地点之前的一切风险和费用。

按照 DAT、DAP、DDP 术语成交的交易，卖方所承担的风险要大于前面各组，特别是按照 DDP 术语成交时，卖方负责将货物交到进口国内的约定地点，

承担在此之前的一切风险、责任和费用，其中包括办理货物出口和进口的手续以及相关费用。所以，作为卖方在对外成交时，一定要认真考虑该项业务中可能会遇到的各种风险以及可以采取的防范措施。另外，在打算采用 DDP 条件对外成交时，卖方还应考虑办理进口手续有无困难，如果卖方不能直接或间接地取得进口许可证，则不应采用 DDP 条件成交。

八、FAS——船边交货（指定装运港）

FAS 全称是"Free Alongside Ship"，意为"船边交货"（指定装运港），是指卖方在指定的装运港将货物交到船边，即完成交货。买方必须承担自那时起货物灭失或损坏的一切风险。FAS 要求卖方办理出口清关手续。

买卖双方最好尽可能清楚地明确指定装运港的具体装货地点，当货物通过集装箱运输时，卖方通常在终点站将货物交给承运人，而不是在船边。在这种情况下，FAS 规则不适用，而应当适用 FCA 规则。

FAS 规则要求卖方办理出口清关手续。但卖方没有办理进口清关手续的义务，也无须缴纳任何进口关税。如果买方希望卖方办理货物的进口清关手续、支付进口关税，则应适用 DDP 规则。

具体义务如下：

1. 卖方义务

（1）货物及凭证。卖方必须按照销售合同提供货物和商业发票，以及合同可能要求的、用以证明货物符合合同规定的其他任何凭证。

发票、保单等文件，均可采用经双方当事人协商或符合商业惯例的、具有法律效力的电子记录或者手续。

（2）出口许可证及通关手续。卖方应当办理出口货物必需的出口许可证或其他官方许可以及办理清关手续，相关风险和费用由卖方承担。

（3）运输与保险。卖方无义务为买方签订运输合同。如买方要求或者依卖方协助买方签订运输合同的商业惯例（买方未给予卖方相反的要求），则卖方可以按照通常条件订立由买方承担风险与费用的运输合同。但订立合同的义务卖方可以单方直接拒绝，如果拒绝，则应当立即通知买方。

卖方无义务为买方签订保险合同，在当买方请求或约定由买方承担相关风险和费用时，卖方应当向买方提供其获取保险所需要的信息。

（4）货物交付。卖方应在指定装运港在买方指定的装运时间、指定地点按照该港的习惯方式，将货物交至买方指定的船边交付货物。

如果在指定的地点内未约定具体交货点，则卖方有权在指定装运港选择最符合其利益的地点交货。

（5）风险承担。除发生 2.（5）中所描述之灭失或损坏的情形外，在卖方按照 1.（4）交货前，必须承担货物灭失或损坏的一切风险。

（6）费用承担。除 2.（6）规定的可由买方支付的费用外，在卖方按照 1.（4）交货前，卖方必须承担与货物有关的所有费用，包括货物出口应办理的海关手续费用及出口应交纳的一切关税、税款和其他费用。

（7）通知。卖方必须及时、充分地通知买方已交付或船舶未能在约定的时间内接收货物，通知相关的风险和费用由买方承担。

（8）交货凭证。卖方应出具已按术语规定交货的交货凭证，相关的风险和费用由卖方承担。如果买方要求，卖方应给予买方一切的协助，帮助买方取得运输单据，但相关风险和费用由买方承担。

（9）包装与检验。卖方必须支付为实现运输货物的检查费用（如查对货物品质、丈量、过磅、点数的费用），以及出口国规定的装运前检验的费用。

除不需要包装便可进行运输的特殊货物或者不需要包装便可进行运输属于特别商业惯例外，卖方必须支付货物的包装费用。除买方在签订买卖合同前就告知卖方特定的包装要求外，卖方包装时，应采取适宜运输的包装方式。包装应当进行适当标记。

（10）帮助、单据及信息。在买方要求并由其承担风险和费用时，卖方应当采用适当的方式为买方提供及时的帮助，帮助买方取得其进口货物以及将货物运至最后目的地所需的任何单据和信息，包括与安全有关的信息。

买方根据 2.（10）的规定向出卖人提供或帮助获得单据和信息的费用由出卖人承担。

2. 买方义务

（1）货物及凭证。买方必须按照买卖合同规定支付货物的价款。

相关文件均可采用经双方当事人协商或符合商业惯例的、具有法律效力的电子记录或者手续。

（2）进口许可证及通关手续。在需要办理通关手续时，买方必须自行取得进口许可证或其他官方许可，办理货物进口及过境的一切通关手续，并承担风险和费用。

（3）运输与保险。买方应当订立从指定的装运港运输货物的合同，相关风险和费用由自身承担，但卖方按照 1.（3）协助买方订立合同的除外。

买方无与卖方签订保险合同的义务。

（4）货物交付。买方必须在卖方按照规定交货时受领货物。

（5）风险承担。自卖方按照1.（4）规定交货之时起，买方必须承担货物灭失或损坏的一切风险。

如果买方未按规定通知卖方，或买方指定的船只未按时到达，或未接收货物，或在通知的时间届满前提前停止装货，则自约定的交货日期或约定的通知日期届满之日起，买方必须承担货物灭失或损坏的一切风险，但以该项货物已清楚地确定为合同项下的货物为限。

（6）费用承担。除卖方应当支付的出口办理清关手续的费用及其他货物出口应缴纳的关税、税款和其他费用外，买方必须支付卖方按照1.（4）规定交货之时起与货物有关的一切费用。

如果买方未按规定通知卖方，或买方指定的船只未按时到达，或未接收货物，或在通知的时间届满前提前停止装货，则产生的任何额外费用由买方承担。

在需要办理海关手续时，货物进口清关时应交纳的一切关税、税款和其他费用及从他国过境的费用应由买方承担。

（7）通知。买方应在约定的期限内，将船舶名称、装船地点和/或交付时间充分通知卖方，以使卖方能够按规定交付货物。

（8）交货凭证。买方应当接受卖方提供的交货凭证。

（9）包装与检验。除出口国强制检查、检验的费用外，买方应当支付任何装运之前强制检验的费用。

（10）帮助、单据及信息。为使卖方履行1.（10）的义务，买方应向卖方及时通知其相关安全清关信息的要求。

买方必须支付卖方因履行1.（10）提供或给予的关于取得单据和信息的协助配合义务所产生的所有费用。

如卖方要求，买方应及时向卖方给予协助，以帮助卖方取得为出口货物和/或从他国过境时需要的包括与安全清关有关的信息在内的任何单据或信息。相关风险和费用由卖方承担。

九、FOB——船上交货（指定装运港）

FOB 全称是"Free on Board"，意为"船上交货"（指定装运港），是指买方负责派船接运货物，卖方应在合同规定的装运港和规定的期限内将货物装上买方指定的船只，并及时通知买方。货物在装运港被装上指定船时，风险即由卖方转移至买方。

FOB 是最古老也是最被广泛应用的贸易术语之一。卖方在指定的装运港将货物装到买方指定的船只上即完成交货。买方必须承担自那时起货物灭失或损坏的一切风险。

FOB 规则要求卖方办理出口清关手续。但卖方没有办理进口清关手续的义务，也无须缴纳任何进口关税。如果买方希望卖方办理货物的进口清关手续，支付进口关税，则应适用 DDP 规则。

当货物通过集装箱运输等方式在装船前就移交给承运人时，FOB 规则不适用，而应当适用 FCA 规则。

具体义务如下：

1. 卖方义务

（1）货物及凭证。卖方必须按照销售合同提供货物和商业发票，以及合同可能要求的、用以证明货物符合合同规定的其他任何凭证。

发票、保单等文件，均可采用经双方当事人协商或符合商业惯例的、具有法律效力的电子记录或者手续。

（2）出口许可证及通关手续。卖方应当办理出口货物必需的出口许可证或其他官方许可以及办理清关手续，相关风险和费用由卖方承担。

（3）运输与保险。卖方无义务为买方签订运输合同。如买方要求或者依卖方协助买方签订运输合同的商业惯例（买方未给予卖方相反的要求），则卖方可以按照通常条件订立由买方承担风险与费用的运输合同。但订立合同的义务卖方可以单方直接拒绝，如果拒绝，则应当立即通知买方。

卖方无义务为买方签订保险合同，在当买方请求或约定由买方承担相关风险和费用时，卖方应当向买方提供其获取保险所需要的信息。

（4）货物交付。卖方应在指定装运港在买方指定的装运时间、指定地点按照该港的习惯方式，将货物装在买方指定的船上。

如果在指定的地点内未约定具体装运地，则卖方有权在指定装运港选择最符合其利益的地点装运。

（5）风险承担。除发生 2.（5）中所描述之灭失或损坏的情形外，在卖方按照 1.（4）交货前，必须承担货物灭失或损坏的一切风险。

（6）费用承担。除 2.（6）规定的可由买方支付的费用外，在卖方按照 1.（4）交货前，卖方必须承担与货物有关的所有费用，包括货物出口应办理的海关手续费用及出口应交纳的一切关税、税款和其他费用。

（7）通知。卖方必须及时、充分地通知买方已交付或船舶未能在约定的时间内接收货物，通知相关的风险和费用由买方承担。

（8）交货凭证。卖方应出具已按术语规定交货的交货凭证，相关的风险和费用由卖方承担。如果交货凭证是运单等运输单据，则经买方要求，卖方应给予买方一切的协助，帮助买方取得运输单据，但相关风险和费用由买方承担。

（9）包装与检验。卖方必须支付为实现运输货物的检查费用（如查对货物品质、丈量、过磅、点数的费用），以及出口国规定的装运前检验的费用。

除不需要包装便可进行运输的特殊货物或者不需要包装便可进行运输属于特别商业惯例外，卖方必须支付货物包装费用。除买方在签订买卖合同前就告知卖方特定的包装要求外，卖方包装时，应采取适宜运输的包装方式。包装应当进行适当标记。

（10）帮助、单据及信息。在买方要求并由其承担风险和费用时，卖方应当采用适当的方式为买方提供及时的帮助，帮助买方取得其进口货物以及将货物运至最后目的地所需的任何单据和信息，包括与安全有关的信息。

买方根据 2.（10）的规定向出卖人提供或帮助获得单据和信息的费用由出卖人承担。

2. 买方义务

（1）货物及凭证。买方必须按照买卖合同规定支付货物的价款。

相关文件均可采用经双方当事人协商或符合商业惯例的、具有法律效力的电子记录或者手续。

（2）进口许可证及通关手续。在需要办理通关手续时，买方必须自行取得进口许可证或其他官方许可，办理货物进口及过境的一切通关手续，并承担风险和费用。

（3）运输与保险。买方应当订立从指定的装运港运输货物的合同，相关风险和费用由自身承担。

买方无与卖方签订保险合同的义务。

（4）货物交付。买方必须在卖方按照规定交货时受领货物。

（5）风险承担。自卖方按照 1.（4）规定交货之时起，买方必须承担货物灭失或损坏的一切风险。

如果买方未按规定通知卖方，或买方指定的船只未按时到达，或未接收货物，或在通知的时间届满前提前停止装货，则自约定的交货日期或约定的通知日期届满之日起，买方必须承担货物灭失或损坏的一切风险，但以该项货物已清楚地确定为合同项下的货物为限。

（6）费用承担。除卖方应当支付的出口办理清关手续的费用及其他货物出口应缴纳的关税、税款和其他费用外，买方必须支付卖方按照 1.（4）规定交货之时起与货物有关的一切费用。

如果买方未按规定通知卖方，或买方指定的船只未按时到达，或未接收货物，或在通知的时间届满前提前停止装货，则产生的任何额外费用由买方承担。

在需要办理海关手续时，货物进口清关时应交纳的一切关税、税款和其他费用及从他国过境时的费用应由买方承担。

（7）通知。买方应在约定的期限内，将船舶名称、装船地点和/或交付时间充分通知卖方，以使卖方能够按规定交付货物。

（8）交货凭证。买方应当接受卖方提供的交货凭证。

（9）包装与检验。除出口国强制检查、检验的费用外，买方应当支付任何装运之前强制检验的费用。

（10）帮助、单据及信息。为使卖方履行1.（10）的义务，买方应向卖方及时通知其相关安全清关信息的要求。

买方必须支付卖方因履行1.（10）提供或给予的关于取得单据和信息的协助配合义务所产生的所有费用。

如卖方要求，买方应及时向卖方给予协助，以帮助卖方取得为出口货物和/或从他国过境时需要的包括与安全清关有关的信息在内的任何单据或信息。相关风险和费用由卖方承担。

3. FCA、FAS 和 FOB 术语的评价

三种贸易术语，它们虽然在交货地点、风险划分界限以及适用的运输方式等方面并不完全相同，然而它们也有相同之处，其共同点是按这些术语成交时，卖方要负责将货物按规定的时间运到双方约定的交货地点，并按约定的方式完成交货。从交货地点到目的地的运输事项由买方安排，运费由买方负担。买方要指定承运人，订立从交货地至目的地的运输合同，并通知卖方。可见，按这些术语达成交易，卖方承担的费用在交货地点随着风险的转移而相应地转移给了买方。另外，按照《2010 年通则》的解释，采用这三种贸易术语成交时，均由卖方负责货物出口报关的手续和费用；由买方负责货物进口报关的手续和费用。

卖方负责在交货地点提交货物，而由买方安排运输工具到交货地点接运货物，所以，如何做好船货的衔接工作至关重要。为了避免因货等船或船等货而造成当事人的损失，卖方和买方之间应加强联系，将备货和派船的情况及时通知对方，遇到问题加强协商，妥善解决。

十、CFR——成本加运费付至（指定目的港）

CFR 全称是"Cost and Freight"，意为"成本加运费付至"（指定目的港），

是指卖方在装运港船上交货，货物的风险在装运港船上交货时转移，买方承担交货之后的一切风险和其他费用。但卖方需支付将货物运至指定目的港所需的费用。

在CFR术语中卖方应当与承运人订立运输合同，在装运港船上交货，并由卖方承担将货物运送至指定目的港所产生的必要费用。

此规则的风险和费用在不同的地方发生转移，因此买卖双方当事人应在买卖合同中尽可能准确地明确，风险发生转移至买方的交货地点和卖方订立的运输合同中载明的指定目的地。基于卖方和承运人的运输合同，卖方承担在指定目的地卸货的相关费用后，不能向买方要求补偿，双方另有约定的除外。

当货物通过集装箱运输等方式在装船前就移交给承运人时，CFR术语不适用，而应当适用CPT术语。

CFR术语要求卖方应办理货物出口清关手续，但不承担办理货物进口清关手续、支付任何进口关税，或者履行任何进口报关手续的义务。如果买卖双方当事人希望卖方办理货物的进口清关手续，支付任何进口税和办理任何进口海关手续，则应适用DDP术语。

具体义务如下：

1. 卖方义务

（1）货物及凭证。卖方必须按照销售合同提供货物和商业发票，以及合同可能要求的、用以证明货物符合合同规定的其他任何凭证。

发票、保单等文件，均可采用经双方当事人协商或符合商业惯例的、具有法律效力的电子记录或者手续。

（2）出口许可证及通关手续。如港口所在地需要，则卖方应当办理货物出口以及货物送达前从他国过境运输的出口许可证或其他官方许可以及办理清关手续，相关风险和费用由卖方承担。

（3）运输与保险。卖方应当按照通常条件订立运输合同，并将指定港口的具体交货地点写入运输合同，依通常路线及习惯方式，将货物运至指定目的地的约定点。

卖方无义务为买方签订保险合同，如果买方需要，则应向买方提供相应的信息。

（4）货物交付。卖方应在约定的时间、约定的地点将货物装上船舶。

（5）风险承担。除发生2.（5）中所描述之灭失或损坏的情形外，在卖方按照1.（4）交货前，必须承担货物灭失或损坏的一切风险。

（6）费用承担。除2.（6）规定的可由买方支付的费用外，在卖方按照

1.（4）交货前，卖方必须承担与货物有关的所有费用，包括卖方与承运人或卖方指定的其他人订立的运输合同所发生的运费和一切其他费用，包括根据运输合同规定应由卖方支付的装货费和在目的地的卸货费以及货物出口和从他国过境应办理的海关手续费用和出口及从他国过境应交纳的一切关税、税款和其他费用。

（7）通知。卖方必须通知买方已按照规定交货，并给予买方充分的通知，以使买方能够采取必要的措施领取货物。

（8）交货凭证。根据买方的要求或商业惯例，卖方必须向买方提供卖方与承运人或卖方指定的其他人订立的运输合同所签发的运输单据，且费用由卖方承担。

需要特别说明的是，上述运输单据的货物必须为约定货物，其注明的日期必须在约定的装运时间内。如买方提出要求或根据商业惯例，要求该单据赋予买方在约定地点向承运人受领货物的权利或背书给下一个买方（买方能够通过向下一个买方转移单据或向承运人告知的方式在运输中卖出货物）的要求时，则卖方应当满足。

如果上述运输单据存在多份正本，并以转让的方式签发，则卖方应当将全套完整的正本向买方提供。

（9）包装与检验。卖方必须支付为实现交付货物所必需的检查费用（如查对货物品质、丈量、过磅、点数的费用），以及出口国规定的装运前检验的费用。

除不需要包装便可进行运输的特殊货物或者不需要包装便可进行运输属于特别商业惯例外，卖方必须支付货物包装费用。除买方在签订买卖合同前就告知卖方特定的包装要求外，卖方包装时，应采取适宜运输的包装方式。包装应当进行适当标记。

（10）帮助、单据及信息。如该港所在地需要，在买方要求并由其承担风险和费用时，卖方应当采用适当的方式为买方提供及时的帮助，帮助买方取得其进口货物以及将货物运至最后目的地所需的任何单据和信息，包括与安全有关的信息。

买方根据 2.（10）的规定向出卖人提供或帮助获得单据和信息的费用由出卖人承担。

2. 买方义务

（1）货物及凭证。买方必须按照买卖合同规定支付货物的价款。

相关文件均可采用经双方当事人协商或符合商业惯例的、具有法律效力的电子记录或者手续。

（2）进口许可证及通关手续。在需要办理通关手续时，买方必须自行取得进口许可证或其他官方许可，办理货物进口及过境的一切通关手续，并承担风险和费用。

（3）运输与保险。买方无签订运输合同的义务。

买方无与卖方签订保险合同的义务，但当卖方要求时，买方应当向卖方提供获得保险的必要信息。

（4）货物交付。买方必须在卖方按照规定交货时受领货物，并在指定的目的港从承运人处受领货物。

（5）风险承担。自卖方按照1.（4）规定交货之时起，买方必须承担货物灭失或损坏的一切风险。

如果买方未按规定向卖方发出通知，则自约定的装船日期或装船期限届满之日起，买方必须承担货物灭失或损坏的一切风险，但以该项货物已清楚地确定为合同项下的货物为限。

（6）费用承担。除卖方应当支付的出口办理清关手续的费用及其他货物出口应缴纳的关税、税款和其他费用外，买方必须支付卖方按照1.（4）规定交货之时起与货物有关的一切费用。

如果买方未按规定通知卖方，则自约定的装船日期或装船期限届满之日起产生的任何额外费用由买方承担，但以该项货物已正式划归合同项下为限。

在需要办理海关手续时，货物进口清关时应缴纳的一切关税、税款和其他费用及从他国过境的过境费用应由买方承担；在途货物直至到达目的地为止的一切费用，应由买方承担；卸货费应由买方承担。上述费用在卖方和承运人或卖方指定的其他人订立的运输合同中特别约定应由卖方支付的除外。

（7）通知。买方应就发送货物的具体时间、发送货物的具体地点、目的港指定接收货物的地点向卖方充分通知，以使卖方能够按规定发送货物。

（8）交货凭证。如运输单据符合合同规定，则买方必须接受卖方提供的运输单据。

（9）包装与检验。除出口国强制检查、检验的费用外，买方应当支付任何装运之前强制检验的费用。

（10）帮助、单据及信息。为使卖方履行1.（10）的义务，买方应向卖方及时通知其相关安全清关信息的要求。

买方必须支付卖方因履行1.（10）提供或给予的关于取得单据和信息的协助配合义务所产生的所有费用。

如卖方要求，买方应及时向卖方给予协助，以帮助卖方取得为出口货物和/或从他国过境时需要的包括与安全清关有关的信息在内的任何单据或信息。相关风险和费用由卖方承担。

十一、CIF——成本、保险加运费付至（指定目的港）

CIF 全称是"Cost，Insurance and Freight"，意为"成本、保险加运费付至"（指定目的港），是指卖方在装运港船上交货，货物的风险在装运港船上交货时转移，买方承担交货之后的一切风险和其他费用。但卖方需支付将货物运至指定目的港所需的费用。货物价格的构成因素中除从装运港至约定目的地港的通常运费外还包括约定的保险费。

CIF 术语与 CFR 术语类似，卖方除承担与 CFR 术语相同的义务外，还要为买方办理货运保险，支付保险费以防止买方货物在运输途中灭失或损坏风险。CIF 术语只要求卖方投保最低限度的保险险别。如买方需要更多的保险保障，则需要与卖方明确地达成协议，或者自行做出额外的保险安排。

此规则的风险和费用在不同的地方发生转移，因此买卖双方当事人应在买卖合同中尽可能准确地明确，风险发生转移至买方的交货地点和卖方订立的运输合同中载明的目的港的指定目的地。基于卖方和承运人的运输合同，卖方承担在指定目的地卸货的相关费用后，不能向买方要求补偿，双方另有约定的除外。

当货物通过集装箱运输等方式在装船前就移交给承运人时，CIF 术语不适用，而应当适用 CPT 术语。

CIF 术语要求卖方应办理货物出口清关手续，但不承担办理货物进口清关手续，支付任何进口关税，或者履行任何进口报关手续的义务。如果买卖双方当事人希望卖方办理货物的进口清关手续，支付任何进口税和办理任何进口海关手续，则应适用 DDP 术语。

具体义务如下：

1. 卖方义务

（1）货物及凭证。卖方必须按照销售合同提供货物和商业发票，以及合同可能要求的、用以证明货物符合合同规定的其他任何凭证。

发票、保单等文件，均可采用经双方当事人协商或符合商业惯例的、具有法律效力的电子记录或者手续。

（2）出口许可证及通关手续。如港口所在地需要，则卖方应当办理货物出口以及货物送达前从他国过境运输的出口许可证或其他官方许可以及办理清关手续，相关风险和费用由卖方承担。

（3）运输与保险。卖方应当按照通常条件订立运输合同，并将指定港口的具体的交货地点写入运输合同，依通常路线及习惯方式，将货物运至指定目的地的约定点。

卖方必须订立保险合同以防止买方货物在运输途中灭失或损坏风险，保险费用由卖方承担。该货物保险应按照劳氏市场协会和伦敦国际保险业协会等的货物保险条款或其他类似条款中的最低保险险别投保。保险合同应与信誉良好的保险人或保险公司订立，并赋予买方或任何其他对货物具有保险利益的人直接向保险人索赔的权利。保险金额不低于合同价款金额的110%，币种应与合同币种一致。保险范围应当从发货地点起到指定目的地的货物。卖方应向买方提供保险单或者其他保险范围的证据。

如果买方对货物的险种、险别有特别要求时，卖方应当同意买方的要求，并按照买方所提供的必要信息，加投额外的保险，和/或给予战争、罢工或者其他类似条款的险级保障。但相关保险费用应当由买方承担。

在此情况下，卖方必须根据买方的要求、风险和费用，向买方提供买方需要投资额外保险的信息。

卖方必须向买方提供保单或其他承保证明材料。

（4）货物交付。卖方应在约定的时间、约定的地点将货物装上船舶。

（5）风险承担。除发生 2.（5）中所描述之灭失或损坏的情形外，在卖方按照 1.（4）交货前，必须承担货物灭失或损坏的一切风险。

（6）费用承担。除 2.（6）规定的可由买方支付的费用外，在卖方按照 1.（4）交货前，卖方必须承担与货物有关的所有费用，包括卖方与承运人或卖方指定的其他人订立的运输合同所发生的运费和一切其他费用，包括保险费，根据运输合同规定应由卖方支付的装货费和在目的地的卸货费以及货物出口和从他国过境应办理的海关手续费用及出口和从他国过境应交纳的一切关税、税款和其他费用。

（7）通知。卖方必须通知买方已按照规定交货。并给予买方充分的通知，以使买方能够采取必要的措施领取货物。

（8）交货凭证。根据买方的要求或商业惯例，卖方必须向买方提供卖方与承运人或卖方指定的其他人订立的运输合同所签发的运输单据，且费用由卖方承担。

需要特别说明的是，上述运输单据的货物必须为约定货物，其注明的日期必须在约定的装运时间内。如买方提出要求或根据商业惯例，要求该单据赋予买方在约定地点向承运人受领货物的权利或背书给下一个买方（买方能够通过向下一个买方转移单据或向承运人告知的方式在运输中卖出货物）的要求时，卖方应当满足。

如果上述运输单据存在多份正本，并以转让的方式签发，则卖方应当将全套完整的正本向买方提供。

（9）包装与检验。卖方必须支付为实现交付货物所必需的检查费用（如查对货物品质、丈量、过磅、点数的费用），以及出口国规定的装运前检验的费用。

除不需要包装便可进行运输的特殊货物或者不需要包装便可进行运输属于特别商业惯例外，卖方必须支付货物包装费用。除买方在签订买卖合同前就告知卖方特定的包装要求外，卖方包装时，应采取适宜运输的包装方式。包装应当进行适当标记。

（10）帮助、单据及信息。如该港所在地需要，在买方要求并由其承担风险和费用时，卖方应当采用适当的方式为买方提供及时的帮助，帮助买方取得其进口货物以及将货物运至最后目的地所需的任何单据和信息，包括与安全有关的信息。

买方根据2.（10）的规定向出卖人提供或帮助获得单据和信息的费用由出卖人承担。

2. 买方义务

（1）货物及凭证。买方必须按照买卖合同规定支付货物的价款。

相关文件均可采用经双方当事人协商或符合商业惯例的、具有法律效力的电子记录或者手续。

（2）进口许可证及通关手续。在需要办理通关手续时，买方必须自行取得进口许可证或其他官方许可，办理货物进口及过境的一切通关手续，并承担风险和费用。

（3）运输与保险。买方无签订运输合同的义务。

买方无与卖方签订保险合同的义务，但当买方需要增加额外的保险时，买方应按规定向卖方提供必要的信息，以便卖方根据此要求购买额外的保险。

（4）货物交付。买方必须在卖方按照规定交货时受领货物，并在指定的目的港从承运人处受领货物。

（5）风险承担。自卖方按照1.（4）规定交货之时起，买方必须承担货物灭失或损坏的一切风险。

如果买方未按规定向卖方发出通知，则自约定的装船日期或装船期限届满之日起，买方必须承担货物灭失或损坏的一切风险，但以该项货物已清楚地确定为合同项下的货物为限。

（6）费用承担。除卖方应当支付的出口办理清关手续的费用及其他货物出口应缴纳的关税、税款和其他费用外，买方必须支付卖方按照1.（4）规定交货之时起与货物有关的一切费用。

如果买方未按规定通知卖方，则自约定的装船日期或装船期限届满之日起产生的任何额外费用由买方承担，但以该项货物已正式划归合同项下为限。

在需要办理海关手续时，货物进口清关时应交纳的一切关税、税款和其他费用及从他国过境的费用应由买方承担；在途货物直至到达目的地为止的一切费用，应由买方承担；卸货费应由买方承担。上述费用在卖方和承运人或卖方指定的其他人订立的运输合同中特别约定应由卖方支付的除外。

附加保险的保险费由买方承担。

（7）通知。买方应就发送货物的具体时间、发送货物的具体地点、目的港指定接收货物的地点向卖方充分通知，以使卖方能够按规定发送货物。

（8）交货凭证。如运输单据符合合同规定，则买方必须接受卖方提供的运输单据。

（9）包装与检验。除出口国强制检查、检验的费用外，买方应当支付任何装运之前强制检验的费用。

（10）帮助、单据及信息。为使卖方履行1.（10）的义务，买方应向卖方及时通知其相关安全清关信息的要求。

买方必须支付卖方因履行1.（10）提供或给予的关于取得单据和信息的协助配合义务所产生的所有费用。

如卖方要求，买方应及时向卖方给予协助，以帮助卖方取得为出口货物和/或从他国过境时需要的包括与安全清关有关的信息在内的任何单据或信息。相关风险和费用由卖方承担。

3. CFR、CIF、CPT 和 CIP 的评价

C 组贸易术语中的 CFR 和 CIF 是在装运港交货，风险划分均以船舷为界，适用于水上运输方式；CPT 和 CIP 则是在约定地点向承运人交货，风险划分以货交第一承运人为界，适用于各种运输方式。但它们同为一组也具有共同之处，那就是卖方在约定的装运港（地）交货后，还要负责办理货物从装运港（地）到目的港（地）的运输事项，并承担相关费用，因按本组术语成交，货价构成因素中都包括运费，故国际商会在《2010 年通则》的引言中称本组术语项下"主要运费已付"。当然，其中的 CIF 和 CIP 下，卖方还要负责办理货运保险，并承担保险费用。由于卖方承担的风险仍然是在装运港（地）交货时转移，所以，不应将它们看作是到货合同。

上述风险划分和费用划分是两个不同的概念，风险划分在装运港（地），费用划分则是在目的港（地）。也就是说，卖方虽然承担从交货地至目的地的运输责任，并负担相关费用，但是，他并不承担从交货地至目的地的运输途中货物发

生损坏、灭失及延误的风险。

十二、如何运用 2010 年贸易术语

分以下步骤操作：

1. 在销售合同中明确写明使用的是《2010 年通则》

因为《2010 年通则》颁布后，《2000 年通则》并未废止，因此如果买卖双方当事人想使用《2010 年通则》，并写入合同中，应明确使用的是《2010 年通则》。

2. 选择适当的国际贸易术语解释通则

所选用的国际贸易术语解释通则须与货物、其运输方式相称，最重要的是与合同双方是否有意添加额外义务相称，例如，安排运输或保险的义务于买方或卖方。每个对贸易术语的指导性解释中都包含对做出此项决定非常有帮助的信息。不论是哪一项国际贸易术语解释通则被选用，适用双方应该意识到对合同的说明会在很大程度上受到所用港口或地方特有的惯例影响。

3. 尽可能精准地说明所在的地方或港口名称

仅当事人双方选定特定的一个收货地或港口时，所选术语才能发挥作用。且地点或港口名称要尽可能精准，国际贸易术语解释通则效用就能发挥到极致。例如，《2010 年通则》，CIF 规则，中国，天津，天津港。

 思考题

1. 什么是国际贸易术语？它有哪些作用？
2. 《2010 年通则》对《2000 年通则》的主要修改有哪些？
3. 试分析 DAT、DAP、DDP 与其他各组术语的区别。
4. 如何运用《2010 年通则》的贸易术语？

第七章
国际货物买卖

重点问题

· 国际货物买卖合同
· 国际货物运输
· 国际贸易保险
· 国际贸易结算

第一节　国际货物买卖合同

一、国际货物买卖合同概述

1. 国际货物买卖合同的概念

国际货物买卖合同是营业地位于不同国家（或地区）的当事人通过友好协商，按照一定交易条件，买卖某种货物所达成的协议。它是根据买卖双方都接受的国际贸易惯例或国家法律的规定而成立的。合同不仅规定买卖的商品，也规定双方的权利和义务，对双方均有约束力。

2. 国际货物买卖合同的特点

国际货物买卖合同的标的是货物，货物指有体动产，但适用于 1980 年《联合国国际货物销售合同公约》的货物并非所有的有体动产，用于个人消费的合同被排除在外，船舶和飞机等虽然在物理属性上属于动产，但由于其标的巨大，且价值很高，各国对其转让一般均进行了特别的规定，因此公约不对此类货物适用。

（1）国际货物买卖合同具有国际性。国际货物买卖合同与国内货物买卖的基本区别就在于其具有国际性。根据国际性的特点，国际货物买卖合同相对比较复杂。它会涉及国际公约、国际惯例和有关国家的法律，也会受到有关国家政治、经济等条件的影响；它还会受到运输、保险、关税等许多因素和相关程序的影响。

在国际贸易领域，国际货物买卖合同的国际性以当事人的营业地所在的国家为准，而不考虑当事人的国籍。国际货物买卖合同强调的是合同的标的物需要进行超越国境的运输，因此，即使是不同国家的当事人在同一国境内订立的货物买卖合同，也不是国际货物买卖合同。因此，确定一个货物买卖合同是否具有国际性，关键是要确定当事人的营业地。所谓营业地，是指固定的、永久性的、独立进行营业的场所。代表处机构所在地的处所就不是《国际货物销售合同公约》意义上的营业地。

（2）国际货物买卖合同买卖的是货物。货物买卖合同买卖的是货物，《国际货物销售合同公约》对货物有明确的规定，公约主要适用于以商业为目的的有形的动产销售，但不包括股票、债券及流通票据的买卖和权利财产的交易，也不包括不动产和提供劳务的交易。可采用排除法将下列产品排除在该公约的适用范围之外：

1）供私人、家属或家庭使用而进行的购买；

2）经由拍卖方式进行的买卖；

3）根据法律执行应进行的买卖；

4）各种债券或者货币的买卖；

5）船舶、气垫船或飞机的买卖；

6）电力的买卖。

（3）国际货物买卖合同所适用的法律，可以是有关国家的国内法，也可以是有关国际货物买卖的国际公约。世界上许多国家都制定了调整与管理对外贸易的法律法规，尤其是一些经济贸易发达的国家，还专门颁布了对外贸易法，例如，《中华人民共和国对外贸易法》和《中华人民共和国合同法》。而在国际货物贸易中，由于各国国内法的规定各不相同，有些甚至差异很大，加之各国贸易利害关系不同，如单靠某一国家的国内法，已经不能解决国际贸易争议，难以使各方当事人都接受。因此，各国政府和一些国际组织为了消除国际贸易障碍和解决国际贸易争议，便相继缔结或参加了一些双边或多边的国际贸易方面的协定、条约和公约，其中有的已被大多数国家所接受，并且行之有效，包括双边协定、多边协定和国际公约。我国加入的与贸易有关的最重要的多边协定就是 WTO 多边协定群。与国际贸易最相关的国际公约就是《联合国国际货物销售合同公约》。《联合国国际货物销售合同公约》是联合国于 1980 年 4 月讨论修改后通过的。我国是最早加入《联合国国际货物销售合同公约》的缔约国之一，我国核准该公约时，曾对其适用范围提出了保留，即认为该公约的适用范围应仅限于营业地分处于不同缔约国的当事人之间所订立的货物买卖合同。本着对缔约国缔结或参加国际条约或公约"必须遵守"的原则，在法律适用问题上，条约或公约优先于国内法律。

二、国际货物买卖的一般流程

1. 出口流程

（1）交易前的准备。出口交易前的准备工作主要包括：加强对国外市场与客户的调查研究，选择适销的目标市场和资信好的客户；制订出口商品经营方案或价格方案；开展多种形式的广告宣传和促销活动等市场营销工作。

（2）商订出口合同。主要包括通过函电联系或当面洽谈等方式，同国外客户进行磋商，根据外国客户的要求制作样品，根据公司的价格方案拟定报价，确定信用证，经磋商与外商会签出口合同。

（3）出口合同的履行。就卖方履行出口合同而言，主要包括下列各环节的工作：认真备货，并在出运前组织验货，确保按时、按质、按量交付约定的货物；落实信用证，做好催证、审证、改证工作；及时租船订舱，安排运输、保险，并办理出口报检、报关手续；装船出运；缮制、备妥有关单据，及时向银行交单结汇和收取货款，办理出口退税等。

2. 进口流程

（1）交易前的准备。进口交易前的准备工作主要包括：制订进口商品经营方案或价格方案；对国外市场及外商资信情况进行调查；选择适当的采购市场和供货对象。

（2）商订进口合同。与商订出口合同基本一致，需要特别注意的是组建专业谈判团队的必要性。专业谈判团队可有效地避免或控制未来合同履行产生的各种风险。

（3）进口合同的履行。与进口合同的流程相反，工作侧重点也不一样，一般包括：按合同规定向银行申请开立信用证；及时接收货物；及时审核相关单据；付款赎单；办理进口报关手续；验收等。

三、国际货物买卖合同的主要内容

国际货物买卖合同的结构，一般包括三个部分：第一部分是合同首部，包括序言、合同名称、编号、缔约日期、缔约地点、缔约双方的名称和地址等；第二部分是合同的主体部分，规定双方的权利和义务，包括商品名称、品质规格、数量、包装、单价和总值、交货期、装运港和目的港、支付方式、保险条款、商检条款、异议索赔、仲裁和不可抗力条款等；第三部分是合同的尾部，包括合同使用文字、份数、效力的有关说明和买卖双方签字。

1. 国际货物买卖合同的当事人

《联合国国际货物销售合同公约》要求货物销售合同的当事人应为双方营业地位于不同缔约国的当事人。

我国于 2004 年修订的《中华人民共和国对外贸易法》（以下简称外贸法）在对外贸易经营者方面主要有下列修改：第一，外贸经营权的获得由原来的审批制改为登记制。第二，可以从事外贸的主体扩大到了自然人。依现行外贸法第八条的规定，对外贸易经营者是指依法办理工商登记或者其他执业手续，依照本法和其他有关法律、行政法规的规定从事对外贸易经营活动的法人、其他组织或者个人。但现行外贸法并不意味着任何个人可以不受限制地从事进出口贸易。事实上，经营外贸仍然需要依法办理工商登记或者其他执业手续，才可以获得对外贸易经营者的资格。

2. 国际货物买卖合同的其他主要条款

（1）品质规格条款。货物的品质规格条款主要内容包括：品名、规格、牌号。它是国际货物买卖合同中的重要条款。货物的品质规格是指货物所具有的外在质量与外观形态。由于国际货物买卖的双方分处不同的国家，因此，双方在合同中对货物品质的约定就更加重要。某些国家更直接以法律的形式规定，买卖合同中有关货物品质的说明是合同的要件。

在国际贸易中，商品的品质首先应符合合同的要求。如果卖方交付的货物品质与合同不符，买方有权拒收货物，并可以解除合同、要求损害赔偿。对于某些由国家制定定品质标准的货物，如食品、药品的进出口，其品质还必须符合有关国家的规定。

在国际货物买卖中，不同种类的货物有不同的品质表示方法：①凭样品确定货物品质的买卖，指交易双方约定以样品作为交易的品质依据的买卖。②凭规格、等级或标准确定货物品质的买卖。③凭商标或牌名确定货物品质的买卖。④凭说明书确定货物品质的买卖。货物的品质条款一定要明确，并应依合同约定的品质履行。

（2）数量条款。国际货物买卖合同中的数量是指用一定的度量衡来表示货物的重量、个数、长度、面积、容积等的量，通常用重量、体积、长度、面积、个数等单位来表示。数量条款是确定卖方交货数量的依据。

由于各国的度量衡制度不同，同一计量单位所代表的数量可能也会有差异，因此合同中必须规定明确。数量条款的基本内容有：交货数量、计量单位、计量方法。

对有些农产品货物、矿产品货物等，由于货物本身的特性，或受包装和运输工具的限制，或由于蒸发的原因等，使货物的重量和数量很难与合同相同，对于此类货物，国际惯例也允许在合同规定的数量与实际交货的数量之间有一定的机动幅度。通常有两种规定机动幅度的方法：①在合同中规定"溢短装条款"，允许卖方按一定的机动幅度多交或少交一定数量的货物。②在货物的数量上规定一个约数，如规定"约1000公吨"，则货物的数量可以在一定的幅度内机动。

制定数量条款时明确交货数量、计量单位、计量方法，如存在溢短装条款时，应注意溢短装的计价方法。

3. 包装条款

包装是指为了有效地保护货物的数量完整与品质完好，把货物装进适当的容器中。在国际贸易中，除一些货物因其本身特点不需要包装外，多数货物都需要有一定的包装。包装的费用计入成本之中。包装条款的主要内容是：包装方式、规格、材料、费用和运输标志等。

货物的包装主要分为两类：①运输包装，又称大包装或外包装，主要作用是为了保护货物的安全运输，便于装运和储存。②销售包装，又称小包装或内包装，其作用是为了保护商品的质量、数量，此外，还有介绍商品的作用。

包装条款应依货物的性质进行协商，同时还应考虑对方国家的习惯和法律规定。货物包装必须与合同规定相符，根据《联合国国际货物销售合同公约》第

35 条规定，卖方交付的货物必须与合同所规定的数量、质量和规格相符，并须按照合同所规定的方式装箱或包装。除双方当事人已另有协议外，应按同类货物通用的方式装箱或包装，如果没有此种通用方式，则按照足以保全和保护货物的方式装箱或包装，否则即与合同不符。

4. 价格条款

价格是指每一计量单位的货值。价格条款的主要内容有：每一计量单位的价格金额、计价货币、指定交货地点、贸易术语与商品的作价方法等。国际贸易中价格条款是确定买方支付义务的主要依据。

在国际货物买卖中，合同作价通常采用以下方法：

（1）短期交货合同可采用固定价格，即由买卖双方商定的在合同有效期内不得变更的价格。

（2）对长期交货合同，如大型成套设备、机器的买卖合同，为避免受国际市场价格变动的影响，可采用滑动价格，即买卖双方同意在合同中暂定价格，在交货时再根据行情及生产成本增减情况作相应的调整。

（3）后定价格，即在合同中不规定货物的价格，只规定确定价格的时间和方法，如规定"以某年某月某日芝加哥商品交易所价格计价"。

（4）对分批交货合同，可采用部分固定价格、部分滑动价格的方法。对近期交货部分采用固定价格，对远期交货部分按交货时的行情或另行协议作价。为了防止货物价格受汇率波动的影响，在合同中可以增订外汇保值条款，明确规定在计价货币币值发生变动时，价格应作相应调整。

5. 检验条款

货物检验指由货物（或称商品）检验机关对进出口货物的品质、数量、重量、包装、标记、产地、残损等进行查验分析与公证鉴定，并出具检验证明。货物检验的目的在于提供一个确定卖方所交货物是否符合合同的依据，并进一步为买卖双方交接货物、支付货款及进行索赔提供依据。所以检验条款也被称作索赔条款。其主要内容包括：检验机构、检验权与复验权、检验与复验的时间和地点、检验标准与方法及检验证书。

（1）关于商检权问题。所谓商检权，是指依照合同的约定，买方或卖方所享有的对进出口商品进行检验鉴定，以确定其是否与合同相符的权利。一般说来，哪一方享有检验权，哪一方就有权指定检验机构检验货物，其检验机构就作为对货物的品质、数量、包装等与合同是否一致的最后评定。商检权关系到买卖双方由哪方决定商品品质、数量或包装是否符合合同的问题。在国际贸易中，对商检权一般有下列五种不同的规定方法：

1）在出口国产地检验。发货前，由卖方检验人员会同买方检验人员对货物进行检验，卖方只对商品离开产地前的品质负责。离开产地后运输途中的风险，由买方负责。

2）在装运港（地）检验。货物在装运前或装运时由双方约定的商检机构检验，并出具检验证明，作为确认交货品质和数量的依据，这种规定称为以"离岸品质和离岸数量"为准。

3）目的港（地）检验。货物在目的港（地）卸货后，由双方约定的商检机构检验，并出具检验证明，作为确认交货品质和数量的依据，这种规定称为以"到岸品质和到岸数量"为准。

4）买方营业处所或用户所在地检验。对于那些密封包装、精密复杂的商品，不宜在使用前拆包检验，或需要安装调试后才能检验的产品，可将检验推迟至用户所在地，由双方认可的检验机构检验并出具证明。

5）出口国检验，进口国复检。按照这种做法，装运前的检验证书作为卖方收取货款的出口单据之一，但货到目的地后，买方有复验权。如经双方认可的商检机构复验后，发现货物不符合合同规定，且系卖方责任，买方可在规定时间内向卖方提出异议和索赔，直至拒收货物。从国际贸易角度来说，"出口国检验，进口国复验"的做法最为方便而且合理，因为这种做法既肯定了卖方的检验证书是有效的交接货物和结算凭证，同时又确认买方在收到货物后有复查权，这也符合各国法律和国际公约的规定。

（2）关于检验机构。在国际贸易中，进行商品检验的机构主要有以下三类：一是由国家设立的商品检验机构，在我国就是国家质量监督检验检疫总局；二是由私人或同业公会、协会开设的公证行；三是生产、制造厂商或产品的使用部门设立的检验机构。

（3）关于商检的标准和方法。各国对同一商品规定的品质标准不完全一致，而且每个国家的标准（包括各同业公会的标准）各年的版本又有可能不同，内容也有差异，因此，在签订合同时，应明确规定按哪个国家、哪个版本的何种标准确定商品的品质。

6. 装运条款

装运是将货物装上运输工具的行为。装运条款主要规定装运时间、运输方式、装运方式、装运港或装运地、装运通知等事项。一般情况下，装运与交货是两个概念，但在某些情况下，装运和交货混同。如在 FOB、CIF 等贸易方式下，卖方只要按合同规定把货物交给承运人并取得提单，就算履行了交货义务，提单签发日期即为交货日期，装货地点即为交货地点，所以"装运"一词也常被"交货"概念代替。具体装运条款会涉及运输问题和支付单据中的要求，将在"国际贸易的运输"一节以及"国际贸易术语"一章中具体阐述。

7. 保险条款

合同中的保险条款是指具体规定由哪方当事人负担货物运输的保险责任，及应投保的险别等内容的条款。其目的在于把保险责任具体化。例如，货物是按FOB价格条件出售的，则保险费用应由买方支付，即使卖方经买方的请求而投保，其保险费用也应由买方承担。

8. 支付条款

国际货物买卖中的支付是指用什么手段，在什么时间、地点，用什么方式支付货款及其从属费用。支付条款是合同中有关买方支付货款内容的条款，包括下列内容：

（1）支付与结算使用的货币币种。

（2）支付手段，是货币还是票据，一般采用票据中的汇票。

（3）支付方式，指是采用汇付、托收还是信用证，合同中经常采用的是跟单信用证付款方式，有些情况下也采用托收的方式。

（4）支付的时间与地点。支付时间不但涉及利息问题，而且对买卖双方尽快实现各自利益有重大关系。通常按交货（交单）与付款先后，可分为预付款、即期付款与延期付款。此外，还有卖方为取得货款应提供的单证等各项规定。

9. 不可抗力条款

不可抗力是指合同订立以后发生的、当事人订立合同时不能预见、不能避免、不可控制的意外事件，导致不能履约或不能如期履约的情形。遭受不可抗力一方可由此免除责任，而对方无权要求赔偿。不可抗力条款的主要内容包括：不可抗力的含义、范围以及不可抗力引起的法律后果，双方的权利义务等。依1980年《联合国国际货物销售合同公约》的规定，遭受不可抗力的一方可解除合同或延迟履行而不承担责任。只有在不可抗力因素与当事人的过失同时存在的情况下，当事人才承担相应的赔偿责任。

10. 仲裁条款

仲裁是国际贸易中解决争议时最常用的方法，并以双方订有仲裁协议为前提。在争议的解决上，国际货物买卖合同中一般规定，如发生与本合同有关的争议，应友好协商解决，协商不能解决时，应将争议提交某仲裁机构进行仲裁。仲裁条款一般包括：仲裁机构、适用的仲裁程序规则、仲裁地点及裁决效力等。

11. 法律适用条款

法律适用条款是当事人依意思自治原则经过双方协商选择的适用于合同的法律。国际货物买卖合同是在营业地分处不同国家的当事人之间订立的。由于各国政治、经济、法律制度不同，这样就产生了法律冲突与法律适用问题，因而当事人应在合同中明确规定解决合同争议的法律适用条款或法律选择条款。当事人可以选择适用某国的国内法，也可以选择适用国际公约或国际惯例。

以上是国际货物买卖合同正文部分的主要条款，买卖双方一般根据货物的性质、交易量的大小、当事人之间的关系、签约当事人的法律知识与水平等因素而协商决定。

第二节　国际货物运输

国际货物运输是国际贸易中的一个重要环节，国际货物买卖中的货物必须从卖方所在地运至买方所在地。

一、运输方式

国际货物运输的方式很多，主要包括海上运输、铁路运输、航空运输、邮政运输、管道运输及多式联运。其中，海上运输是最主要的运输方式，国际货物买卖中80%左右的运输量是通过海上运输完成的。近年来，随着集装箱运输的广泛运用，多式联运也迅速地发展起来。

1. 海上运输及特点

国际海上货物运输是由承运人将货物从一国港口运至另一国港口，并由货方支付运费的运输。国际海上货物运输依船舶经营方式的不同，可分为班轮运输、租船运输。

（1）海上运输的优点。海上运输的优点如下：①运输能力强；②通过能力强；③适货性强，适合运大件货物；④适应性强，不受道路和轨道限制；⑤运输成本低（量大、距长、无通道投资）。

（2）海上运输的缺点。海上运输的缺点如下：①对地理环境要求高；②受气候和自然条件影响大；③路线迂回，航期不准，速度慢；④风险大，破损多。

2. 国际铁路货物运输及特点

国际铁路货物运输是指使用统一的国际铁路联运单据，由铁路部门经过两个或两个以上国家的铁路进行的运输。在国际货物运输中，铁路运输是一种仅次于海洋运输的主要运输方式，海洋运输的进出口货物，也大多是靠铁路运输进行货物的集中和疏散的。

（1）国际铁路货物运输的优点。国际铁路货物运输的优点如下：①运输能力强；②运行速度快；③适货性强，可运送各种货物；④适应性强（全天候，受地理条件和天气影响小）；⑤环境污染少（电力机车）。

（2）国际铁路货物运输的缺点。国际铁路货物运输的缺点如下：①受轨道限制，灵活性差；②修建铁路需要大量金属和资金；③需要提货、送货，短途运输成本高。

3. 国际航空货物运输及特点

航空运输是一种现代化的运输方式，国际航空货物运输作为国际贸易运输的一种方式是在第二次世界大战后出现的。国际航空货物运输的方式主要有班机运输、包机运输和集中托运。

（1）国际航空货物运输的优点。国际航空货物运输的优点如下：①速度快，航班密；②安全、舒适，对包装要求少；③机动性好，不受地表条件限制。

（2）国际航空货物运输的缺点。国际航空货物运输的缺点如下：①运量小、运价高；②受天气影响大；③依赖地面运输完成"门到门"服务；④运输能力有限，无法运大件货物；⑤以客运为主的局面仍然继续。

4. 国际货物多式联运

国际货物多式联运是按照多式联运合同，以至少两种不同的运输方式，由多式联运经营人将货物从一国境内接管货物的地点送至另一国境内交付货物的地点的运输方式。这种运输是在集装箱运输的基础上产生发展起来的新型运输方式，它以集装箱为媒介，将海上运输、铁路运输、公路运输、航空运输和内河运输等传统的运输方式结合在一起，形成了一体化的"门到门"运输。

构成国际多式联运必须具备的条件及要素如下：①货物托运和多式联运经营人接收的货物是国际的货物运输；②至少两种不同运输方式的连贯运输；③发货人与负责全程运输的多式联运经营人订立相关的多式联运合同；④由与发货人

订立相关合同的多式联运经营人对货物运输全程负责；⑤由多式联运经营人签发一份全程多式联运单据，且应满足不同运输的需要；⑥全程运输使用单一运费率。

（1）国际货物多式联运的优点。国际货物多式联运的优点如下：①手续简便，责任统一；②减少运输过程中的时间损耗，使运输更加便捷；③节省了运杂费用，降低了运输成本；④提高了运输组织水平，实现了"门到门"的运输，使合理运输成为现实。

（2）国际货物多式联运的缺点。国际货物多式联运的缺点如下：①货物需要经过多种运输方式，需要各方协调；②货物在运输途中经多方转接，风险相对其他运输方式要大；③一旦卖家收到的货物有差错，或者货物在运输途中遭遇损坏或灭失，由于运输环节比较多，涉及承运人多，不易划分责任。

二、海上运输方式

国际海上货物运输依船舶经营方式的不同，可分为班轮运输、租船运输。

1. 班轮运输

班轮运输是由航运公司以固定的航线、固定的船期、固定的运费率、固定的挂靠港口组织将托运人的件杂货运往目的地的运输。由于班轮运输的书面内容多以提单的形式表现出来，所以此种运输方式又被称为提单运输。

班轮运输的特点：①船舶按照固定的船期表，沿着固定的航线和港口来往运输，并按相对固定的运费率收取运费，因此，它具有"四固定"的基本特点。②由船方负责配载装卸，装卸费包括在运费中，货方不再另付装卸费，船、货双方也不计算滞期费和速遣费。③船、货双方的权利、义务与责任豁免，以船方签发的提单条款为依据。

总之，班轮运输一般用于杂货和小额贸易货物的运输，有手续简便、货主省心省力、利于核算货价、减少磋商内容的特点，为贸易双方洽谈贸易条件和装运时间提供便利。另外，班轮运输一般在班轮码头仓库交接货物，故为货主提供了便利和良好的服务。

2. 租船运输

租船运输，又称不定期船运输，指货主或他的代理人向船只公司包租整条船或租用其中的部分舱位用于运输货物的运输方式。在租船运输业务中，没有预定的船期表，船舶经由航线和停靠的港口也不固定，须按船租双方签订的租船合同来安排，有关船舶的航线和停靠的港口、运输货物的种类以及航行时间等，都按承租人的要求，由船舶所有人确认，运费或租金也由双方根据租船市场行情在租船合同中约定。租船运输通常一般适应于大宗货物的运输。与班轮运输相比，租船运输（不定期船）的突出特点：

第一，一般出租人和租船人签订租船运输合同，租赁的方式、租期；船舶经由的航线、停靠的港口、船期、装卸时间/装卸率；运费或租金、装卸费用、滞期费、速遣费的计收等问题都需要双方在租船合同中具体规定。

第二，运量大，方式灵活，单位货物的运费低。

租船合同包括航次租船、定期租船和光船租赁三种：

（1）航次租船。航次租船又称为航程租船、定程租船，是指由船舶所有人负责提供船舶，在指定港口之间进行一个航次或数个航次，承运指定货物的租船运输。航次租船时，船舶所有人保留船舶的所有权和占有权，并由其雇用船长和船员，负责经营管理，承担船员工资、港口使用费、船用燃料、港口代理费等费用。承租人除依合同规定负担装卸费等费用外，不直接参与船舶的经营。

航次租船合同一般包括以下条款：①出租人和承租人；②船舶的说明；③货物的类别、数量；④提供约定的货物；⑤受载期限；⑥装货港和卸货港的选择；⑦装卸时间的计算；⑧提单的签发；⑨运费的支付；⑩船舶转租；⑪绕航条款；⑫货物的损害赔偿；⑬解约条款；⑭责任终止条款。

（2）定期租船。定期租船，是指由船舶所有人将船舶出租给承租人，供其使用一定时期的租船运输。定期租船的船舶所有人应向承租人提供约定的配备船员的船舶，由承租人在约定的期限内按约定用途使用，并支付租金。船舶所有人与租船人双方的责任、义务，以定期租船合同为准。

定期租船合同一般包括以下条款：①船舶说明条款；②货物条款；③租期条款和交船条款，使用与赔偿条款、转租条款、航行区域条款；④出租人和承租人提供的事项条款；⑤出租人责任与豁免条款；⑥租金条款；⑦还船条款、停租条款、合同解除条款；⑧共同海损条款仲裁条款允许承租人派人随船监督条款等。

（3）光船租赁。光船租赁也称光船租船，是船舶所有人将船舶出租给承租人使用一定时期，但船舶所有人所提供的船舶是一艘空船，既无船长，又未配备船员，由承租人自行安排船长、船员，并负责他们的给养和船舶营运管理所需的一切费用。光船租船实际上属于单纯的财产租赁。这种租船方式，在当前国际贸易中很少使用。

光船租赁合同一般包括以下条款：①船舶说明条款，包括船名、船籍、船级、吨位、容积等内容；②交船与解约条款；③租期条款；④货物与航行区域条款；⑤船舶的使用与保养条款；⑥船舶的检查条款；⑦租金支付条款；⑧还船条款；⑨船舶抵押条款；⑩船舶保险条款；⑪合同的转让与船舶转租条款；⑫出租人和承租人权益的保护条款。

三、运输单据

运输单据是承运人收到承运货物后签发给托运人的证明文件，它是交接货物、处理索赔与理赔以及向银行结算货款或进行付议的重要单据。在国际货物运输中，因为运输方式不同，导致的运输单据的种类也多种多样，主要包括海运单据和其他运输单据。

1. 提单的概念及其特征

海运提单（简称提单），是指由船长或船公司或其代理人签发的，证明已收到特定货物，允许将货物运到特定的目的地并交付给收货人的凭证。海运提单也是收货人在目的港据以向船公司或其代理人提取货物的凭证。提单是证明海上运输合同的单证，也是承运人接管或装载货物和承运人担保证据以交付货物的单证。

提单的基本特征如下：

（1）提单是货物收据。提单是在承运人或其代理人收到所交运的货物后向托运人签发的，用以证明承运人已经收到或接管提单上所列的货物。提单上记载了许多收据性的文字，如货物的标志、货物的包装、数量或重量及货物的表面状况等。提单可以转让，在托运人手中或第三人手中的效力是不同的。

提单在托运人手中时只是货物的初步证据，当承运人有确实的证据证明其收到的货物与提单上的记载不符时，承运人可以向托运人提出异议。

当托运人已经将提单背书转让给第三人，则对于提单受让人来说，提单就成了终结性的证据。因为提单的受让人是根据提单上的记载事项受让提单的，即使承运人有确实的证据证明其收到的货物与提单上的记载不符，承运人不得以此对抗提单的受让人，这样可以保证提单的流通性。

（2）提单是货物所有权凭证。在法律上有物权证书的作用，当船货抵达目的港后，承运人应当根据提单的内容向提单的持有人或合法受让人交付货物。不记名提单和指示提单具有流通性，可以通过背书转让提单的方式转让货物的所有权。提单持有人对在途货物有处分权。

（3）提单是海上运输合同的证明。提单是承运人与托运人之间订立的运输合同的证明。值得注意的是，提单只是运输合同的证明而非运输合同本身，运输合同是在提单签发之前成立的。当然，提单是运输合同的证明只是就承运人与托运人之间的关系而言，如果提单进行了转让，因为提单的受让人没有参加运输合同的缔结，他对托运人与承运人之间在订舱时有什么约定并不知情，因此对运输合同的内容只能依提单上的记载，因此一般认为提单在承运人与提单的受让人之间就不仅是运输合同的证明，而且是运输合同本身，提单条款明确规定了承运人和托运人之间的权利、责任与豁免，一旦发生争议，双方据此进行解决。

2. 提单的内容

提单分正反两面，提单正面是提单记载的事项，提单的背面是关于双方当事人权利和义务的实质性条款。

（1）提单正面的记载事项。关于提单正面的记载事项，各航运公司拟定的提单大致相同，一般包括下列各项：①承运人的名称和地址，记载该栏目的目的主要是便于收货人明确提单的承运人；②托运人的名称；③收货人的名称；④通知人的名称，几乎所有提单上都有通知人这一项，但在记名提单上没有必要再添上通知人名称；⑤船舶名称，已装船提单须注明船名，若是收妥待运提单，待货物实际装船完毕后记载船名；⑥装货港、卸货港和转运港；⑦货物名称、标志和号数、包装、件数、重量和体积；⑧运费的支付，若货主拒绝支付运费和其他有关费用，根据提单条款规定，承运人对货物通常都享有留置权；⑨提单的签发日期、地点和份数，提单的签发日期应该是提单上所列货物实际装船完毕的日期，提单签发的地点原则上应是装货地，一般是在装货港或货物集中地签发，提单签发的份数，按航运惯例通常是正本提单一式两份至三份，每份具有同等效力，收货人凭其中一份提取货物后，其他各份自动失效，但副本提单的份数可视托运人的需要而定，副本提单不能作为物权凭证或背书转让，只能供有关作业参考；⑩承运人或船长，或由其授权代表的签字，提单必须经过签署后才能生效，有权签署提单的人应是承运人或船长，或由他们授权的代理人，目前国际海运中，尤其是班轮货物运输中，大多由船公司的代理人签字。

需要特别注意的是，提单上有关船名、托运人、收货人、港口、货物名称等一般应由托运人提供并填写全称，不能简写或缩写。货物件数应按实际包装名称填写，货物总数必须大写。

（2）提单背面条款。海运提单的背面通常载有关于双方当事人权利和义务的条款。各种提单格式的条款虽不尽相同，但其主要内容基本上是一致的。具体内容如下：①相关合同的定义条款；②管辖权和法律适用条款；③责任期限、责任划分条款；④包装和标志条款；⑤承运人的免责条款；⑥赔偿责任限额条款；⑦运费和其他费用条款；⑧共同海损条款。

3. 提单的种类

（1）按货物是否装船划分为已装船提单和收货待运提单。已装船提单是指整票货物已全部装进船舱或装上舱面甲板后承运人或船长才签发的提单。为了确保买方能在目的地提货，一般都要求卖方提供已装船提单，以证明货物确已装船。已装船提单要求提单上必须以文字表明货物已装某某船，并记载装船日期，同时还应由船长、船东、承运人或其代理人签字。国际贸易一般接受已装船提单，银行一般也只接受已装船提单。

收货待运提单又称备运提单，是在托运人已将货物交给承运人，承运人在货物装船以前向托运人签发的提单。由于这些货物尚未装船，所以提单上并未载明装运船舶的船名和装运日期。信用证项下银行一般不愿意接受这种提单，为托运人提供资金的融通。

（2）按提单上对货物外表状况有无不良批注，分为清洁提单和不清洁提单。清洁提单指货物在装船时外表状况良好，承运人对包装、货物未增加破损、缺陷等有碍结汇批注的提单。承运人如签发了清洁提单，就表明所接受的货物表面或包装完好，承运人不得事后以货物包装不良等为由推卸其运送责任。在签发清洁提单的情况下，如交货时货物受损，就说明货物是在承运人接管后受损的，承运人必须承担赔偿责任。银行在结汇时一般只接受清洁提单。

不清洁提单则是指承运人在提单上加注有货物及包装状况不良或存在缺陷，如"……已损坏"等批注的提单。银行在办理结汇时，通常不接受不清洁提单。

（3）按照收货人抬头标示不同，分为记名提单、不记名提单和指示提单。记名提单指提单正面载明收货人名称的提单，在这种情况下，承运人只能向该收货人交付货物。因为记名提单不能背书转让、不能流通，因此在国际贸易中很少采用。

不记名提单指提单正面未载明收货人名称的提单。不记名提单注明了提单持有人，承运人应当将货物交提单持有人。这种提单的转让十分简便，无须背书，只要将提单交给受让人即可，但这种提单的风险极大，国际贸易中很少采用。

指示提单指提单上收货人一栏内载明"凭指示"或"凭某人指示"字样的提单，承运人按记名指示人的指示交付货物。指示提单可以背书转让，在国际贸易中广泛采用。

（4）按签发提单的时间可以划分为顺签提单、倒签提单和预签提单。三种提单均存在托运人和承运人掩盖事实的情况，托运人和承运人在不同程度上要承担由此而产生的风险。

顺签提单是指在货物装船完毕后，承运人、船长或其代理人应托运人的要求而签发的提单，该提单上记载的签发日期晚于货物实际装船完毕的日期。在这种情况下，如果货物在实际装船后提单顺签日期前发生货损，发货人将面临索赔问题。

倒签提单是指在货物装船完毕后，承运人、船长或其代理人应托运人的要求，以早于该票货物实际装船完毕的日期作为提单签发日期的提单。承运人倒签提单的做法，掩盖了事实真相，是隐瞒迟期交货的侵权行为，收货人可以以"伪造提单"为由拒收货物，并向法院起诉，承运人要为此承担风险。

预签提单又称预借提单，货物尚未装船或尚未装船完毕的情况下，托运人要求承运人提前签发的已装船清洁提单。通常来说，托运人为了能及时结汇而从承运人那里借用已装船清洁提单。承运人签发这种提单，不仅掩盖了事实真相，而且因为货物还没有装船，因此面临着比签发倒签提单更大的风险。在实践中，在信用证即将到期，而托运人又不能如期装船的情况下，正确的处理方法是要求修改信用证。

银行不接受倒签提单和预签提单。如果开证行发现提单倒签和预签，并有证据证实，可以以伪造单据为由拒付。

4. 其他运输单证

（1）海运单。海运单又称海上运送单或海上货运单，是证明海上运输货物由承运人接管或装船，且承运人保证将货物交给指定的收货人的一种不可流通的书面运输单证。它是承运人向托运人或其代理人表明货物已收妥待装的单据，是承运人与托运人之间运输合同的证明，但不是物权凭证，不可转让，即不须以在目的港提示该单据作为收货条件，船主或其代理人可凭收货人收到的货到通知或其身份证明而向其交货。海运单仅涉及托运人、承运人、收货人三方，程序简单，操作方便，有利于货物的转移，它不可以背书转让，可避免单据遗失和伪造提单所产生的后果。另外，由于海运单提货便捷、及时、节省费用，收货人提货无须出示海运单，这既解决了近途海运货到而提单未到的常见问题，又避免了延期提货所产生的滞期费、仓储费等。因此，海运单在国际贸易中也经常采用。

在国际贸易业务中，海运单一般适用于下列货物运输：中途不被转售的货物的班轮运输；出售给跨国公司的一家分公司或卖给一家联营公司、相关公司的货物贸易；赊销交易；结算方式为直接汇付、往来账户、现金的贸易；其他不需要信用证的贸易。

海运单的基本格式与提单相似，特别是和记名提单的格式基本一致。海运单也可以作成已装船海运单和收货待运海运单，但海运单和提单相比还是有明显的区别：

1）提单是货物收据、运输合同证明、物权凭证；海运单只是货物收据和运输合同证明，但不是物权凭证。

2）提单可以通过背书转让；海运单上标明了确定的收货人，不能转让流通。

3）提单的合法持有人和承运人凭提单提货和交货，海运单上的收货人并不出示海运单，仅凭提货通知或其身份证明提货。

（2）多式联运单据。根据《联合国国际货物多式联运公约》的规定，多式联运单据是指证明多式联运合同和多式联运经营人接管货物并保证按照该合同条款交付货物的单证。

多式联运单据应记载多式联运经营人的名称和地址、发货人及收货人的名称、多式联运经营人接管货物的地点和日期、交付货物的时间和地点、单据签发的时间和地点、货物的表面状况等事项。

多式联运单据与联运提单在形式上有相同之处，但在性质上不同。

1）签发人不同。多式联运单据由多式联运经营人签发，全程运输均安排各分承运人负责；而联运提单由承运人或其代理人签发。

2）签发人的责任不同。多式联运单据的签发人对全程运输负责；而联运提单的签发人仅对自己运输的一段航程中所发生的货损负责。

3）运输方式不同。多式联运单据项下的运输可用各种运输方式的联运；而联运提单项下的运输仅限于海运与其他运输方式的联合运输。

4）已装运证明不同。多式联运单据可以不表明货物已装上运输工具，而联运提单必须是已装船提单。

第三节　国际贸易保险

国际货物运输保险是国际贸易的重要组成部分，国际货物运输保险不但可以给运输中的货物提供保障，而且还能为国家提供无形贸易的外汇收入。

一、国际货物运输保险概述

1. 保险的基本概念

保险指投保人根据合同约定，向保险人支付保险费，保险人对于合同约定的可能发生的事故，因其发生所造成的财产损失承担赔偿保险金责任，或者当被保险人死亡、伤残、疾病或达到合同约定的年龄、期限时，承担给付保险金责任的商业保险行为。

保险是一种经济补偿制度，从法律角度看，它是一种补偿性契约行为，即被保险人向保险人提供保险费作为对价后，保险人对被保险人可能遭受的承保范围内的损失承担的一种赔偿责任。

由于国际货物采取的运输方式很多，其中包括海上运输、铁路货物运输、公路货物运输、航空运输和邮包运输等，因此，国际货物运输保险也相应地分为海上货物运输保险、铁路货物运输保险、公路货物运输保险、航空货运保险和邮包运输保险等，其中历史最悠久、业务量最大、法律规定最全的是海上货物运输保险。

2. 国际货物运输保险的基本原则

（1）保险利益原则。保险利益原则也称可保利益原则，是指投保人或被保险人对保险标的所具有的法律上承认的经济利益，法律要求投保人对保险标的应当具有保险利益，投保人对保险标的不具有保险利益的，保险合同无效。此原则可以避免将保险合同变为赌博合同。可保利益是订立保险合同的前提条件，也是保持保险合同效力的重要条件。投保人或者被保险人必须对保险标的拥有可保利益，否则，保险合同无效。

（2）最大诚实信用原则。最大诚实信用是指保险人或投保人在订立保险合同前或当时，应当将与保险条款和保险标的有关的重要事实，如实地向对方陈述，以便让对方判断是否投保或者是否接受承保，或者以什么条件投保或承保。最大诚实信用原则主要体现在告知和保证两方面，法律要求合同订立前，被保险人应当将其知道的或者在通常业务中应当知道的有关影响保险人据以确定保险费率或确定是否同意承保的重要情况，如实告知保险人，但保险人知道或者在通常业务中应当知道的情况，保险人没有询问的，被保险人无须告知。被保险人故意未将重要情况如实告知保险人的，保险人有权解除合同，并不退还保险费。合同解除前发生保险事故造成损失的，保险人不负赔偿责任。

（3）损失补偿原则。损失补偿是指保险合同生效后，如保险事故发生而使被保险人遭受损失时，保险人必须在责任范围内对被保险人所受的实际损失进行补偿。国际货物运输保险合同属于补偿性的财产保险合同，此补偿应当全面、充分地弥补被保险人由于发生保险事故而实际失去的经济利益，被保险人不能因保险赔偿而获得额外的利益；保险赔偿也不会超过保险合同中约定的投保金额。在发生超额保险和重复保险的情况下，保险人只赔偿实际损失，因为保险的目的是补偿，而不是通过保险得利。

（4）近因原则。近因是指促成损失结果的最有效的，或起决定作用的原因，如果近因是属于保险责任的，保险人应当承担损失赔偿责任；如果近因不属于保险责任的，保险人不负责赔偿。值得注意的是，近因不是指在时间上或空间上与损失结果最为接近的原因。在国际货物运输保险实践中，近因原则是常用的确定保险人对保险标的的损失是否负保险责任以及负何种保险责任的一条重要原则。

二、海上运输保险的风险、损失和费用

海上运输货物保险保障的范围包括保障的风险、损失和费用三个方面。

1. 风险

海上运输货物保障的风险，并非泛指所有发生在海上的风险。在海运保险实践中，海上风险仅指海上偶然发生的自然灾害和意外事故，以及与海上风险相对应的外部原因所造成的风险，其中包括一般外来风险和特殊外来风险，也属保障的风险，并不包括海上经常发生和必然发生的事件。

其中，自然灾害一般是指由于自然界变异现象的力量而造成的灾害，即人力不可抗拒的灾害。意外事故指由于偶然的非意料之中的原因造成的事故。海上保险业务中的意外事故，并不局限于发生在海上，也包括发生在陆上的意外事故。

一般外来风险是指货物在运输途中由于偷窃、下雨、短量、渗漏、破碎、受潮、受热、霉变、串味、沾污、钩损、生锈、碰损等原因所导致的风险。特殊外来风险是指由于国家的政策、法令、行政命令、军事、罢工、战争等原因所造成的风险和损失。

2. 损失

海上损失（简称海损）是指被保险货物在海运过程中由于各类灾害所造成的损失或灭失。根据国际保险市场的解释，凡与海陆连接的陆运过程中所发生的损失或灭失，也属海损范围。就货物损失的程度而言，海损分为全部损失和部分损失。

（1）全部损失。全部损失（简称全损）是指运输途中的整批货物或不可分割的一批货物全部灭失，或完全变质，或不可能归还被保险人等。根据全损情况的不同，又可分为实际全损和推定全损。实际全损也称绝对全损，是指货物发生保险事故后，货物全部灭失、货物丧失或者货物全部变质而不再有任何商业价值，船舶失踪达到六个月以上的也被认为是实际全损。推定全损，一般是指货物发生保险事故后，货物受损后并未全部灭失，但若进行施救、整理、修复所需的

费用或者这些费用再加上续运至目的地的费用的总和，估计要超过货物在目的地的完好状态的价值。

推定全损的判断标准如下：①保险标的实际全损已经无法避免；②为了避免实际全损，需要花费的施救、整理、续运等各种费用，将超过获救后标的的价值。

（2）部分损失。在海洋运输途中，当保险标的发生承保范围内的损失，凡不属实际全损和推定全损，即属部分损失。区分全部损失和部分损失的意义在于保险索赔实务中，有的保险单仅承保货物的全部损失，而对部分损失不予赔偿，故在保险理赔实践中，应当明确货物的损失程度。部分损失，按其损失性质的不同可分为共同海损和单独海损。

1）共同海损。共同海损是指在同一海上航程中，船舶、货物和其他财产遭遇共同危险，为了共同安全，使航程得以继续完成，船方有意和合理地采取措施所直接造成的特殊牺牲、支付的特殊费用。

具备条件如下：①共同海损的危险必须是实际存在的，或者是不可避免而产生的，不是主观臆测的；②消除船、货共同危险而采取的措施，必须是有意识的和合理的；③必须是属于非正常性质的损失；④费用支出是额外的；⑤采取的措施必须是有效的，即避免了船、货的全部损失。

2）单独海损。单独海损是指货物在运输过程中遭遇海上风险直接造成船舶或货物的部分损失，这里的部分损失是特定利益方的部分损失。单独海损是除共同海损以外的部分损失。例如，货物中途遭遇狂风恶浪，使舱内一批货物被海水浸泡受损而贬值50%，此项损失与其他货主及船东的利益无关，而应由受损货物的货主承担。如受损货物的货主已投保了相应的保险，则由保险人按保险条款的规定予以赔偿。

共同海损和单独海损的区别在于：

第一，致损原因不同。单独海损是由海上风险直接导致船、货受损；而共同海损有人为的因素，明知采取措施会导致标的的损失，但为共同的安全仍有意采取该措施而引起的损失。

第二，损失的承担者不同。单独海损的损失由受损方自行承担，而共同海损的损失是由各受益方按获救财产价值的多少，按比例分摊。

第三，涉及的利益不同。共同海损所涉及的海上危险应该是共同的，必须涉及船舶及货物共同的安全；而单独海损中的危险只涉及船舶或货物中一方的利益。

第四，损失的内容不同。单独海损的损失，一般是被保险货物，即保险标的物；而共同海损的损失，除保险标的外，还包括支出的特殊费用。

3. 费用

当海上运输货物发生海上危险事故时，为避免损失的发生和扩大，而采取适当措施所引起的费用，保险人按其性质和赔付原则予以赔偿。关于保险人负责赔偿的费用，主要有下列两种：

（1）施救费用。施救费用是指货物遭受保险责任范围内的灾害事故时，由被保险人或其代理人、雇员和受让人等为避免或减少损失，采取的各种抢救、保护，防止扩大损失的费用。施救费用一般不能超过保险费用。

（2）救助费用。救助费用是指货物遭受保险责任范围内的灾害事故时，由保险人或被保险人以外的第三者采取抢救行为，在救助成功后，由被救方付给救助方的报酬。由于救助行为使船、货避免或减少损失，从而可减少保险人的赔偿金额，故救助费用应由保险人负责赔偿。救助必须有实际效果，保险人才能付费。

施救费用与救助费用有很大的区别，首先，是否可以自救不同。如果被救助的船舶或货物可以自救，则产生施救费用；如果不能自救，只要船舶或货物的一方遇险，即可采取海上救助。其次，救助人不同。施救费用的救助人是被保险人或保险人或与其有关的人员，而救助费用的救助人必须是与被保险人或保险人无关的第三人。

三、我国海洋货物运输保险简介

按照我国保险条款规定，我国海洋货物运输保险的险别包括基本险、附加险和其他专门险。

1. 基本险

基本险指可以独立承保，不必附加在其他险别项下的险别。我国海洋货物运输保险的主要险别有三种，即平安险、水渍险和一切险。

（1）平安险。平安险的英文意思为"单独海损不赔"。其责任范围主要包括：

1）被保险货物在运输途中由于恶劣气候、雷电、海啸、地震、洪水等自然灾害造成的整批货物的全部损失或推定全损。

2）由于运输工具遭受搁浅、触礁、沉没、互撞、与流冰或其他物体碰撞以及失火、爆炸等意外事故造成货物的全部损失或部分损失。

3）在运输工具已经发生搁浅、触礁、沉没、焚毁等意外事故的情况下，货物在此前后又在海上遭受恶劣气候、雷电、海啸等自然灾害所造成的部分损失。

4）在装卸或转运时由于一件或数件整件货物落海造成的全部或部分损失。

5）被保险人对遭受承保责任内危险的货物采取抢救、防止或减少货损的措施而支付的合理费用，但以不超过该批被救货物的保险金额为限。

6）运输工具遭遇海难后，在避难港由于卸货所引起的损失以及在中途港、避难港由于卸货、存仓以及运送货物所产生的特别费用。

7）共同海损的牺牲、分摊和救助费用。

8）运输合同中订有"船舶互撞责任"条款，根据该条款规定应由货方偿还船方的损失。

（2）水渍险。该险的责任范围除平安险的各项责任外，还负责被保险货物由于恶劣气候、雷电、海啸、地震、洪水等自然灾害所造成的部分损失。可见，水渍险的责任范围比平安险大，投保水渍险时，保险公司对自然灾害和意外事故造成的全部损失或部分损失，均负责赔偿。

（3）一切险。其责任范围除包括平安险和水渍险的各项责任外，还负责货物在运输过程中由于一般外来原因所造成的全部损失或部分损失。

2. 我国海上货物运输保险的附加险别

海洋货物运输保险的附加险别是投保人在投保主要险别时，为补偿因主要险别范围以外可能发生的某些危险造成的损失所附加的保险。附加险又可分为一般附加险、特别附加险和特殊附加险三类。

（1）一般附加险。一般附加险指由于一般外来原因引起的一般风险而造成的各种损失的险别，一般外来原因指不必与海水的因素或运输工具联系起来的原因。一般附加险包括偷窃、提货不着险，淡水雨淋险，短量险，混杂、沾污险，渗漏险，碰损破碎险，串味、异味险，受潮受热险，钩损险，包装破裂险和锈损险11类。一般附加险不能作为一个单独的险种投保，而只能在投保平安险或水渍险的基础上根据货物的特点和需要加保一种或若干种一般附加险。如加保所有的一般附加险，就叫投保一切险。可见一般附加险被包括在一切险的承保范围内，故在投保一切险时，不存在再加保一般附加险的问题。

（2）特别附加险。特别附加险指必须附属于主要险别项下，对因特殊风险造成的保险标的的损失负赔偿责任的附加险。特别附加险与一般附加险的区别在于，一般附加险属于一切险的范围，保了一切险，就不必再附加任何一般附加险；而特别附加险所承保的责任已超出了一切险的范围。特别附加险包括：交货不到险、进口关税险、舱面险、拒收险、黄曲霉素险、出口货物到中国香港或中国澳门存仓火险六类，特别附加险只能在投保一种基本险的基础上加保，而不能单独投保。

（3）特殊附加险。特殊附加险指由于特殊外来原因引起风险而造成损失的险别。主要是由于政治、军事、国家政策法令、行政措施等特定的外来原因而造成的。它不能单独投保，必须依附于主险而加保。一般包括战争险、罢工险。特殊附加险已超出了水险的范围，即可以在陆上运输险或航空运输险上附加。特殊附加险只能在投保一种基本险的基础上加保，而不能单独投保。

3. 我国海洋货物运输保险的保险期限

保险期限是保险人承担对海洋货物运输赔偿责任的期间。我国海上货物保险条款主要是"仓至仓"条款，该条款规定保险人的责任自被保险货物运离保险单所载明的起运地仓库开始，到货物运达保险单载明的目的地收货人的最后仓库时为止。

值得注意的是，战争险的保险责任起讫和货物运输险以及罢工险不同，它不采取"仓至仓"条款，而是从货物装上海轮开始至货物运抵目的港卸离海轮为止，即只负责水面风险。其保险责任到货物卸离保险单所载明的目的港海轮或驳船时为止。若海轮到目的港后货物未卸船，最长期限则为海轮到达目的港当天午夜起算满 15 天。

4. 我国海上货物运输保险的除外责任

除外责任是保险单中规定的保险人不负责赔偿的海洋货物运输损失。我国海洋货物运输保险的除外责任包括以下内容：①被保险人的故意行为或过失所造成的损失；②属于发货人责任引起的损失；③在保险责任开始前，被保险货物已存在的品质不良或数量短差所造成的损失；④被保险货物的自然损耗、本质缺陷、特性以及市价跌落、运输延迟引起的损失和费用；⑤海上货物运输战争险条款和货物运输罢工险条款规定的责任范围和除外责任。

四、国际海上货物运输保险简介

2009 年 1 月 1 日，国际贸易中普遍采用的英国伦敦保险协会所制定的《协会货物运输保险条款》（ICC 保险条款）做出了值得关注的修改，联合货物保险委员会（Joint Cargo Committee）推出了 2009 版本的新条款。新条款扩展了保险责任的起止时间，对保险公司引用免责条款做出了一定条件的限制，对条款中容易产生争议的用词做出更为明确的规定，条款中的文字结构也更为简洁、严密。

协会货物险条款包括协会货物 A 条款，即 ICC（A）；协会货物 B 条款，即

ICC（B）；协会货物 C 条款，即 ICC（C）；协会战争险条款；协会罢工险条款；恶意损害险条款和偷窃；提货不着险条款。前五个险别条款结构统一，系统清晰，都包含承保责任、除外责任、保险期间、索赔、保险的利益、减少损失、防止迟延和法律与惯例这八项内容，可以单独投保。而恶意损害险和偷窃、提货不着险属于附加险，不能单独投保。

1. ICC（A）险

采用"一切险减除外责任"的方式。除外责任一般包括一般除外责任，不适航、不适货除外责任，战争除外责任，罢工除外责任。ICC（A）险除对被保险人的故意不法行为所造成的损失、费用不负赔偿责任外，对于被保险人之外的任何人或数个人故意损害或破坏标的物或其他任何部分的损害要负赔偿责任。ICC（A）险类似于我国海上运输保险的一切险。

2. ICC（B）险

采用"列明风险"的方法，共11条以及除外责任。ICC（B）险类似于我国海上运输保险的水渍险。

3. ICC（C）险

它只承保"重大意外事故"而不承保"自然灾害及非重大意外事故"，ICC（C）险类似于我国海上运输保险的平安险。

4. 战争险

大体上与我国相同，但在除外责任方面，保险人对由于非敌对行为（如使用核武器等）所造成的灭失或损害必须负责。

5. 罢工险

与我国的基本一致，但在"一般除外责任"中增加了"航程挫折"条款。目的在于限制被保险人对由于罢工造成的额外费用（如存舱费、重新装船费等）提出赔偿要求。

6. 恶意损害险

承保被保险人以外的其他人（如船长、船员）的故意破坏行为（如沉船、纵火等）所致被保险货物的灭失或损害。但是，恶意损害如果出于政治动机的人的行为，则保险人免责。

第四节　国际贸易结算

两个不同国家的当事人因为商品买卖而需要通过银行办理的两国间外汇收付业务，叫作国际结算。国际结算采用现金结算得较少，大多数使用非现金结算，即使用代替现金作为流通手段和支付手段的票据来结算国际的债权债务。

一、票据概述

1. 票据的含义和特点

（1）票据的概念。国际贸易结算中票据的概念是指由出票人签发的、约定由自己或委托他人于见票时或确定的日期，向持票人或收款人无条件支付一定金额的有价证券。我国票据法上的票据仅指汇票、本票和支票。

（2）票据的特征。票据的特征如下：

1）票据是无因证券。票据上权利和义务的发生，都是由某种原因引起的，这种原因称为票据的基础关系。根据规定，在票据开立之后，票据上的权利和义务即与产生票据的原因相脱离。票据上的法律关系是一种单纯的金钱支付关系，权利人享有票据权利只以持有符合票据法规定的有效票据为必要。即使原因关系无效或有瑕疵，均不影响票据的效力。所以，票据权利人在行使票据权利时，无须证明给付原因，即持票人不必询问开立或者转移票据的各种原因，只要票据本身没有问题，持票人就可以取得票据所赋予的权利。即使票据的基础关系有缺陷，也不能影响当事人之间根据票据记载所产生的权利和义务关系。这就是票据的无因性。

2）票据是要式证券。票据法律法规严格地规定了票据的制作格式、记载事项、记载方式等必要条件。如欠缺法律规定所必须记载的事项，就会影响票据的效力甚至会导致票据的无效。各国票据法对票据的形式和内容都作了详细的规定，使其规范化，另外，在票据上所做的一切行为，如出票、背书、承兑、保证、付款、追索等，也必须严格按照票据法规定的程序和方式进行，否则无效。这就是票据的要式性。票据要式性的目的是减少票据纠纷，保证票据的顺利流通。

3）票据是流通证券。票据的一个基本功能就是流通。票据上的权利经背书或单纯交付即可交给他人，无须通知债务人。一般说来，无记名票据可依单纯交付而转让；记名票据须经背书交付才能转让。在票据流通中，受让人的权利优先于出让人的权利，不受其"前手"的权利瑕疵的影响。

2. 票据关系的当事人、票据行为、票据的种类

票据关系的当事人是指票据一经成立即已存在的当事人，包括出票人（Drawer）、收款人（Drawee）、付款人（Payee）。他们是构成票据关系的必要主体，当基本当事人在票据形式上不存在或不完全时，票据关系就不能成立，票据也就无效。票据进入流通领域之后，又派生出流通中的关系人，即背书人、承兑人、持票人等。每个关系人在票据上签名后，即对票据的正当持票人负有付款或担保付款的责任。

票据行为是指根据票据法的规定，确立票据上的权利和义务的法律行为。根据票据法的一般规则，每个票据行为不因其他票据行为的不合法而受到影响。在国际贸易概念中，就票据行为来说，汇票包括出票、背书、承兑、保证；本票包括出票、背书、保证；支票包括出票和背书。其中出票是制作票据的原始行为，又被称为主票据行为；其他票据行为又被称为从票据行为。

国际贸易中使用的票据包括汇票、本票、支票，以使用汇票为主。我国票据法规定的票据种类与其一致。汇票、本票、支票的票据行为基本一致。

二、汇票

1. 汇票的概念及当事人

汇票是出票人签发的、委托付款人在见票时或者在指定的日期无条件支付确定的金额给收款人或者持票人的票据。汇票是票据中最重要的票据类型。

汇票关系中有三个基本当事人：出票人、付款人和收款人。其中出票人和付款人为票据义务人，收款人为票据权利人。

2. 汇票的分类

（1）按出票人的不同分为银行汇票和商业汇票。银行汇票是出票人和付款人均为银行的汇票。

商业汇票是出票人为企业法人、公司、商号或者个人，付款人为其他商号、个人或者银行的汇票。

（2）按有无附属单据分为光票汇票和跟单汇票。光票汇票本身不附带货运

单据，银行汇票多为光票。

跟单汇票又称信用汇票、押汇汇票，是需要附带提单、仓单、保险单、装箱单、商业发票等单据才能进行付款的汇票，商业汇票多为跟单汇票，在国际贸易中经常使用。

（3）按付款时间分为即期汇票和远期汇票。即期汇票指持票人向付款人提示后对方立即付款，又称见票即付汇票。

远期汇票是在出票一定期限后或特定日期付款。在远期汇票中，记载一定的日期为到期日，于到期日付款的为定期汇票，记载于出票日后一定期间付款的为计期汇票；记载于见票后一定期间付款的为注期汇票；将票面金额划为几份并分别指定到期日的为分期付款汇票。

（4）按承兑人分为商号承兑汇票和银行承兑汇票。商号承兑汇票是以银行以外的任何商号或个人为承兑人的远期汇票。

银行承兑汇票承兑人是银行的远期汇票。

3. 汇票的使用

汇票的使用，也称汇票票据行为，是以行为人在汇票上进行必备事项的记载、完成签名并交付为要件，以发生或转移票据权利、负担票据债务为目的的法律行为。汇票行为一般包括出票、提示、承兑、背书、付款、拒付等行为。根据票据法及国际惯例，汇票的基本原理和法律规则同样适用于本票和支票。

（1）出票。出票是指出票人签发票据并将其交付给收款人的票据行为，也称为发票、开票、票据发行。当出票人按照法律规定的形式做成票据并将其交付收款人时，出票行为即完成。

根据我国票据法的规定，汇票出票上必须记载下列事项，否则汇票无效：

1）表明"汇票"的字样。通常情况下，该文句在统一印制好的票据用纸上事先就已印制好了，出票人无须自行记载。该条实际上是要求出票人必须使用统一格式的汇票单据，包括银行汇票、银行承兑汇票和商业承兑汇票三种。出票人应该依据收款人的合同选择汇票的种类。

2）无条件支付的委托。汇票是出票人委托他人进行付款的票据。为增强票据的流通性和付款的确定性，使这种委托关系变得单纯，就不得附条件；如果票据在付款上附有条件的话，就会导致票据无效。同样，无条件支付的文句通常也无须出票人自行记载，而是事先印制在汇票的相应位置上。

3）确定的金额。由于票据是以金钱的支付为标的的债权证券，因而，汇票金额的记载当然是绝对必要的。在汇票金额记载欠缺或更改时，汇票无效。

在记载汇票金额时，首先，应确定货币的种类，当汇票金额以外币为单位记载时，按照付款日的市场汇价，以人民币支付。但当事人另有约定的，从其约定。其次，在金额的记载上不得做选择性和浮动性的记载。最后，汇票上的中文和数码两种记载必须一致，否则票据无效。

4）付款人名称。汇票作为一种委托证券，出票时当然必须明确记载出票人所委托的人。付款人可以是法人，也可以是自然人。根据支付结算办法的规定，银行汇票均以出票银行为付款人。汇票出票时记载的付款人，是汇票上的付款人，不是实际结算关系上的付款人，对此须加以区分。付款人只有在承兑后，才成为汇票上的主债务人，承担到期无条件付款的绝对责任。

5）收款人名称。票据是一种指示证券，出票人在出票时，必须明确记载票据权利人即收款人，此后才能由收款人继续指示新的票据权利人。也就是以收款人为第一背书人，进行票据的背书转让。收款人名称的记载必须用全称，不得使用简称或企业的代号。

6）出票日期。出票日期对于出票行为具有重要意义：①它是决定票据权行使期间的计算基准日。对于约期汇票来说，它是确定到期日的基准日；对于见票即付的汇票或见票后定期付款的汇票，它是确定汇票提示期间的基准日；对见票即付的汇票，同时还是确定票据权利消灭时效的基准日。②它是汇票到期后计算利息的基准日，也是决定保证是否成立的基准日。③它是确定出票人民事行为能力的依据。所以，汇票上必须记载出票日期。

由于票据是文义证券，所以汇票上记载的出票日，不必一定为实际出票日。但出票日期不得为公历上没有的日期（如2月30日），也不能晚于汇票的付款日期，否则汇票无效。

7）出票人签章。出票人是通过其签章，确实地加入到票据法律关系中承担票据义务的。同时，票据签章还是对票据上记载的出票人和实际出票人进行同一性认定的依据。所以，汇票上的其他记载事项无须出票人本人亲自完成，但其签章必须由本人完成（签名）或授权他人代为完成（盖章）。

（2）提示。提示又称见票，是指收款人或持票人将汇票提交付款人要求付款或承兑的行为。提示分为付款提示和承兑提示，付款提示是指汇票的持票人向付款人或承兑人出示汇票要求付款的行为，承兑提示是指远期汇票的持票人向付款人出示汇票，要求付款人承诺到期付款的行为。

付款提示和承兑提示均有强制性的时间要求，如我国《票据法》规定，见票即付和见票后定期付款汇票自出票日后一个月内提示；定日付款或出票日后定期付款汇票应在汇票到期日前向付款人提示承兑。而对于已经承兑的远期汇票的付款提示期限，则规定为自到期日起十日内。

（3）承兑。承兑是指汇票付款人承诺在汇票到期日支付汇票金额的票据行为。承兑是汇票特有的一种制度。汇票是委托他人（付款人）代替其支付票据金额，为使票据法律关系得以确定，就需要确认付款人能否进行付款，于是就设计了汇票的承兑制度。

承兑的具体手续是由付款人在汇票正面写上"承兑"字样，注明承兑的日期，并由付款人签名，交还收款人或其他持票人。汇票一经承兑，付款人就成为汇票的主债务人。承兑人有在远期汇票到期时承担付款的责任。

汇票的付款人可以依自己独立的意思，决定是否进行承兑，不受出票人指定其为付款人的限制。即使付款人与出票人存在一定的资金关系或依承兑协议，应为汇票进行承兑而未承兑，也只承担票据外责任。

付款人承兑汇票，不得附有条件；承兑如果附有条件，视为拒绝承兑，不发生承兑的效力。这在票据法上称为单纯承兑原则。

（4）付款。付款（Payment）是指付款人或承兑人在票据到期时，对持票人所进行的票据金额的支付。无论是即期汇票，还是远期汇票，当持票人做付款提示时，付款人均应立即付款。付款后，汇票上的一切债务即告终止。

（5）背书。背书（Endorsement）是指持票人在票据的背面或者黏单上记载有关事项，完成签章，并将其交付相对人，从而将票据权利转让给他人或者将一定的票据权利授予他人行使的票据行为。经过背书，汇票的权利由背书人（Endorser）转给被背书人（Endorsee），即受让人，被背书人获得票据所有权。通常在票据的背面，都事先印制好若干背书栏的位置，载明表示将票据权利转让给被背书人的文句，而留出背书人及被背书人的空白，供背书人进行背书时填写。

对于受让人来说，只需以背书连续的票据，就可以证明自己的合法权利人身份，而无须提供其他证明所有在他以前的背书人以及原出票人都是他的"前手"；而对出让人来说，所有在他让与以后的受让人都是他的"后手"。"前手"对"后手"负有担保汇票必然会被承兑或付款的责任。在国际金融市场上，汇票既是一种支付工具，又是一种流通工具，可以在票据市场上流通转让。

（6）拒付。拒付也称退票，指持票人的汇票要求承兑时，遭到拒绝承兑，或持票人提示汇票要求付款时，遭到拒绝付款。此外，付款人拒不见票、死亡或宣告破产，以致付款事实上已不可能时，也称拒付。

一般来说，承兑人或者付款人的拒付必须提供拒绝承兑或被拒绝付款的拒绝证明，或者出具退票理由书，从而使持票人拥有追索权。追索权是指持票人在合理时间内提示承兑或者提示付款，遭到拒绝而未获承兑或未获付款时，依法向其"前手"请求偿还票据金额及其他金额的权利。持票人可以不按照汇票债务人的先后顺序，对其中任何一人、数人或者全体行使追索权。

案例：

　　甲公司向乙公司签发了一张付款人为丙银行的承兑汇票。丁向乙公司出具了一份担保函，承诺甲公司不履行债务时其承担连带保证责任。乙公司持票向丙银行请求付款，丙银行以出票人甲公司严重丧失商业信誉为由拒绝付款。对此，下列哪一表述是正确的？

　　A. 乙公司只能要求丁承担保证责任

　　B. 丙银行拒绝付款不符法律规定

　　C. 乙公司应先向甲公司行使追索权，不能得到清偿时方能向丁追偿

　　D. 丁属于票据法律关系的非基本当事人

　　【参考答案及简要提示】 B。票据具有无因性，即票据上的法律关系是一种单纯的金钱支付关系，权利人享有票据权利只以持有符合票据法规定的有效票据为必要，至于票据赖以发生的原因关系在所不问。所以乙公司提示付款时，丙银行无权以出票人严重丧失商业信誉为由拒绝付款。

　　票样：

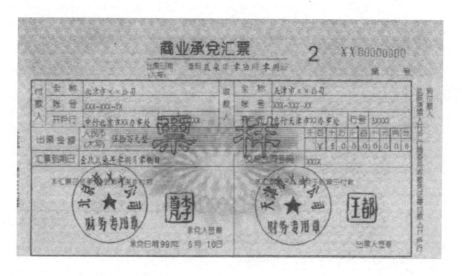

　　资料来源：2010 年国家司法考试试卷三第 29 题。

三、本票

1. 本票的概念、当事人及种类

本票是出票人签发的，承诺自己在见票时无条件支付确定金额给收款人或者持票人的票据。

本票的基本当事人只有两个：出票人和收款人。本票的付款人就是出票人本人。按我国《票据法》，在持票人提示见票时，本票的出票人必须承担付款责任。

国际贸易中，根据出票人，本票又可分为商业本票、银行本票与个人本票，但我国《票据法》上的本票仅指银行本票，不包括商业本票和个人本票；根据付款时间，本票分为即期本票和远期本票，而我国《票据法》上的本票均为即期本票。在国际贸易结算中使用的本票大多是银行本票。

2. 本票的使用

（1）本票的出票。和汇票类似，本票的出票也应当满足法定记载事项，我国《票据法》规定的法定记载事项包括以下内容：①表明"本票"的字样。定额本票由中国人民银行统一印制并发行，不定额本票由各银行按中国人民银行规定的同一格式印制和发行，出票人不得擅自印制本票，更不得以其他票据、单据或白纸书写有关事项代替本票。凡不符合格式的本票一律无效。②无条件支付的承诺。③确定的金额。④收款人名称。⑤出票日期。我国《票据法》规定，本票一律为见票即付，本票的出票日期就成为计算持票人本票权利期限的基准点，是法定绝对必要记载事项。⑥出票人签章。这些事项是本票的法定绝对必要记载事项，本票上欠缺任何一项的记载，都会导致本票无效。

（2）本票适用汇票规定的情况。本票的背书、保证、付款行为和拒付等行为，适用有关汇票的规定。

3. 本票与汇票的区别

本票与汇票的区别有以下几点：①本票有两个当事人，即出票人和收款人；而汇票则有三个当事人，即出票人、付款人和收款人。②本票的出票人即付款人，远期本票无须办理承兑手续（我国无远期本票），而远期汇票则要办理承兑手续。③本票在任何情况下，出票人都是绝对的主债务人，如果拒付，持票人可以立即要求出票人付款；而汇票的出票人在承兑前是主债务人，在承兑后，承兑人是主债务人，出票人则处于从债务人的地位。④我国《票据法》规定，本票只能由中国人民银行审定的银行或其他金融机构签发；出票人必须具有支付本票金额的可靠资金来源；本票自出票之日起，付款期限最长不得超过两个月等，均与汇票不同。

四、支票

1. 支票的概念、当事人

支票是出票人签发的，委托办理支票存款业务的银行或者其他金融机构在见票时无条件支付确定的金额给收款人或者持票人的票据。

支票的基本当事人和汇票一样，共有三个：出票人、付款人和收款人。出票人就是支票的签发人，他在银行已经开设存款账户并且订有支票协议。付款人是出票人的开户银行。付款人可以在支票上注明，也可以不注明。

出票人签发支票时，应在付款行存有不低于票面金额的存款。如存款不足，持票人便会遭拒付，这种支票称为空头支票。开出空头支票的出票人要负法律责任。

2. 支票的种类

（1）记名支票。记名支票是出票人在收款人栏中注明"付给某人"，"付给某人或其指定人"。这种支票转让流通时，须由持票人背书，取款时须由收款人在背面签字。

（2）不记名支票。不记名支票，又称空白支票，抬头一栏注明"付给来人"。这种支票无须背书即可转让，取款时也无须在背面签字。

（3）划线支票。划线支票是在支票的票面上画两条平行的横向线条，此种支票的持票人不能提取现金，只能委托银行收款入账。

（4）保付支票。保付支票是为了避免出票人开空头支票，收款人或持票人可以要求付款行在支票上加盖"保付"印记，以保证到时一定能得到银行付款。

3. 支票的使用

（1）本票的出票。和汇票类似，支票的出票也应当满足法定记载事项，我国《票据法》规定的法定记载事项包括：①表明"支票"的字样。②无条件支付的委托。③确定的金额。《票据法》要求出票人就支票的金额填写清楚、准确。但实际生活中出票人在出票时出于某种需要，往往将金额空白，待交易后再填写。《票据法》允许此种做法，但在提示付款时，金额的填写必须符合法律规定，否则无效。④付款人名称。⑤出票日期。⑥出票人签章。

支票上未记载上述事项的，支票无效。

（2）支票适用汇票规定的情况。支票的背书、付款行为和拒付等行为，适用有关汇票的规定。

（3）汇票与支票的区别。汇票与支票的区别有以下几点：①支付工具不同，汇票作为支付工具的同时，还可作为信贷工具，而支票只能作支付工具。②付款人不同，汇票的付款人不以银行为限，而支票的付款人只能是银行。③期限不同，汇票有即期、远期之分，支票是见票即付，是即期的。④签发票据时是否有资金关系，支票在签发时出票人和付款人之间必须先有资金关系，而汇票无此规定。⑤是否有承兑，汇票有承兑过程，支票无承兑过程。

五、信用证

国际贸易的支付方式主要有汇付、银行托收和银行信用证三种方式，其中使用最多的是银行信用证方式。

1. 信用证的概念

信用证（Letter of Credit，L/C）方式是银行信用介入国际货物买卖价款结算的产物。它的出现不仅在一定程度上解决了买卖双方之间互不信任的矛盾，而且还能使双方在使用信用证结算货款的过程中获得银行资金融通的便利，从而促进了国际贸易的发展。因此，被广泛地应用于国际贸易之中，以致成为当今国际贸易中的一种主要的结算方式。

根据国际商会《跟单信用证统一惯例》（以下简称 UCP600 号）的定义，信用证是指一项不可撤销的安排，该项安排构成开证行对相符交单予以承付的确定承诺。无论该项安排的名称或描述如何，作为一种国际支付方式，信用证是一种银行信用，银行承担第一位的付款责任。这是信用证区别于汇付、托收的根本性特征。作为一种文件，信用证是开证行开出的凭信用证规定条件付款的一份书面承诺。

信用证是银行作出的有条件的付款承诺，即银行根据开证申请人的请求和指示，向受益人开具的有一定金额并在一定期限内凭规定的单据承诺付款的书面文件；或者是银行在规定金额、日期和单据的条件下，愿代开证申请人承购受益人汇票的保证书。信用证属于银行信用，采用的是逆汇法。

以 CIF 买卖合同为例，出口方按买卖合同和信用证规定，通过向保险公司投保、商检机构报验、将货物装船发运等履约过程，获取了信用证所通常要求的保险单据、商检证书、海运提单，并连同出口方自己编制的汇票、发票、装箱单等有关单据，在规定期限内送银行办理收结汇手续。这些单据是出口方按买卖合同及信用证要求履约的证据，其中，海运提单通常是买方在目的地据以提货的凭证，所以银行及进口方才肯凭单付款。从本质上讲，信用证就是买卖合同条款的单据要求加银行的付款保证。

2. 信用证的当事人

一般来说，信用证的流转会涉及下列主要当事人：

（1）开证申请人。按照 UCP600 的定义，申请人是指要求开立信用证的一方。在实际业务中，申请人通常为进口商。另外，UCP600 规定，允许开证行以自身名义开证。

（2）开证行。按照 UCP600 的定义，开证行是指应开证申请人的要求或代表自己开出信用证的银行。在实际业务中，通常是买方所在地的银行。信用证开出后，开证行要对信用证独立负责，承担第一性付款责任。开证行不能因进口商拒绝赎单或无力付款而拒绝承担保证承付的责任。

开证行与开证申请人之间是以开证申请书及其他文件确定的委托合同关系。在此合同关系中，开证行需要依开证申请书开立信用证并谨慎地审核一切单据，确定单据在表面上符合信用证。开证申请人则应缴纳开证押金或提供其他保证，缴纳开证费用并付款赎单。

（3）通知行。按照 UCP600 的定义，通知行指应开证行要求通知信用证的银行。通知行接受开证行的委托，负责将信用证通知受益人的银行，并由开证行支付佣金给通知行，通常为受益人所在地（出口地）的银行，通知行一般与开证行有业务往来的关系，一般是开证行的代理行。

（4）受益人。按照 UCP600 的定义，受益人是指有权使用信用证的人。在实际业务中，受益人通常是出口商或实际供货人，其有权享有信用证权益，为国际货物买卖合同中的卖方。

开证申请人与受益人之间是买卖合同关系。开证申请人即为国际贸易合同的买方，受益人即为卖方，双方订立的合同中约定以信用证方式支付货款，则买方应依合同的规定开立信用证，卖方则应依合同发货并提供约定的单据。

开证行是对受益人承担付款义务的银行。开证行自开立信用证之时起即不可撤销地承担承付的责任。开证行偿付指定行的责任，独立于开证行对受益人的责任。开证行一般是申请人所在地的银行或其开户行。开证行与申请人之间的关系受开证申请书的调整，开证行与受益人的关系受信用证调整。

（5）议付行。按照 UCP600 的定义，议付行是指对相符交单通过向受益人预付或同意预付而购买汇票或单据的指定行。议付行通过购买汇票或单据，使自己成为信用证的受益人，可以享用信用证利益。

（6）保兑行。按照 UCP600 的定义，保兑行是指根据开证行的授权或要求在信用证上加具保兑的银行。保兑指保兑行在开证行承诺之外做出的承付或议付相符交单的确定承诺。保兑行自对信用证加具保兑时起，即不可撤销地承担承付或议付的责任，即保兑行对信用证独立负责，承担必须对相符交单承付或议付的责任。相对于受益人，保兑行相当于开证行；相对于开证行，保兑行是保证人，汇票、单据一经保兑行承付或议付，即使开证行倒闭或无理拒付，保兑行均无权向出口商追索款项。这样，保兑信用证下的受益人可获得开证行和保兑行的双重独立付款保证。保兑银行可以由通知银行兼任，也可由其他银行加具保兑。

3. 处理信用证的一般原则

（1）信用证独立原则。依 UCP600 号第四条第一款的规定，信用证在性质上与可能作为其依据的销售合同或其他合同是相互独立的交易，即使信用证中含有对此类合同的任何援引，银行也与该合同完全无关，并不受其约束。即信用证交易的当事人之间虽然存在着银行与银行之间的关系、开证行与申请人之间的关系、开证行与受益人之间的关系、申请人与受益人之间的关系，但信用证开证行与受益人之间的权利义务关系，独立于其他法律关系。

（2）单证严格一致原则。第一，信用证交易处理的是单据；第二，处理单据时应遵循单证相符原则，即对相符交单予以承付。

UCP600 规定，在信用证业务中，银行处理的是单据，而不是单据可能涉及的货物、服务或履约行为。因此，如果信用证中含有一项条件，但未规定用以表明该条件得到满足的单据，银行将视为未规定这一条件而不予理会；同样，如果交单人提交的单据是非信用证要求的单据，银行也不予理会，并可退还给交单人。

按指定行事的指定银行、保兑行及开证行须审核交单，并仅基于单据本身确定其是否表面上构成相符交单。在受益人交付的单据与信用证规定一致（单证一致）、单据与单据之间一致（单单一致）时，银行须根据信用证兑用的类型履行相应的义务。当按照指定行事的指定银行、保兑行或开证行确定交单不符时，可以拒绝承付或议付。

根据 UCP600 的规定，当开证行确定交单不符时，可以自行决定联系申请人放弃不符点。这意味着，申请人可以在某种程度上放弃这种要求，在单证不符时，授权开证行对外付款。一旦申请人放弃单证相符的要求，或授权付款，申请人即丧失了以单据不符为由拒绝向开证行偿付的权利。但是，根据法律关系独立原则，在单证不符时，即使申请人放弃对单证一致的要求，从严格的意义上来说，开证行仍然有权对受益人拒付。

4. 国际贸易中常见信用证的种类

信用证依其性质、形式、付款期限及用途的不同可进行不同的分类。

（1）光票信用证和跟单信用证。光票信用证是指受益人仅凭其开立商业汇票，无须附任何单据，即可要求相关银行履行其在信用证项下义务的信用证，此类信用证主要用于贸易从属费或非贸易结算。跟单信用证是指受益人必须凭信用证所要求的商业汇票及其所附的单据，方得要求相关银行履行其在信用证项下义务（议付或付款或承兑）的信用证，此类信用证广泛用于国际贸易。

（2）可撤销信用证与不可撤销信用证。可撤销信用证是指开证行可以不经过受益人同意，也无须事先通知受益人，在相关银行议付或付款或承兑之前，可随时修改信用证内容或将信用证撤销的信用证。可撤销信用证对受益人缺乏保障，国际货物买卖合同的卖方凭此种信用证并不能得到收取货款的良好保证。因此，在国际贸易中极少使用可撤销的信用证。值得注意的是，如在收到开证行撤销通知之前，该信用证已经按照信用证条款付款、承兑、议付或做出了延期付款的承诺，开证行应对该银行偿付。

不可撤销信用证是指信用证一经开出，在有效期内未经开证行、受益人和保兑行（如已经保兑）的同意，开证行不得修改其内容或将其撤销的信用证。只要受益人提供的单据符合信用证的规定，开证行就必须履行付款义务。不可撤销的信用证对受益人收款比较有保障，在国际贸易中使用广泛。UCP600 在第二条关于信用证的定义中，直接规定信用证是不可撤销的，改变了 UCP500 "如果信用证没有注明其是否可撤销则被视为不可撤销"的规定。

（3）可转让信用证与不可转让信用证。可转让信用证是指受益人有权把信用证项下的全部权益或部分权益转让给一个或多个其他受益人亦即第二受益人的信用证。在通过中间商进行贸易时，常提出开立可转让信用证的要求，以便将信用证的权利转让给实际供货人。可转让的信用证必须在信用证上注明"可转让"（Transferable）的字样。

不可转让信用证是指受益人无权把信用证项下的权益转让给任何人的信用证。在国际贸易中，卖方为了保障收取货款的安全，以及在对第三方的资信不了解的情况下，一般不接受可转让信用证。

（4）保兑信用证和不保兑信用证。保兑信用证是指开证行开立的信用证由另一家银行加以保证兑付的信用证。信用证经保兑后，保兑行就跟开证行一样，对受益人独立地承担保证付款或承兑或议付的责任。保兑信用证对受益人的安全收汇提供了双重保障。保兑行对信用证进行保兑后，其承担的责任就相当于本身开证，不论开证行发生什么变化、是否承担兑付责任，保兑行都不得片面撤销其保兑。不保兑的信用证指未经另一银行加以保证兑付的信用证。

（5）即期信用证和远期信用证。即期信用证指受益人提示有关单据时开证行或指定行审核合格后即付款的信用证，可使用即期汇票，也可不用汇票。远期信用证指信用证内规定受益人须开立远期汇票收款，银行保证在远期汇票上注明的付款日到期后，方支付信用证项下款项的信用证。

此外，国际贸易还往往采用付款信用证、议付信用证、对开信用证、循环信用证、备用信用证、背对背信用证、预支信用证等种类。

5. 信用证的主要内容

信用证的内容就是买卖合同条款的单据要求加银行的付款保证。这些信用证的内容是为了提供一个出口商履约的依据，然后通过单据来证明其已经履约，随后开证行才予以承付，信用证主要有以下各项内容：

（1）对信用证本身的说明。对信用证本身的说明包括信用证的种类、号码、开证日期和有效期限、到期地点、交单期限等。在信用证项下，如使用汇票，要明确汇票的付款人、汇票金额、汇票期限、主要条款等内容。

（2）信用证的当事人，包括开证申请人、受益人、开证银行、通知行、指定行等。

（3）信用证的金额，包括信用证应支付的最高金额、信用证支付货物的币种等内容。

（4）对货物的说明。在信用证中，应列明货物名称、规格、数量、单价等，且这些内容应与买卖合同规定一致。

（5）装运条款。主要规定发运地、目的地、装运期限及是否允许分批装运、转运等内容。关于装运期限，如装运单据表明受益人的实际装运日期迟于信用证允许的最后装运期限，则银行将拒绝接受单据。

（6）对装运单据的说明。在信用证中，应列明所需的各种装运单据，主要规定单据的种类及份数，包括提单、保险单和商业发票，但有时也要求卖方提交其他单据，如商品检验证明书、原产地证书、商检证书以及这些单据应表明的货物名称、品质规格、数量、包装、单价、总金额、运输方式、装卸地点等。

6. 信用证的流转程序

用信用证方式付款时，一般须经过下列基本步骤：

（1）国际货物买卖合同的双方在买卖合同中明确规定采用信用证方式付款。

（2）申请开证，买方向其所在地的银行提出开证申请，并缴纳一定的开证押金或提供其他保证，要求银行向卖方开出信用证。

（3）通知受益人，开证行依申请书的内容开立信用证并寄交卖方所在地银行。

（4）交单结汇，卖方对信用证审核无误后，即发运货物并取得信用证所要求的装运单据，再依信用证的规定凭单据向其所在地的指定银行结汇。

（5）索偿，指定行付款后将汇票和货运单据寄开证行要求索偿，开证行核对单据无误后偿付向受益人付款的指定行。

（6）付款赎单，开证行通知买方付款赎单。

另外，国际货款的支付方式除信用证付款这种最广泛使用的方式以外，还包括汇付、托收，汇付和托收均属商业信用，在此不予赘述。总之，我们在进行国际贸易时，应充分考虑收付货款的安全、汇率变动等风险，以及利息与费用的负担及对自身资金周转的影响等因素，并结合成交价格的高低明确、合理地约定有利的支付条件，并切实按有关国际结算惯例做好货款的收付工作。

 思考题

1. 国际货物买卖合同的主要内容有哪些？

2. 国际货物运输包括哪几种方式？其各自的特点是什么？

3. 何谓清洁提单与不清洁提单？为什么买方要求卖方提供清洁提单？

4. 何谓共同海损？它与单独海损有何区别？

5. 何谓信用证？信用证有哪几种？信用证在市场上是怎样流转使用的？

第八章
国际区域经济一体化

重点问题

· 国际区域经济一体化

· 国际区域经济一体化的典型合作组织

当代世界经济的一个重要特征是国际经济区域一体化。在国际经济一体化的进程中，区域经济一体化趋势日益加强，作为生产力高度发展的产物，区域经济一体化以区域经济集团化的形式，在世界经济生活中发挥着重要作用。

第一节　国际区域经济一体化概述

一、国际区域经济一体化的概念

所谓国际区域经济一体化，是指在一定范围内，两个或两个以上的国家为了维护共同的经济和政治利益，相互间通过契约和协定，制定共同的政策措施，遵守共同的经济贸易规则，以致在区域内逐步消除成员国间的贸易与非贸易壁垒，实现区域内资源优化配置、经济协调发展、各国互惠互利，进而形成一个跨越国界的商品、资本、人员和劳务自由流通的统一的经济区过程。其目的是通过区域经济组织，在成员国之间进行分工协作，更有效地利用成员国的资源，获取国际分工的利益，促进成员国经济的共同发展和繁荣。

经济一体化涉及使用资源的效率问题，为了实现资源的有效利用，最基本的条件应该得到满足，即生产商品和要素的自由流动以及消除歧视。此外，要素是通过市场进行配置的，有必要采取措施，以保证市场正常运作，并且也需要必要的制度对市场的联合力量产生作用。因此，经济一体化过程会产生积极和消极的作用，消极一体化是指贸易自由化过程所带来的歧视性做法等；积极一体化是指为使市场有效率而对现存的措施和制度进行修正以及在同盟内实现更为广泛的政策目标所带来的结果。

经济一体化包括在不同层次上的经济联合过程：①国家内部的一体化，是指在国境内的各区域间的一体化；②国际经济一体化，是指在若干国家之间的经济一体化，即区域一体化；③全球一体化，是指全球范围内的一体化现象，在每一层次上还可能有某一特定部门的一体化，比如农业、工业和能源等部门，通常意义上的经济一体化研究是国际经济一体化，而非国家内部全球的或低层次的部门一体化。

二、国际区域经济一体化组织的类型及相关理论

1. 国际区域经济一体化组织的类型

国际区域经济一体化组织的类型多种多样，按其一体化水平由低到高依次是：特惠关税区、自由贸易区、关税同盟、共同市场、经济同盟和完全的经济一体化。

（1）特惠关税区。特惠关税区是指在实行特惠区中成员国相互间通过协议或其他方式，课征远低于第三国所课征的关税，小部分商品可能完全免税。例如，1932 年英国与其前殖民地的大英帝国特惠关税制规定，成员国之间减免关税，但对非成员国仍维持较高的关税，形成了一种优惠贸易集团。另外，第二次世界大战后建立的东盟等也属于此类。从该阶段贸易自由化的程度来看，优惠贸易安排是市场经济一体化最低级、最松散的一种变现形式。

（2）自由贸易区。自由贸易区是指由签订自由贸易协定的国家或地区所组成的经济贸易集团，在成员国之间消除关税和非关税的贸易限制（如数量限制），实行商品的完全自由流动，但每个成员国对非成员国的贸易壁垒不发生变化，仍维持各自的贸易政策。这种形式取消了各国之间的贸易限制，在一体化组织内部实行商品免税流通，但各自保持对成员国以外国家独立的关税壁垒。对内政策也是独立的，自由贸易区不存在超国家的权力机构。1960 年成立的欧洲自由贸易联盟（European Free Trade Association，EFTA）、拉丁美洲自由贸易协会

（Latin American Free Trade Association，LAFTA）等就属于该种层次的区域经济合作。

由于自由贸易区对外不实行统一的共同关税，自由贸易区建立后会发生贸易偏转效应，即那些原产自非成员国的产品将由贸易区内关税较低的成员国进口，然后再间接转入关税较高的成员方销售。这样，不同成员国对外关税差别很大的状况为非成员国的出口避税提供了可能，将会导致关税收入减少与收入分配不公平的现象。因此，为消除区外商品冒充区内商品避税的影响，自由贸易区必须严格海关监管，要求成员国间的产品实行原产地证明书制度，以减少转运的发生。自由贸易区的原产地规则是非常严格的，如一般规定只有商品在自由贸易区内增值50%或60%以上才能享受免税待遇，但事实上原产地规则并不能完全消除贸易偏转效应。

（3）关税同盟。关税同盟是指由两个或两个以上的国家或地区所组成的区域经济一体化组织在成员国间彼此消除商品的关税和非关税限制，实现区域内商品的完全自由流动，并建立对非成员国统一的关税政策。这种形式不仅要求各国互相取消外贸限制，而且要规定统一的外贸税率和实行共同的外贸政策。因此，关税同盟具有超国家调节的因素。如"二战"后由比利时、卢森堡、荷兰成立的卢比荷经济联盟（Benelux Union），1958年成立的欧洲经济共同体都属此类一体化。与自由贸易区相比，关税同盟的优越之处在于，由于对外实行统一的关税，关税同盟可以完全消除非成员方避税和"搭便车"的现象，从而不会产生贸易偏移现象。

（4）共同市场。这种形式既包含关税同盟的内容，又要求资本、技术、劳动力等生产要素在共同体内自由流动，并制定共同的经济政策。也就是说，在共同市场内，商品市场和生产要素市场是互相结合的。

（5）经济同盟。这种形式不仅包括共同市场的内容，要求实行经济同盟的国家或地区实现商品、生产要素的自由流动，而且要求成员国在货币、财政、社会以及其他政策方面实行一定程度的协调。通过实行统一的经济与社会政策，逐步消除政策方面的差异，使一体化的范围从商品生产、交换扩大到分配等领域；协调各成员国的经济发展，并使之形成一个庞大的经济实体。因此，超国家的经济调节超出了商品流通领域而达到生产领域和整个国家经济领域。

（6）完全的经济一体化。它是最高层次的经济一体化形式。要求成员国在贸易、货币、财政等政策上完全一致，并且这些政策由拥有超国家权力的经济组织制定和实施，区域内各国真正成为一个国家，以便让商品、资本、劳动力能在共同体内真正做到完全的自由流通。目前，欧盟正在向完全的经济一体化的目标迈进。

国际经济一体化的不同形式反映了经济一体化不同的发展阶段，在这些不同的形式和发展阶段之间并不存在前一阶段要向后一阶段过渡，后一阶段要经过前一阶段的必然性。在不同的一体化形式中，一体化的目的不同决定了权利让渡程度的不同，成员国向共同体让渡权利越多，共同体对成员国的经济影响就越大。

2. 有关区域经济一体化发展的相关理论

（1）关税同盟理论。20世纪五六十年代，正是国际区域一体化发展的第一次高潮时期，当时许多国家吸取战前贸易壁垒导致世界经济大危机的教训，纷纷建立区域性贸易集团，实现区域内的贸易自由化。1950年，美国经济学家雅各·维纳（Jacob Viner）在其代表性著作《关税同盟理论》中系统地提出了关税同盟理论。他指出，关税同盟的经济效应在于贸易转移和贸易创造所取得的实际效果，关税同盟理论应主要研究关税同盟形成后，关税体制的变更即对内取消关税、对外设置共同关税的问题及国际贸易的静态和动态效果。

1）静态效应。关税同盟的静态效应是通过贸易创造和贸易转移来衡量的。

贸易转移效应是指一国参与关税同盟，使得原来从外部世界进口低成本的产品变为向同盟内成员国购买高成本的产品。之所以发生这一转向是由于各成员国之间签订了优惠贸易协定的缘故。就贸易转移本身而言，是减少福利的，因为它把生产从高效率的非成员国转移到了低效率的成员国，使国际资源配置恶化，从而背离了基于比较优势的生产原则。一方面，关税同盟阻止了从外部低成本地进口，使消费者由原来购买外部的较低价格商品转向购买成员国较高价格的商品，导致增加了开支，造成福利损失；另一方面，建立关税同盟后，因受关税同盟制约，需首先转由向同盟内成员进口，倘若该成员出口商品成本不是世界上最低的，则不仅同盟中的进口利益受损，而且从世界范围看，也不利于生产要素和资源的优化配置，从而产生了消极的消费效应和生产效应，导致福利水平下降。

贸易创造效应是指关税同盟中一些国家高成本的产品被来自另一成员国低成本的进口品所替代。贸易创造从生产（重新优化配置资源和提高生产要素的产出率）与消费（购买物美价廉的商品和扩大消费量）两个方面提高了福利水平。

2）动态经济效应。关税同盟的动态效应是指关税同盟对成员国就业、产出、国民收入、国际收支和物价水平会造成什么样的影响，动态效应主要包括规模经济效应、竞争效应和投资效应。

美国经济学家萨尔瓦多认为，关税同盟最大的动态效应是可能出现竞争的加强。因为在没有关税同盟的条件下，生产者特别是那些垄断者和寡头垄断者在高贸易壁垒的保护下很可能变得懒惰和自满。而在关税同盟建立后，高贸易壁垒的拆除必然促使各成员国的生产者提高生产效率以避免在竞争中被淘汰。同时，激烈的竞争也将刺激新技术的发展和利用。这些都将减少生产成本，从而增进消费者的福利。经济学家西托夫斯基则认为，竞争的加强是影响欧共体发展的最重要因素。他认为在关税同盟形成前，各成员国多已形成了垄断的市场结构，长期以来几家企业瓜分国内市场，攫取超额利润，阻碍技术进步。建立关税同盟后，各国企业均面临其他成员同类企业的竞争，由此促进了商品流通，打破了独占，经济福利得以提高。

关税同盟理论是国际区域经济一体化理论中较为完善的一部分，且在欧盟等发达国家的国际区域经济一体化组织中得到了应用，但关税同盟理论是以发达国家为基础建立起来的，所以不太适用于发展中国家。因此，发展中国家要想实现经济一体化，必须探寻适合发展中国家的一体化理论。

（2）自由贸易区理论。自由贸易区是国际区域经济一体化最基本的形式，它通过消除区内贸易壁垒来实现成员国之间的贸易自由化，是比关税同盟在一定程度上应用更为广泛的一体化形成。按照国际经济学的解释，自由贸易区是指两个或者两个以上的国家或行政上独立的经济体之间达成协议、相互取消关税和与关税具有同等效力的其他措施而形成的国际化区域经济一体化组织。自由贸易区成员在实行内部自由贸易的同时，对外不实行统一的关税和贸易政策。实行严格的原产地规划，只有原产于区域内或主要在区域内生产的产品才能进行自由贸易。

（3）共同市场理论。共同市场是比关税同盟高一个层次的国际区域经济一体化，它不仅通过关税同盟所形成的贸易自由化实现了产品生产的一体化，而且通过消除区域内要素流动的障碍，实现了要素市场的一体化。共同市场的概念早期出现在1956年斯巴克的报告中，战后"共同市场"的概念已被广泛使用。在共同市场中，阻碍生产要素的壁垒已被消除，使得生产要素在逐利动机的驱使下，向尽可能获得最大利益的地区流动，但由于社会、政治和人类的生活习性等原因，劳动力这种生产要素并不一定会因共同市场的建立而出现大规模的流动；而资本则不然，只要资本存在收益的不相等，即资本的边际生产率在不同地区间存在一定的差异，那么它就会不停地流动，直到各地的边际生产率相等为止。

共同市场理论主要的是探讨在关税同盟的基础上消除生产要素自由流动的障碍以后，成员国所获得的经济效应。在经济一体化演进到共同市场之后，区内不仅实现了贸易自由化，其要素还可以在区内自由流动，从而形成一种超越国际的大市场。到目前为止，共同市场理论已在欧盟付诸实施，而且取得了成功，但是在南南型和南北型国际区域经济一体化中还没有得到应用，主要是因为共同市场理论的实施必须建立在关税同盟和自由贸易区的基础上，而各成员国的经济发展水平和经济发展阶段必须大致相同。

（4）协议性国际分工原理。协议性国际分工理论认为，在一体化内部仅仅依靠比较成本优势来形成国际分工，并通过竞争机制来实现规模经济是有害无益的。因为在区域内部，通过自由贸易来实现企业的规模经济极易导致集中与垄断，并导致生产成本上升，甚至引起各成员国的经济失衡，反过来竞争的负面效应又会伤害规模经济。因此，必须引进共同市场的内部分工原理，并在其指导下通过两国间的协议来实现国际专业化分工。与比较优势原理不同，协议性国际分工原理认为规模经济中既有内部规模经济也有外部规模经济，即生产成本存在长期递减规律。在此，该原理假设两国在生产两种商品时各有专攻。如果两国通过签订协议进行分工，相互为对方提供专业化生产商品所需的大市场，必将使两种商品的生产成本都得以大幅下降，即获得规模经济，进而可引出除激化竞争之外带来规模经济的另一途径。若考虑到成本降低后两国需求增加的贸易创造效应后，实际经济利益会更加明显。

尽管协议各国都享受到了规模经济的好处，但是要使协议性分工取得成功，必须满足三个条件：①实行协议性分工的两个（或多个）国家的要素比率没有多大差别，工业化水平、经济发展阶段大致相同，作为协议性分工对象的商品在各国都能进行生产；②作为协议性分工对象的商品，必须是能够获得规模经济效益的商品；③对于参与作为协议性分工的国家来说，生产任何一种协议性分工的对象商品的成本和差别都不大，否则就不容易达成协议。因此，成功的协议性分工必须在同等发展阶段的国家间建立，而不能建立在工业国和初级产品生产国之间；同时，发达国家之间可进行协议性分工的范围较广，因而利益也较大。另外，生活水平和文化等方面互相接近的国家和地区间容易达成协议，并且容易保证互相需求的均等增长。但是也有学者认为，通过协议性分工获取规模效益也不是绝对的。因为在区域内企业生产规模已经达到最优的情况下，由国际区域经济一体化组织的建议导致的生产规模的再扩大反而会因平均成本的上升而出现规模报酬递减。

（5）综合发展战略理论。普遍认为对发展中国家经济一体化最有影响力的是鲍里斯·塞泽尔基的"综合发展战略理论"。该理论的思想包括以下要点：①把发展中国家的国际区域经济一体化视为一种发展战略；②不限于市场的统一；③认为生产和基础设施是其经济一体化的基本领域；④通过区域工业化来加强相互依存性；⑤强调有效的政府干预；⑥把经济一体化看作是集体自力更生的手段和按照新秩序逐渐变革世界经济的要素。

综合发展战略理论突破了以往国际区域经济一体化的研究方法，把国际区域经济一体化视为发展中国家的一种发展战略，认为发展中国家不必在所有情况下都追求尽可能高级的其他一体化。另外，它考虑了经济、政治和机构等多种要素，而不是从贸易、投资等方面来考虑经济一体化的效应。综合发展战略理论为我们进一步探讨发展中国家的国际区域经济一体化问题提供了参考的框架。

三、区域经济一体化组织的作用

由于区域经济一体化是与经济全球化并存的两种趋势，二者既有统一的一面，又有对立的一面，所以区域经济一体化组织对世界经济发展的作用也就必然是一分为二的，既有积极作用，又有消极影响。其积极作用有：

1. 区域经济一体化有利于内部贸易的发展

区域经济一体化组织的建立，有利于贸易的自由化，通过削减甚至免除关税、取消数量限制、消除非关税壁垒，同时使生产要素逐步实现自由流动，形成区域性的统一市场。集团内国际分工向纵深发展，经济相互依赖度加深，从而促进集团内成员国间的贸易迅速增长，改变了国际贸易的地区分布，使贸易更多地在区域内部进行。区域内成员国之间相互开放和扩大市场，使贸易量大大增长。欧洲共同体在建立关税同盟的过渡时期（1958～1969 年），对外贸易总值年平均增长 11.5%，而其中成员国之间的贸易增长率则高达 16.5%。从 20 世纪 50 年代末到 70 年代初，欧共体在成员国外贸总额中的比重从 30% 提高到 50% 以上，目前已升至 70% 左右，而对亚洲和北美洲的出口所占份额则相对有所下降。欧洲共同体对美国的贸易占其贸易总额的比重从 1985 年的 11.4% 下降到 1987 年的 8.6%，同期对发展中国家的贸易额则从 30.3% 下降到 20.4%。

2. 区域经济一体化有利于各成员国之间的国际分工和专业化生产

国际分工和专业化生产有利于提高劳动生产率和降低产品成本，提高国际竞争力，从而引导区域内各成员国产业结构的调整和资源的合理配置。区域经济组织的成立导致超越国界的大市场的建立，不仅解决了高度发达的生产力与狭窄的国域之间的矛盾，而且通过各国企业间相互兼并和采取优化组合及更为合理的专业分工，使成员国之间在经济上的互补性越来越强。对发达国家来说，集中力量发展高新技术产业的同时，能使发展中国家的劳动力得到提升，而对发展中国家来说，一方面利用发达国家在当地新兴工业部门的直接投资，能促使产业部门得到调整；另一方面，通过减少国家干预和实现非国有化，使企业更具活力，能在一定程度上推动发展中国家的经济结构调整。同时，在激烈竞争的压力下，企业不得不努力改进经营管理，采用最新的科技成果，生产新产品，从而带动和促进世界科技研发水平的提高。

3. 改变了国际直接投资的方式和流向

区域经济一体化促进了区域内的贸易自由化和生产专业化的发展，生产规模扩大，再加上区域内跨国界投资障碍的减弱和消除，投资风险的降低，使得区域内资本首先在区域内寻找投资机会。在区域内成员国实行自由贸易的同时，为了维护区域集团的利益，成员国奉行"内外有别"的政策，从而使贸易更多地趋于集团内部，减少了集团外部的贸易机会。对于区域外的资本，由于一体化组织对外实行歧视政策，面对区域内更好的经济前景，为了享受区域内的国民待遇，原来以商品出口的方式进入市场的外国公司改为以直接投资的方式进入区域内部市场，直接进行生产投资。在投资总量一定的情况下，对某一区域内部的投资增加，就意味着对其他地区投资的减少。区域经济一体化的结果就是改变了国际直接投资的方式和流向。

区域经济一体化已成为当代世界经济发展的普遍现象和共同趋势，在世界经济体系中起着举足轻重的作用。其影响和作用，总体上看是积极的，特别是对成员国的经济贸易有很大的推动作用，但对非成员国、对发展中国家经济贸易的发展则会产生不利的影响：一方面，区域经济一体化组织具有区域化直接利益的独享性和对内自由、对外保护的排他性。这两种特征若不加以遏制，任其发展，必然形成对外壁垒，导致国际竞争加剧、贸易保护主义抬头和世界市场的分割，不利于经济全球化的发展；另一方面，随着区域经济一体化组织的增加、扩大和发展而形成的区域化组织之间的竞争，同国与国之间的竞争相比，交锋更多、层次更高、范围更广、内容更复杂、程度更激烈，其结果会影响世界经济的稳定和发展。对于发展中国家来讲，由于过分依赖区域组织中发达国家的优惠政策，过多地以出让自身的自然资源、廉价劳动力来换取发达国家的工业制成品，长此以往，将失去自己的民族工业，对国家的长期可持续发展带来深远的影响。

四、区域经济一体化组织的发展趋势

近十年以来，区域经济组织的数量增长得很快，在世界贸易组织（WTO）于1995年成立时，除日本及中国香港地区以外，几乎所有WTO成员均是一个或多个区域经济组织的成员。目前，区域经济一体化浪潮将不断向前发展，并呈现出以下趋势：

1. 区域经济一体化浪潮波及全球

目前，区域经济一体化浪潮正在席卷全球。现存的区域经济组织不断扩展，即新成员国家的加入。比较突出的是北美自由贸易协定，将墨西哥纳入北加自由贸易区中；一些欧洲自由贸易协定的成员加入欧盟也是如此。发达国家中，首先是欧盟的东扩计划从形成到2004年成功扩大为25个成员国，加速了区域经济一体化的进程；再就是将北美洲和中南美洲连成一片的美洲自由贸易区在2005年内实现，又将掀起一次区域经济一体化的高潮。发展中国家方面，首先是东欧地区黑海经济合作区、独联体经济联盟先后成立；其次是中亚经济合作组织逐渐扩大；最后是非洲各国决定在巩固次区域经济合作组织的基础上共建非洲经济共同体，就连原本相对落后的东亚地区也在积极采取行动，东盟自由贸易区、南亚经济合作正在如火如荼地运作之中。

2. 区域经济一体化形式有所变化

区域经济一体化的形式在发生转变。一方面，现存的区域经济组织不断深化。原来的区域经济组织从对制成品与农产品关税和配额的硬约束转到对以下问题的软约束：卫生和环境标准、以前的贸易政策不能够涵盖的服务业和知识产权问题，以及贸易政策涉及的投资和资本流动问题。其中比较突出的是欧盟，从原来的共同市场性质的欧共体转变为欧洲联盟，从关税同盟向单一市场转变，将目标定为经济联盟，拥有单一货币。另一方面，又发展了一些新的形式。如从20世纪90年代以来，一些地区又提出了一些新概念，如"经济圈""经济协作区"等，用来泛指相邻的国家或地区之间通过协作与合作，充分发挥地理上的接近性、要素上的互补性和经济上的互利性，从而推动所在地区经济的发展；欧盟在经济同盟的基础上，又提出了要实现"政治同盟"的目标；全球范围内跨区域、双边的区域经济一体化形式不断涌现，如美国与约旦、以色列、新加坡等国签署的双边自由贸易协定，日本与墨西哥达成的双边贸易协议，中国与巴西签署的双边贸易安排等。这些打破常规的变化昭示着区域经济一体化形式发展的最新动向。

3. 西欧、北美和东亚正在成为区域经济一体化的三大轴心

一是以西欧为中心的欧洲统一大市场启动后，要求加入的国家从北欧延伸到地中海进而扩展到东欧国家，欧洲地区已初步形成了以欧盟为核心的逐步向外层推进的泛欧经济贸易圈；二是在北美自由贸易协议签署后，在拉美国家中引起强烈反响，不少拉美国家开始主动开放市场，通过签订框架性贸易和投资协议等方式，谋求与美国尽早建立包括整个美洲地区的美洲自由贸易区；三是在亚洲，由于日本的"泡沫经济"副作用显现，再加上欧美经济减退和贸易保护主义加强，迫使日本和亚洲"四小龙"在很大程度上丧失了国际竞争力，而与此同时，20

世纪 90 年代亚洲国家开始掀起区域性经济合作的高潮，特别是以文莱、印度尼西亚、马来西亚、菲律宾、新加坡、泰国等 10 国组成的东盟（ASEAN），早已决定自 1993 年起 15 年内建成自由贸易区，以东盟自由贸易区为轴心发展起来的三个 "10 + 1" 和 "10 + 3" 等区域经济和贸易合作也正在紧锣密鼓地进行着。

4. 区域经济一体化发展很不平衡

到目前为止，从区域经济一体化促进成员方经济发展的程度来看，凡是以发达国家为主形成的区域经济一体化组织大多比较成功，如以西欧国家为主体的欧盟已经开始从经济同盟向政治同盟迈进，以美国、加拿大为主体的北美自由贸易区成绩也很好。而以发展中国家为主组成的区域经济一体化组织一般都不成功，如苏联、东欧国家组成的 "经互会"，非洲的一些一体化组织等，但现在东盟自由贸易区及其周边地区的经贸合作与一体化势头正旺。

5. 各国对于区域经济一体化立场的转变

美国过去一直反对区域一体化，将重点置于 GATT 的多边自由化上，现在美国却对几个最大的区域合作倡议甚感兴趣。20 世纪 80 年代后期由于欧洲一体化的发展、美国立场的转变、加拿大在区域一体化上的活跃以及发展中国家贸易政策的改变，区域一体化有了较快的发展。

第二次世界大战以后，美国处于主要的经济霸主地位。但是半个世纪以来，美国占世界产值的比例由近 1/2 下降为 1/4，美国的经济地位不断下降，尤其是在贸易领域。所以美国决定放弃对非歧视性体制的支持，追求自己区域主义的利益。在自信心不断下降以及新的经济力量可能出现的情况下，美国只能转而保住在自己区域上的主动权。

加拿大放弃了 100 年来不与邻国建立密切联系的指导思想，在区域一体化上表现活跃。这主要是出于加拿大国内市场太小，享受不到规模经济利益等商业上的考虑。1988 年，加拿大与美国签署了自由贸易协定，目前更是加入了北美自由贸易区。

1990 年，墨西哥步加拿大后尘，与美国签署了自由贸易协定。北美自由贸易协定形成于 1992 年，1993 年得到批准。与此同时，发展中国家的一体化也有了长足的进步。对于许多发展中国家来说，与美国建立一种联系是参加区域协定的动力。墨西哥前总统萨利纳斯担心柏林墙倒塌以后北美的资金流向东欧，建立北美自由贸易区部分地是为了抵消这种威胁。亚太经合组织也是出于军事以及其他目的将美国拉入太平洋地区。由于历史及文化上的原因，虽然明确的自由贸易协定在亚洲不像在欧洲和美洲那样受欢迎，但是在东亚仍存在着区域经济组织。

东盟以及中国—东盟区的建立对有着文化和血统上联系的东亚地区华人在商业上的广泛合作创造了更多的条件和可能。

世界经济中的区域经济组织的发展，使人们担心世界经济将被分成三个大的贸易集团：一是以美国为中心的美洲；二是以欧盟为中心的欧洲；三是以日本为中心的亚太地区（现在亚太地区起主要作用的是非正式的官方论坛性质的亚太经济合作组织）。

因此，在研究经济一体化现象时，不能不集中于主要的区域经济组织的情况，即欧盟、北美自由贸易区和发展较快的亚太经济合作组织。通过对这三个区域经济组织的比较分析，可以更清楚地了解区域一体化的实质和发展轨迹及存在的问题。

第二节　欧洲联盟的区域经济发展

一、欧盟

1. 欧盟

欧洲联盟（European Union），简称欧盟，是由欧洲共同体（European Communities，又称欧洲共同市场）发展而来的，欧盟是世界上最有力的国际组织和世界上第一大经济实体，在贸易、农业、金融等方面趋近于一个统一的联邦国家，而在内政、国防、外交等其他方面则类似于一个独立国家所组成的同盟。在区域经济一体化运动较发达的欧洲、美洲与亚洲三大地区中，欧洲经济一体化最具有实质内容。

2. 欧盟的产生与发展

欧盟的产生主要经历了三个阶段：荷兰、卢森堡、比利时三国经济联盟，欧洲共同体，欧盟。

（1）欧共体的成立。欧洲统一思潮存在已久，早在中世纪就已经出现。中世纪时期的法兰克帝国和神圣罗马帝国等都将欧洲许多地区统一在其疆域之内。1453 年，拜占庭帝国首都君士坦丁堡被奥斯曼帝国攻破之后，波西米亚国王就于 1646 年建议，欧洲基督教国家应该组成联盟，对抗奥斯曼帝国的扩张。1776

年，美国独立战争爆发，当时就有欧洲人设想欧洲仿效美利坚合众国，建立欧洲合众国。19世纪初，拿破仑·波拿巴在大陆封锁期间实行关税同盟，该关税同盟对欧盟的建立发展有着不可磨灭的作用。

在第二次世界大战后欧洲统一思潮进入高潮。1946年9月，英国首相丘吉尔曾提议建立"欧洲合众国"。1950年5月9日，法国外长罗伯特·舒曼提出欧洲煤钢共同体计划（舒曼计划），旨在约束德国。1951年4月18日，法国、意大利、联邦德国、荷兰、比利时、卢森堡六国签订了为期50年的《关于建立欧洲煤钢共同体的条约》（又称《巴黎条约》）。1955年6月1日，参加欧洲煤钢共同体的六国外长在意大利墨西拿举行会议，建议将煤钢共同体的原则推广到其他经济领域，并建立共同市场。1957年3月25日，六国外长在罗马签订了建立欧洲经济共同体与欧洲原子能共同体的两个条约，即《罗马条约》，于1958年1月1日起生效。1965年4月8日，六国签订了《布鲁塞尔条约》，决定将欧洲煤钢共同体、欧洲原子能共同体和欧洲经济共同体统一起来，统称欧洲共同体。条约于1967年7月1日起生效，欧洲共同体正式成立。在以《罗马条约》为开端的欧洲一体化不断向广度和深度发展的同时，参加一体化的成员国也在不断增加。1973年1月1日，英国、丹麦和爱尔兰加入欧共体；1981年1月1日，希腊成为欧共体的第10个成员国；1986年1月1日，葡萄牙和西班牙加入欧共体，使欧共体成员国数量增至12个。

（2）欧盟的诞生。欧共体总部设在比利时布鲁塞尔。1992年2月7日，各国外长正式签署合约。经欧共体各成员国批准，1993年11月1日，《马斯特里赫特条约》正式生效，欧共体更名为欧盟，创立欧洲联盟及包含外交、内政和欧洲共同体的欧盟三支柱。1994年的欧洲议会选举，社会主义团体维持其议会第一大党的地位。这标志着欧共体从经济实体向经济政治实体过渡。1994年3月30日，奥地利、瑞典、芬兰和挪威的入盟协商完成。各国举行公民投票，除了挪威以外，其他各国均通过加入欧盟的提案。挪威、冰岛、列支敦士登等欧洲自由贸易联盟成员国在1994年1月1日加入欧洲经济区。瑞士曾计划加入欧洲经济区，但遭到公民投票否决。隔年，《申根公约》正式生效。1995年1月1日，芬兰、瑞典和奥地利三国正式加入，欧盟成员国增加到15国；2004年5月1日，捷克、爱沙尼亚、塞浦路斯、拉脱维亚、立陶宛、匈牙利、马其顿、波兰、斯洛文尼亚和斯洛伐克10国正式成为欧盟成员国。欧盟此次东扩也是历史上规模最大的一次。东扩计划从20世纪90年代上半期欧共体与中东欧国家签订的"欧洲协定"开始，历经十余年，最终成功实现。2007年罗马尼亚、保加利亚加入欧盟，使其成员国总数达到27个，如表8-1所示。

表 8 - 1　欧盟成员国扩张情况

过程	成员国
欧共体成立：1957 年 6 月	法国、德国、意大利、荷兰、比利时、卢森堡
第一次扩张：1972 ~ 1973 年	英国、丹麦、爱尔兰
第二次扩张：1979 ~ 1981 年	希腊
第三次扩张：1985 ~ 1986 年	西班牙、葡萄牙
第四次扩张：1994 ~ 1995 年	奥地利、瑞典、芬兰
第五次扩张：2004 年 5 月 1 日	波兰、匈牙利、斯洛伐克、拉脱维亚、立陶宛、爱沙尼亚、塞浦路斯、捷克、斯洛文尼亚、马耳他
第六次扩张：2007 年 1 月 1 日	罗马尼亚、保加利亚

欧盟成立后，经济快速发展，1995 ~ 2000 年经济增速达 3%，人均国内生产总值由 1997 年的 1.9 万美元上升到 1999 年的 2.06 万美元。欧盟的经济总量从 1993 年的约 6.7 万亿美元增长到 2002 年的近 10 万亿美元。2002 年 11 月 18 日，欧盟 15 国外长会议决定邀请塞浦路斯、匈牙利、捷克、爱沙尼亚、拉脱维亚、立陶宛、马耳他、波兰、斯洛伐克和斯洛文尼亚 10 个中东欧国家入盟。2003 年 4 月 16 日，在希腊首都雅典举行的欧盟首脑会议上，上述 10 国正式签署入盟协议。2004 年 5 月 1 日，这 10 个国家正式成为欧盟的成员国。这是欧盟历史上的第五次扩张，也是规模最大的一次扩张。2007 年 1 月，罗马尼亚和保加利亚两国加入欧盟。随后，克罗地亚于 2013 年加盟。欧盟经历了六次扩张，成为一个涵盖 28 个国家总人口超过 4.8 亿的组织。

二、欧盟的经济发展

1. 欧元的诞生

（1）欧元诞生的背景。欧元的产生是欧洲国家在政治、经济联盟发展过程中的必然产物。欧元的发展历程，可以追溯到 20 世纪 50 年代。

1957 年，比利时、荷兰、卢森堡、法国、德国、意大利等六国在罗马签订了《欧洲经济共同体条约》和《欧洲原子能联营公约》，统称《罗马条约》，奠定了欧洲经济联合的基础。

1958 年，成立欧洲经济共同体，确立了实现共同体内商品、劳动力和资金自由流动的目标。同时，在经济联合的基础上加强了货币联合。

1969 年，欧共体海牙会议提出建立欧洲货币联盟的构想。

1979 年 3 月，建立欧洲货币体系，该体系的核心是创立了统一的记账单位——欧洲货币单位（ECU）。欧元的产生，正是以欧洲货币单位为样板经过长期发展、完善而实现的。这也是欧洲实施货币联盟的尝试。

1989 年 4 月，欧洲委员会提出的《欧洲共同体经济和货币联盟的报告》获得通过。报告中提出欧洲货币联盟必须如期实现所有成员国货币自由兑换、金融市场一体化、资本市场完全自由化和固定汇率。

1991 年 12 月 10 日，欧共体 12 国在荷兰马斯特里赫特召开首脑会议，通过了《马斯特里赫特条约》，即后来常说的《马约》，《马约》包括《政治联盟条约》和《经济与货币联盟条约》，正式确定了在欧洲货币联盟内实现统一中央银行、统一货币、统一货币政策的最终目标和欧元启动后由过渡期到正式进入流通领域的时间表。

（2）欧元的诞生。第一阶段始于 1990 年 7 月 1 日，根据著名的《德洛尔报告》的要求，欧盟成员国之间实现广泛的资本流动自由，各成员国在制定和实现货币及财政政策时进行密切合作。此外，1993 年 12 月 31 日前，所有成员国必须加入欧洲货币体系的汇率机制，但由于 1992 年及 1993 年的汇率危机，该计划不得不被放弃。

自 1994 年 1 月 1 日起，货币联盟进程进入第二个阶段，各成员国致力于加强各国国民经济发展的协调。各国中央银行完全独立于政府是另一个目标，已得到实现。本阶段的最重要的步骤则是成立了欧洲货币局，它是未来欧洲中央银行的胚胎。欧洲货币局的主要任务是协调欧盟成员国的货币政策，并在货币政策及技术方面为欧洲货币联盟做准备。1998 年 7 月 1 日，欧洲中央银行正式成立，取代了欧洲货币局。

自 1999 年 1 月 1 日，欧洲经货联盟开始进入第三阶段，各成员国货币的汇率最终锁定，欧洲中央银行接过确定货币政策的大权。第三阶段的开始意味着经货联盟的启动，同时也标志着经货联盟的建立进入了最后阶段。2002 年 1 月 1 日，欧元纸币和铸币的正式流通，标志着经货联盟建设的完成。准确地说，欧元的诞生日是 1999 年 1 月 1 日，2002 年 1 月 1 日是其纸币和铸币正式流通的日子。

（3）欧元的实行。欧元的最后完成及流通经历了三个阶段：

从 1999 年 1 月 1 日起至 2001 年 12 月 31 日，为欧元的过渡期，欧元汇率于 1999 年 1 月 1 日固定下来，并且不可撤销。欧元以支票、信用卡、电子钱包、股票和债券等非现金交易形式投入使用，企业、个人可以在银行开立账户，欧元的收付可以在账户之间进行，但欧元的纸币和硬币未投入流通。

2002 年 1 月 1 日至 2002 年 6 月 30 日，欧元的纸币和硬币投入流通，此阶段欧元在欧元区内各国同时流通。

自 2002 年 7 月 1 日起，欧元区内各国货币将完全退出流通，欧元将成为区内 12 国共同的单一货币。

（4）加入欧元区的条件。要加入欧元区，欧盟成员国必须达到下列标准：

1）每一个成员国削减不超过国内生产总值 3% 的政府开支；

2）国债必须保持在国内生产总值的 60% 以下或正在快速接近这一水平；

3）在价格稳定方面，通货膨胀率不能超过三个最佳成员国上年通货膨胀率的 1.5%；

4）该国货币至少在两年内必须维持在欧洲货币体系的正常波动幅度以内。

欧盟对成员国加入欧元区的时间并没有固定的要求，每一个成员国将根据自己国家的情况，按照自己的时间表加入。

自 1999 年 1 月 1 日起，在奥地利、比利时、法国、德国、芬兰、荷兰、卢森堡、爱尔兰、意大利、葡萄牙和西班牙 11 个国家开始正式使用。

希腊于 2001 年 1 月 1 日加入欧元区，成为欧元区第 12 个成员国。2002 年 1 月 1 日，上述 12 个国家将永远放弃使用各自本国货币，而使用一种共同的货币：欧元。

斯洛文尼亚于 2007 年 1 月 1 日加入欧元区，成为第 13 个成员国。塞浦路斯于 2008 年 1 月 1 日零时与马耳他一起加入了欧元区。斯洛伐克于 2008 年达到标准并在 2009 年 1 月 1 日加入欧元区，从而使欧元区成员国从之前的 13 个增至目前的 16 个。

爱沙尼亚于 2011 年 1 月 1 日加入欧元区。英国、瑞典和丹麦决定暂不加入欧元区。

2. 欧盟的经济发展

欧盟的诞生使欧洲的商品、劳务、人员、资本自由流通，使欧洲的经济增长速度快速提高。欧共体是世界上一支重要的经济力量。28 国面积为 242.0 万平方千米，人口为 3.50 亿。1992 年，欧共体 12 国国内生产总值为 68412 亿美元（按当年汇率和价格）。欧共体是世界上最大的贸易集团，1992 年外贸总额约为 29722 亿美元，其中出口 14518.6 亿美元，进口 15202.7 亿美元。

欧盟成立后，经济快速发展，数据显示 1995～2000 年经济增速达 3%，国内生产总值由 1997 年的 1.9 万美元提升到 1999 年的 2.06 万美元。欧盟的经济总量由 1993 年的约 6.7 万亿美元增长到 2002 年的近 10 万亿美元。

随着欧盟的扩大，欧盟的经济实力将进一步加强，尤其重要的是，欧盟不仅因为新加入国家正处于经济起飞阶段而拥有更大的市场规模与市场容量，而且欧盟作为世界上最大的资本输出的国家集团和商品与服务出口的国家集团，再加上欧盟相对宽容的对外技术交流与发展合作政策，对世界其他地区的经济发展特别是包括中国在内的发展中国家至关重要。欧盟可以称得上是个经济"巨人"。

专栏

欧盟的新难题

经过 60 年的努力，欧洲一体化建设在经济金融、外交安全、内政司法三大领域都取得了不同程度的进展。目前，欧盟经济总量和国际贸易量已超过美国，成为世界上最大的经济体，欧元已成为世界第二大国际货币。此外，欧盟在独立防务和共同外交上取得重要进展；在制定共同移民和难民政策、打击跨国犯罪上取得一致，并决定建立统一司法区，推动成员国的法律趋同。欧盟已名副其实地成为世界上一体化程度最高、综合实力最强的国家联合体。

近年来，随着欧盟成员国数量的加大，成员国内部发展差距过大的问题日益显现。按人均 GDP 和就业率划分，欧盟可以分为中心区域和边缘区域。中心区域是从英国北约克郡和伦敦（2016 年，英国经全民公投正式脱离欧盟），经法国北部、比利时、荷兰、德国汉堡等地，是欧盟发展速度最快、经济发展水平最高的地区，其形状像个香蕉，俗称"蓝香蕉带"。这一地带只占欧盟土地面积的 1/7，欧盟人口的 1/3，但将近一半的欧盟总收入产生于此。围绕这一中心地带的边缘区域则相对贫困，多数地区农业人口比例较大，竞争地位较弱。据统计，欧盟生活在最繁荣区域 10% 的人口，与生活在最贫困区域 10% 的人口比较，前者的人均 GDP 是后者的 2.6 倍。

就各成员国而言，欧盟 27 个成员国之间发展差距更大。卢森堡是欧盟中最富的国家，其人均 GDP 是欧盟平均水平的 20 多倍，法国、德国、英国和丹麦等国也比欧盟平均水平高 20% ~60%。相对而言，新近入盟的东欧国家，由于各种原因，经济发展水平明显落后于西欧国家。据统计，10 个原社会主义国家目前经济总量只相当于荷兰一国，占欧盟原成员国国内生产总值的 5%。

经济贫富差距如此悬殊的国家入盟后，必然会成为相当沉重的负担，使得欧盟内部本已存在的利益分配矛盾更加尖锐。以农业补贴为例，成员国扩大使欧盟农业人口从 700 万增加到 1000 多万，分配农业补贴就成了大问题。新成员国的农民在现阶段只能获得老成员国农民所获补贴的 1/4。经济差距悬殊也导致移民压力增大，在老成员国的强烈要求下，新成员国不得不接受限制其向老成员国移民的几年"过渡期"。再加之这些由社会主义国家转制而来的成员国,在各个方面还留有不少旧体制的烙印,在新老成员之间长期形成的隔阂绝非短期内能够化解的。随着成员国多样性的增加,协调不同利益要求就显得更加困难、棘手。

事实上,自 2004 年 5 月一口气接纳 10 个新成员国开始,欧盟就面临着"消化不良"的难题。2005 年,法国、荷兰否决了旨在确保扩大后的欧盟更好运转的《欧盟宪法条约》,使欧盟在当时陷入制宪危机。2008 年,被视为"简版"宪法条约的《里斯本条约》又遭爱尔兰否决,"快速"的政治一体化进程出现了新问题。

资料来源:林俐,陈婷.国际贸易理论与实务 [M].杭州:浙江大学出版社,2012.

三、欧盟的意义

欧盟其实是一个集政治实体和经济实体于一身、在世界上具有重要影响的区域一体化组织。

1. 欧盟一体化对区内成员国的影响

从静态经济效应来看,欧盟的贸易创造效应较为明显。欧盟自建立之后,区内贸易发展迅速,占成员国贸易总额的比重由 1960 年的 34.5% 上升到 1998 年的 55.2%。尽管其中存在一定的贸易转移效应,但根据大多数学者的研究,其创造效果应明显超过贸易转移效应。一般的研究结果表明,欧盟的动态经济效应也是积极的。据相关研究估计,1992 年统一大市场建成后,由于更充分地利用规模经济而获得的利益占欧共体国内生产总值的 2.1%,由于竞争加剧而获得的利益占国内生产总值的 1.6%。

2. 欧盟区域经济推动了新的区域经济一体化的纵深发展

(1)区内外经济不平衡促进了欧盟一体化的深化。一方面,当欧盟与其他经济体相比发展相对滞后时,会促使欧盟谋求进一步的保护体系,如欧盟东扩行为就是加强与北美、东亚抗衡之势的重要一步;另一方面,欧盟内部各国经济发展的不平衡,也促使欧盟采取区域性政策,通过建立更高层次、更大范围的一体化"外壳"来容纳内部的不平衡发展。

(2)欧盟一体化对世界范围内其他国家的影响。欧盟国家近 20 年在经济合作方面的成就举世瞩目,一方面,欧盟模式的成功,对发展中国家区域经济一体化实践具有很重要的示范效应，成为它们积极投入区域经济一体化的重要"动力源泉"。例如，非洲经济一体化的实践步骤，基本上是以欧盟的发展为蓝本，再结合非洲的具体情况进行的。另一方面，面对欧盟不断升级的现实，其他区域性组织面临很大的压力，所以也会逐渐推动自身的不断升级，比如北美自由贸易区和美洲经济区也在寻求自身的发展。

第三节　北美自由贸易区的区域经济发展

一、北美自由贸易区的产生与发展

1. 北美自由贸易区

北美自由贸易区（North American Free Trade Area，NAFTA）是根据美国、加拿大和墨西哥三国于 1992 年 12 月 17 日签订的《北美自由贸易协定》成立的一个北美地区国家之间的经济贸易组织。该协定具体规定，在 15 年内分三个阶段取消进口关税及其他贸易壁垒，实现商品和劳务的自由流通。协定的实施对促进三国经济贸易的发展起了重要作用。

北美自由贸易区建立后，美国、加拿大、墨西哥三国协定今后将消除相互间的关税障碍。由于墨西哥经济实力弱，美国、加拿大将对其实行普遍优惠制；三国就消除相互间的某些非关税障碍特别是在取消农业、牧业和纺织业非关税限制方面达成了协议；三国还就环保、劳工标准进行了磋商，并就环保问题达成协议。

然而，美国、加拿大、墨西哥三国之间也存在一些分歧。如美国要求墨西哥放松对其石油的管制，向美国开放其石油市场，但没得到墨西哥的同意；在关于原美国、加拿大汽车协定的修改问题上，也存在着分歧。北美自由贸易区成立后，也促进了内部贸易，但至今经济和社会效益尚不明显；美国、加拿大、墨西哥都抱怨自己失去了一些就业机会，并引发了 1994 年 12 月墨西哥的金融危机。三国经济发展不平衡的问题将是今后三国之间矛盾和摩擦的主要根源。

2. 北美自由贸易区的产生

关于建立北美自由贸易区的设想，最早出现在 1979 年美国国会关于贸易协定法案的提议中，1980 年，美国前总统里根在其总统竞选的有关纲领中再次提出。但由于种种原因，该设想一直未受到重视，直到 1985 年才开始起步。

1985 年 3 月，加拿大前总理马尔罗尼在与美国前总统里根会晤时，首次正式提出美加两国加强经济合作、实行自由贸易的主张。由于两国经济发展水平及文化、生活习俗相近，交通运输便利，经济上的互相依赖程度很高，所以自 1986 年 5 月开始，经过一年多的协商与谈判于 1987 年 10 月达成了协议，次年 1 月 2 日，双方正式签署了《美加自由贸易协定》。经美国国会和加拿大联邦议会批准，该协定于 1989 年 1 月起生效。

《美加自由贸易协定》规定在 10 年内逐步取消商品进口（包括农产品）关税和非关税壁垒，取消对服务业的关税限制和汽车进出口的管制，开展公平、自由的能源贸易。在投资方面，两国将提供国民待遇，并建立一套共同监督的有效程序和解决相互间贸易纠纷的机制。另外，为防止转口逃税，还确定了原产地原则。美加自由贸易区是一种类似于共同市场的区域经济一体化组织，标志着北美自由贸易区的萌芽。

由于区域经济一体化的蓬勃发展和《美加自由贸易协定》的签署，墨西哥开始把与美国开展自由贸易区的问题提上了议事日程。1986 年 8 月，两国领导人提出双边的框架协定计划，并于 1987 年 11 月签订了一项有关磋商两国间贸易和投资的框架原则和程序的协议。在此基础上，两国进行多次谈判，于 1990 年 7 月正式达成美墨贸易与投资协定（也称"谅解"协议）。同年 9 月，加拿大宣布将参与谈判，三国于 1991 年 6 月 12 日在加拿大的多伦多举行首轮谈判，经过 14 个月的磋商，终于于 1992 年 8 月 12 日达成了《北美自由贸易协定》。该协定于 1994 年 1 月 1 日起正式生效，北美自由贸易区宣告成立。

成立之初，它就拥有 3.6 亿个消费者，其国民生产总值总计超过 6 万亿美元。可以说，北美自由贸易区是一个雄心勃勃的计划，它力图以自由贸易为理论基础，以自由贸易区的形式来实现贸易、投资等方面的全面自由化，进而带动整个北美地区的经济贸易发展。当时，许多国际经贸界人士视为有史以来规模最大、措施最大胆的自由贸易区。尤其是对于墨西哥这样的发展中国家来说，加入这一协定包含了各方面的机遇和风险，对其国内政治、经济、社会等方面的影响非常深远。

3.《北美自由贸易协定》的宗旨与协定总则

《北美自由贸易协定》的内容几乎涉及北美在贸易时需要进行改善的所有方面。

（1）宗旨。《北美自由贸易协定》的宗旨是：减少贸易壁垒，促进商品和劳务在缔约国间的流通；改善自由贸易区内公平竞争的环境；增加各成员国境内的投资机会；在各成员国境内有效保护知识产权；创造有效程序以确保协定的履行和争端的解决；建立机制，扩展和加强协定利益。

（2）协定总则。该协定的总则规定，除墨西哥的石油业、加拿大的文化产业以及美国的航空与无线电通信外，取消绝大多数产业部门的投资限制。对白领工人的流动将予以放宽，但移民仍将受到限制。任何一成员国在 6 个月前通知其他成员国后，即可脱离该协定；协定还允许接纳附加成员国。总则还规定各成员国政府的采购将在 10 年内实现全面开放，由于墨西哥为本国的公司保留了一些合同，因此，该协定将对墨西哥产生主要影响。此外，协定还规定由执行协定而产生的争执，将交付由独立仲裁员组成的专门小组解决；如果大量进口损害一国国内的工业，将允许该国重新征收一定的关税。在产业方面，该协定规定，美墨之间大部分农产品的关税将立即取消，其余 6% 的产品包括玉米、糖、某些水果和蔬菜的关税，将在 15 年后全部取消，进口配额在 10 年内消除。对于加拿大，现有的与美国签订的协议全部适用，汽车工业 10 年后将取消关税，美、加在 1998 年之前取消相互间的全部关税。在能源方面，墨西哥方面对私营部门进行勘探的限制继续有效，但国营石油公司的采购将向美国与加拿大开放。在金融服务方面，墨西哥将逐步对美国与加拿大投资开放其金融部门，最终到 2007 年取消壁垒。关于纺织品，协定将用 10 年时间取消美、墨、加之间的关税，在北美地区的纺织品制成的服装可免于征税。到 2000 年，北美地区的卡车可行驶到三个国家中的任何地区。该协定还对环境、劳工等问题制定了附加协定。根据协定，美国与墨西哥将建立一个北美开发银行以帮助美国边境的财务税收获利。同时，美国将需要在协定生效后最初的 18 个月中花费 9000 万美元重新培训因协议而失业的工人。

4. 北美自由贸易区的特点

（1）南北合作。北美自由贸易区既有经济实力强大的发达国家（如美国），也有经济发展水平较低的发展中国家（如墨西哥），区内成员国的综合国力和市场成熟程度差距很大，经济上的互补性较强。各成员国在发挥各自比较优势的同时，通过自由的贸易和投资，推动区内产业结构的调整，促进区内发展中国家的经济发展，从而减少与发达国家的差距。

（2）大国主导。北美自由贸易区是以美国为主导的自由贸易区，美国的经济运行在区域内占据主导和支配地位。由于美国在世界上经济发展水平最高，综合实力最强；加拿大虽是发达国家，但其经济实力远不如美国；墨西哥是发展中国家，对美国经济的依赖性很强。因此，北美自由贸易区的运行方向与进程在很大程度上体现了美国的意愿。

（3）减免关税的不同步性。由于墨西哥与美国、加拿大的经济发展水平差距较大，而且在经济体制、经济结构和国家竞争力等方面存在较大的差别，因此，自《美加自由贸易协定》生效以来，美国对墨西哥的产品进口关税平均下降了84％，而墨西哥对美国的产品进口关税只下降了43％；墨西哥在肉、奶制品、玉米等竞争力较弱的产品方面，有较长的过渡期。同时，一些缺乏竞争力的产业部门也要10～15年的缓冲期。

二、北美自由贸易区的意义

1. 北美自由贸易区成立以来对地区经济增长、开放国际市场有积极作用

自由贸易区建立后美、加、墨三国由于取消贸易壁垒和开放市场，实现了经济增长和生产力提高，尤其是墨西哥的加入，使得NAFTA成为10年来南北区域经济合作的成功范例，国际间对于发达国家和发展中国家能否通过自由贸易实现经济的共同增长、迈向经济一体化的疑问基本得到消除。

（1）促进了地区贸易增长，增加了直接投资。《北美自由贸易协定》自生效以来，由于关税的减免，有力地促进了地区贸易的增长。根据国际货币基金组织的数据，NAFTA成员国之间的货物贸易额增长迅速，三边贸易额翻了一番，从1993年的3060亿美元增长到2002年的6210亿美元。2006年，三国的GDP总额达到了15.1万亿美元，约占全世界总额的1/3。由于NAFTA提供了一个强大、确定且透明的投资框架，确保了长期投资所需要的信心与稳定性，因而吸引了创纪录的直接投资。2000年，NAFTA三国之间的FDI达到了2992亿美元，是1993年1369亿美元的两倍多。同时，从NAFTA区域外国家吸引的投资也在增长。目前，北美地区占全球向内FDI的23.9％和全球向外FDI的25％。

（2）发达国家继续保持经济强势地位。自由贸易区内经济一体化加快了发达国家与发展中国家间的贸易交往和产业合作。2015年墨西哥向美国出口3088.5亿美元，占墨西哥出口总额的81.1％，加拿大出口额为105.5亿美元，占墨西哥出口总额2.8％。自由贸易区还强化了各国的产业分工和合作，资源配置更加合理，协议国之间的经济互补性提高了各国产业的竞争力。如墨西哥、加拿大的能源资源与美国互补，加强了墨西哥、加拿大的能源生产能力。特别在制造业领域，墨西哥的人力资源与美国的技术资本互补，大大提高了美国制造业的竞争力，使美国将一些缺乏竞争性部门的工作转移到更有竞争性的部门，把低技术和低工资的工作转变为高技术和高工资的工作。在如汽车、电信设备等美国许

多工业部门都可以看到这种就业转移的影响。在美国汽车工业中，1994 年以来整个就业的增长速度远远快于 NAFTA 之前的年份。以致美国缅因大学加拿大和美国研究中心主任彼得·莫里奇在谈到自由贸易带来的好处时指出："一个自由贸易协定可能是在一种促进竞争力的新的国家战略中的关键因素。"

（3）发展中国家受益明显。一般认为，在北美自由贸易区中，发展中国家墨西哥是最大的受益者。加入 NAFTA 以来，墨西哥与伙伴国的贸易一直增长迅速，墨西哥出口的全球排名从 1996 年的第 21 位很快跃升到 2005 年的第 13 位，取代了日本成为对美国第二大出口国，取代了中国成为对美国纺织品第一大出口国。2008 年，墨西哥向美国出口 2159 亿美元，从美国进口 1512 亿美元，是美国的第三大进口国、第二大出口国。两国贸易总额达 3671 亿美元，而北美自由贸易区成立之前，1993 年两国的贸易总额仅为 896 亿美元。

（4）合作范围不断扩大。近年来，NAFTA 南扩趋势明显，有关成员国在 2005 年 1 月 1 日前完成了美洲自由贸易区（FTAA）的谈判。在 NAFTA 中占主导地位的美国除了把 NAFTA 看作增加成员国贸易的手段外，还把 NAFTA 看作其外交政策的一部分，以及向美洲和全球贸易自由化扩展的重要工具，因此，美加两国和墨西哥签订的协议在很多方面都是样板性的。"9·11"事件之后美国贸易政策变得更加外交化，NAFTA 已成为美国实现区域贸易对外扩张的样板，开始向 FTAA 扩展。

2. 北美自由贸易区的建立，在一定程度上达到了三国合作的初衷，给三国带来了巨大的经济利益

（1）规模经济效益。北美自由贸易区是世界上最大的自由贸易区，很容易从其规模经济中获益，降低平均成本，并在此基础上取得竞争优势。

（2）实现优势互补。三国经济水平、文化背景、资源禀赋等各方面的差异，使得区域内经济的互补性很强，提供了更多的专业化生产和协作的机会，促进了三国整体经济的发展。

从美国来讲，扩大了对加、墨两国的出口；能够进入墨西哥的能源、金融、电信和服务等领域；可以充分地利用墨西哥的廉价劳动力；扩大了就业机会，实现了产业结构快速升级；增强了国际竞争力。加拿大获得的利益主要包括扩大了对美、墨两国的出口，促进了对美、墨两国的投资，提高了劳动生产率等。而作为发展中国家的墨西哥是北美自由贸易区的最大受益者，北美自由贸易区促进其国内经济的增长，吸引了大量外资，并引进了先进技术和管理经验。这样，墨西哥已成为世界上最具发展潜力和发展最快的国家之一。

（3）改善投资环境。《北美自由贸易协定》在行业惯例、服务贸易、投资规

则、争议解决等方面均有详细的规定，这些规定具有稳定性和可预测性，有利于在法律制度的层面上增强北美地区投资人的信心并保障他们的利益。这种宏观利益的表现就是，近几年来，北美自由贸易区无论是在商品进口总额还是在出口总额方面都保持国际贸易地区份额的首位，远高于排名第二位的欧盟国家的相应总额，已经占世界进出口总额的 1/4 左右。

三、北美自由贸易区的缺点

由于美、加、墨三国的经济发展水平差距较大，因此尚难以实行其他高级类型的区域经济一体化的形式，同时，北美自由贸易区给墨西哥也带来了一些负面影响。

作为一个发展中国家，墨西哥在加入北美自由贸易区的同时也承担了相应的义务，这必然要付出一定的代价，其主要表现在：

1. 民族工业发展缓慢

由于各种关税壁垒和非关税壁垒逐步消失，墨西哥国内市场门户大开，进口产品蜂拥而入。尽管消费者得到了更多、更好、更便宜的产品，但墨西哥本国的民族工业也受到了一定的影响，企业不得不面对更激烈的竞争，许多企业无法维持下去，但只挣加工费的加工贸易企业发展却很迅猛。缺乏市场使得民族工业发展相当缓慢，依赖进口的局面将长期存在。

2. 农业方面的问题相比之下就更为突出

由于从美国进口的农产品自 1994 年以来增长了 726%，导致墨西哥国内的小农阶级几乎消失殆尽，损失的工作机会达到 130 万个之多。因此，自由贸易区并未能有效化解墨西哥国内的就业问题，反而导致目前墨西哥人偷渡去美国工作的情况愈演愈烈，人数已经从 1990 年的 204 万人增加到了 2000 年的 481 万人，这与原来的期望相差甚远。同时，85% 的国外直接投资集中在边境地区，广大的内陆地区实际上处于边缘化的境地，从自由贸易区中未得到多少实际利益，这也给其国内区域经济协调发展带来了新的问题。

虽然北美自由贸易区把三个成员国的经济更紧密地联系起来，但也使墨西哥的经济过分依赖于美国，这既使墨西哥得到了美国经济增长的好处，也使其经济的独立性较差。

目前，美国是墨西哥最大的贸易伙伴和投资来源国，双边贸易占墨西哥外贸总额的 70%，对美出口占墨西哥出口总额的 83%，美国资本占墨西哥吸收外资总额的 65% 以上。墨西哥主要经济部门（石油行业、制造业、出口加工业、纺织服装业等）均面向美国市场。此外，海外移民汇款（主要来自美国）已经成为墨西哥仅次于石油收入的第二大外汇来源。因此，墨西哥对于美国的依赖程度很深，美国经济的情况往往决定着墨西哥的经济发展。但是，自由贸易区毕竟只是实现经济、贸易快速增长的工具，其本身并非终极目的，不能指望凭借自由贸易区就能解决一系列社会、经济问题。北美自由贸易区虽然在经济和贸易发展上给墨西哥带来了很多机遇，但墨西哥政府需要把握自身优势，利用比较优势培育国内市场和产业，走自我发展的道路才是根本。

四、北美自由贸易区的建立对中国的启示

1. 区域合作能使发达地区保持国际竞争力

20 世纪 90 年代，美国迫于欧洲和日本经济竞争，改变了不加入区域经济组织的想法，力图利用建立北美自由贸易区，并通过参与国的经济合作和区域一体化，推进区域经济发展，提升本国在国际经济中的地位。10 多年的发展证明，发达地区想要保持较强的国际竞争力，最主要的是使本地区一直处于国际经济发展的主流地位，极力避免边缘化。保持区域经济的主流地位就必须融入某个区域一体化组织（自由贸易区、经济圈），应尽量在这个大区域中占据重要地位或者核心地位。在我国的跨区域合作中，如泛珠三角区域合作，通过由粤港澳合作形成的大珠三角的发达区域的主导和带动，在经济一体化中继续保持和提升自己的国际竞争力。

2. 区域合作以经贸为主，通过协议循序渐进发展

北美自由贸易区由于是在发达国家与发展中国家建立的自由贸易区，有关协议国对实现区域内自由贸易采取了以合作协议来逐步推进的方式。各协议国签订了大量的双边和多边协议，主要内容包括：消除关税和削减非关税壁垒、开放服务贸易、便利和贸易有关的投资，以及实行原产地原则等，还包括劳工（NAALC）、环境（NAAEC）等附属协定。考虑到不同国家的发展水平，主要协议条款规定在 10 年内逐步消除所有贸易和投资限制，对几个敏感行业的过渡期为 15 年。这是一个复杂的国际协议框架，它提供了一整套的规则和制度框架来管理三国间的贸易和投资关系，同时提供了吸纳新成员和采用新的争端解决程序的机制，这是先前其他国际经济协定中都不具备的。这样一种事先确定制度和法律框架的合作，对我国的跨区域合作是有借鉴意义的。

3. 区域合作注重产业一体化中的分工协作

北美自由贸易区的成立，将美国、加拿大和墨西哥共同纳入一个产业一体化的分工协作体制中。最明显的是加拿大的原材料、墨西哥的劳动力与美国的技术管理相结合，形成了以美国为轴心的生产和加工一体化。其中美、加生产一体化主要表现为水平的产业内分工，如两国在飞机和汽车制造、钢铁、食品加工、化学品和布料加工业等方面形成了更密切的产业内联系。而美国、墨西哥生产一体化的行业主要集中在电器、汽车和服装这几个行业，带有明显的垂直产业内分工的特点，主要是美国将零部件运到墨西哥加工后再返回美国。这种产业一体化中的分工协作体制使各国的产业优势得到更大的发挥，这对我国的跨区域合作是很有启示的。

4. 虽然对相对落后地区有一定扶持，但对消除贫困不成功

北美自由贸易协定注意到各国经济发展水平的不同，在合作协议中也有对相对的落后国家产业的保护和一定的扶持，但对墨西哥这个发展中国家来说，北美自由贸易区的发展对消除贫困来说，并没有提供帮助。据有关数据显示，10 年来墨西哥的贫困问题不仅没有消除，反而更加严重。当然，墨西哥的贫困问题并不一定是 NAFTA 带来的后果，但这一机制中缺乏对解决贫困问题的协议却是事实。这和欧盟不同，欧盟内部由于建立了消除地区差距和贫困的机制，较好地解决了此类问题。而这一问题是我国在建立跨区域合作组织中应该考虑的。

第四节　东南亚国家联盟的区域经济发展

一、东盟

1. 东盟

东南亚国家联盟（Association of Southeast Asian Nations，ASEAN），简称东盟，也叫东南亚国家协会（东协）、亚细安组织（亚细安）及东南亚合作组织（东合），是集合东南亚区域国家的一个政府性国际组织。

2. 东盟的产生

东盟的前身是由马来西亚、菲律宾和泰国三国于 1961 年 7 月 31 日在曼谷成立的东南亚联盟。1967 年 8 月 7 日至 8 日，印度尼西亚、新加坡、泰国、菲律宾四国外长和马来西亚副总理在泰国首都曼谷举行会议，发表了《东南亚国家联盟成立宣言》，即《曼谷宣言》，正式宣告东盟的成立。东盟成为东南亚地区以经济合作为基础的政治、经济、安全一体化合作组织，并建立起一系列合作机制。

20 世纪 90 年代初，东盟率先发起区域合作进程，逐步形成了以东盟为中心的一系列区域合作机制。1994 年 7 月成立东盟地区论坛，1999 年 9 月成立东亚—拉美合作论坛。此外，东盟还与美国、日本、澳大利亚、新西兰、加拿大、欧盟、韩国、中国、俄罗斯和印度 10 个国家形成对话伙伴关系。2003 年，中国与东盟的关系发展到战略协作伙伴关系，中国成为第一个加入《东南亚友好合作条约》的非东盟国家。

根据 2003 年 10 月在印度尼西亚巴厘岛举行的第九届东盟首脑会议发表的《东盟协调一致第二宣言》（亦称《第二巴厘宣言》），东盟于 2020 年建成东盟共同体。为实现这一目标，2004 年 11 月举行的东盟首脑会议还通过了为期六年的《万象行动计划》，签署并发表了《东盟一体化建设重点领域框架协议》《东盟安全共同体行动计划》等。

为了早日实现东盟内部的经济一体化，东盟自由贸易区于 2002 年 1 月 1 日起正式启动。自由贸易区的目标是实现区域内贸易的零关税。文莱、印度尼西亚、马来西亚、菲律宾、新加坡和泰国六国已于 2002 年将绝大多数产品的关税降至 0%～5%。越南、老挝、缅甸和柬埔寨四国于 2015 年实现这一目标。

东盟的成员有 10 个（截至 2011 年底）：印度尼西亚、马来西亚、菲律宾、新加坡、泰国、文莱、越南、老挝、缅甸、柬埔寨。总面积约 444 万平方千米，人口 5.91 亿。候选国：东帝汶。观察员国：巴布亚新几内亚（自 1976 年起）。

3. 东盟的宗旨和机构设置

东盟的宗旨和目标是本着平等与合作精神，共同促进本地区的经济增长、社会进步和文化发展，为建立一个繁荣、和平的东南亚国家共同体奠定基础，以促进本地区的和平与稳定。

东盟成立之初只是一个保卫自己安全利益及与西方保持战略关系的联盟，其活动仅限于探讨经济、文化等方面的合作。1976 年 2 月，第一次东盟首脑会议在印度尼西亚巴厘岛举行，会议签署了《东南亚友好合作条约》以及强调东盟各国协调一致的《巴厘宣言》。此后，东盟各国加强了政治、经济和军事领域的合作，并采取了切实可行的经济发展战略，推动经济迅速增长，逐步成为一个有一定影响力的区域性组织。除印度尼西亚、马来西亚、菲律宾、新加坡和泰国五个创始成员国外，20 世纪 80 年代后，文莱（1984 年）、越南（1995 年）、老挝（1997 年）、缅甸（1997 年）和柬埔寨（1999 年）五国先后加入东盟，使这一组织涵盖了整个东南亚地区，形成一个人口超过 5 亿、面积达 450 万平方千米的10 国集团。巴布亚新几内亚为其观察员国。东盟 10 个对话伙伴国是：澳大利亚、加拿大、中国、欧盟、印度、日本、新西兰、俄罗斯、韩国和美国。

东盟主要机构有首脑会议、外长会议、常务委员会、经济部长会议、其他部长会议、秘书处、专门委员会以及民间和半官方机构。首脑会议是东盟最高决策机构，自 1995 年召开首次会议以来每年举行一次，已成为东盟国家商讨区域合作大计的最主要机制，主席由成员国轮流担任。

二、中国—东盟

1. 中国—东盟的产生

2000 年 9 月，在新加坡举行的第四次东盟与中国（10 + 1）领导人会议上，中国国务院前总理朱镕基提出建立中国—东盟自由贸易区的建议，该建议得到了东盟有关国家的赞同。

2001 年 11 月，在文莱举行的东盟首脑会议期间，中国和 10 个东盟成员国宣布了将在未来十年内建成自由贸易区的目标。2002 年 11 月 4 日，第六次东盟与中国领导人会议在柬埔寨首都金边举行。中国国务院前总理朱镕基和东盟 10 国领导人签署了《中国与东盟全面经济合作框架协议》，宣布 2010 年建成中国—东盟自由贸易区，从而启动了中国—东盟自由贸易区的进程（见表 8 - 2）。

表 8 - 2　中国—东盟自由贸易区发展进程

时间	成果
1995 ~ 2002 年	中国与东盟双边贸易额年均增长 15%
2003 年	中国与东盟双边贸易额达到历史性的 782 亿美元，比上一年增长 42.9%
2004 年 1 月 1 日	中国—东盟自由贸易区早期收获计划实施，下调农产品的关税，到 2006 年，约有 600 项农产品的关税降为零
2004 年底	双边签署了《货物贸易协议》和《争端解决机制协议》，标志着自由贸易区建设进入实质性执行阶段

续表

时间	成果
2005 年 4 月	胡锦涛访问文莱、印度尼西亚和菲律宾时提出,到 2010 年,中国和东盟双边贸易额达到 200 亿美元
2005 年 7 月 20 日	中国—东盟自由贸易区《货物贸易协议》降税计划开始实施,中国和东盟 70% 的产品在大幅降低关税、免配额以及其他市场准入条件进一步改善的情况下,更加顺畅地进入对方市场,这有利于东盟国家的产品扩大对中国市场出口,也有助于中国企业以更低的成本从东盟进口原材料、零部件和设备
2002 年	根据签署的《中国与东盟全面经济合作框架协议》,除少数敏感产品外,中国与相对发达的东盟六个老成员国和四个新成员国将分别在 2010 年和 2013 年实现关税降为零的目标,涉及产品 7000 余种
2010 年	中国—东盟自由贸易区建成后,东盟对中国的出口将增长 48%,中国对东盟的出口将增长 55%,对东盟和中国国内生产总值的增长贡献分别达到 0.9%(约合 54 亿美元)和 0.3%(约合 22 亿美元),将为中国和东盟商界创造无穷商机和广阔前景

 专栏

中国—东盟自由贸易区部分关税削减时间

起始时间	关税税率(%)	覆盖关税条目	参与的国家
2000 年	对所有东盟成员国 0~5	65% 的 CEPT 条目	原东盟 6 国
2002 年 1 月 1 日	对所有东盟成员国 0~5	全部 CEPT 条目	原东盟 6 国
2003 年 7 月 1 日	WTO 最惠国关税税率	全部	中国与东盟 10 国
2003 年 10 月 1 日	中国与泰国果蔬关税降至 0	中泰水果蔬菜	中国、泰国
2004 年 1 月 1 日	农产品关税开始下调	农产品	中国与东盟 10 国
2005 年 1 月	对所有成员开始削减关税	全部	中国与东盟 10 国
2006 年	农产品关税降至 0	农产品	中国与东盟 10 国
2010 年	对所有东盟成员国 0	全部减税产品	原东盟 6 国
2010 年	关税降至 0	全部产品(部分敏感产品除外)	中国与原东盟 6 国
2015 年	对所有东盟成员国 0	全部产品(部分敏感产品除外)	东盟新成员国

续表

起始时间	关税税率（%）	覆盖关税条目	参与的国家
2015 年	对中国—东盟自由贸易区成员国关税降至 0	全部产品（部分敏感产品除外）	东盟新成员国
2018 年	对东盟自由贸易区和中国—东盟自由贸易区所有成员国 0	剩余的部分敏感产品	东盟新成员国

资料来源：林俐，陈婷. 国际贸易理论与实务［M］. 杭州：浙江大学出版社，2012.

2. 中国—东盟自由贸易区建成的意义

中国—东盟自由贸易区的建成，将会创造一个拥有 19 亿个消费者、近 6 万亿美元国内生产总值（2009 年 6 月 6 日数据）、1.2 万亿美元贸易总量的经济区。按人口算，这将是世界上最大的自由贸易区；从经济规模上看，将是仅次于欧盟和北美自由贸易区的全球第三大自由贸易区；由中国和东盟 10 国共创的世界第三大自由贸易区，是由发展中国家组成的最大的自由贸易区。

中国—东盟自由贸易区的建立，给双方带来了巨大的利益。2008 年，中国自东盟进口受惠货物 61 亿美元，为企业优惠税款 32 亿元人民币。同时，中国企业申领了 18.4 万份中国—东盟自由贸易区优惠原产地证，向东盟出口受惠货物 51 亿美元。2009 ~ 2010 年，中国—东盟自由贸易区将迎来一个关键时期。按照自由贸易区规定的降税模式，自 2007 年 1 月 1 日起，中国对东盟的平均关税已降到 5.8%；2009 年 1 月 1 日，又进一步降到 2.4%；到 2010 年，中国自东盟进口的产品中，将有 93% 的产品实行零关税。同样，东盟国家也将做出类似安排。在服务贸易方面，我国和东盟国家在 60 多个服务部门相互作出了高于 WTO 水平的市场开放承诺。投资合作方面，自贸区投资协议即将签署，将为双方相互投资带来更多的便利。

第五节　亚太经合组织的区域经济发展

一、亚太经合组织概况

1. 亚太经合组织

亚太经合组织（Asia – Pacific Economic Cooperation，APEC）是亚太地区层级

最高、领域最广、最具影响力的经济合作机制。1989 年 11 月 5 日至 7 日，澳大利亚、美国、日本、韩国、新西兰、加拿大及当时的东盟六国在澳大利亚首都堪培拉举行 APEC 首届部长级会议，标志 APEC 正式成立。

2. 产生背景

从 20 世纪 60 年代初开始，日本、澳大利亚等国学者和政府人士就积极倡导在亚太地区建立区域性的经济合作组织，并分别成立了一些以企业界、学术界人士等为成员或由官员、商人、学者组成的半官方组织。亚太经合组织诞生于全球"冷战"结束的年代。20 世纪 80 年代末，随着"冷战"的结束，国际形势日趋缓和，经济全球化、贸易投资自由化和区域集团化的趋势逐渐成为潮流。同时，亚洲地区在世界经济中的比重也明显上升。在此背景下，一些亚太国家酝酿成立官方的正式区域经济合作组织。

3. 亚太经合组织的建立和发展

1989 年 11 月，在澳大利亚的倡议下，亚太地区包括美国、加拿大、日本、韩国、马来西亚、印度尼西亚、新加坡、泰国、菲律宾、文莱、澳大利亚和新西兰在内的 12 个国家在堪培拉召开外交与经济部长级会议，这标志着亚太经济合作上升到政府之间进行协商的层面。从成立到现在，亚太经合组织大致经历了以下三个阶段：

（1）探索阶段（1989～1992 年）。这一阶段是亚太经合组织寻找发展方向、道路和方式的探索阶段。除了亚太经合组织成立大会外，还包括每年定期召开的三届部长级会议。在该阶段，亚太经合组织只是一个松散的经济论坛，成立大会确定了该组织的宗旨和目标，如"不搞成封闭性的贸易集团"、"以平等、协商、渐进方式来推进地区经济合作和贸易化"等。在第四届曼谷部长级会议上，决定成立常设秘书处，拉开了亚太地区经贸合作的序幕。

（2）发展阶段（1993～1997 年）。该阶段是亚太经合组织的大发展阶段，其主要标志是：①组织成员数量增加，先后接纳墨西哥、巴布亚新几内亚和智利成为新成员；②组织朝着机制化的方向迅速发展，拥有秘书处、委员会、部长级会议和领导人非正式会议等，已从松散的"论坛"演化成一个"准组织"；③组织内的贸易投资自由化和经济合作计划不断产生，并且有些计划已得到实施。比较著名的计划，如 1994 年亚太经合组织领导人非正式会谈达成的《茂物宣言》，确定了亚太地区和全世界今后经济合作的道路和方向，即发达国家在 2010 年前、发展中国家在 2020 年前实现区域内贸易和投资自由化；各国一致同意在人力资源开发、经济基础设施建设、科学与技术、环境保护、中小企业发展、公共部门的参与等方面加强合作；宣言强调"坚决反对建立一个不谋求实现全球自由贸易的内向的贸易集团"，不能演变成一个同世界其他地区相对抗的贸易集团。

（3）调整阶段（1998 年至今）。亚洲金融危机的爆发，引发了亚太经合组织的各种矛盾，该组织原有的一些内在缺陷暴露无遗，贸易投资自由化陷入停顿，经济和技术合作也缺乏实质性行动。2000 年在文莱召开的第十二次部长级会议，因缺乏实质性内容而回到了空谈阶段。成员方在许多重大问题上产生了严重分歧，对组织的功能和效力也产生了异议，亚太经合组织的运行处于调整和新的探索过程之中。

4. 成员国

APEC 现有 21 个成员，即澳大利亚、文莱、加拿大、智利、中国、中国香港、印度尼西亚、日本、韩国、马来西亚、墨西哥、新西兰、巴布亚新几内亚、秘鲁、菲律宾、俄罗斯、新加坡、中国台北、泰国、美国和越南。此外，东南亚国家联盟（ASEAN）、太平洋经济合作理事会（PECC）和南太平洋论坛（SPF）是 APEC 的观察员。APEC 秘书处设在新加坡，工作语言为英语。

5. 宗旨

亚太经合组织的宗旨是通过贸易投资自由化和经济技术合作促进亚太地区的经济发展和共同繁荣。

6. 组织结构

（1）领导人非正式会议。1993 年 11 月，首次 APEC 领导人非正式会议在美国西雅图召开，之后每年召开一次。自 1993 年以来共举行了 22 次，分别在美国西雅图、印度尼西亚茂物、日本大阪、菲律宾苏比克、加拿大温哥华、马来西亚吉隆坡、新西兰奥克兰、文莱斯里巴加湾、中国上海、墨西哥洛斯卡沃斯、泰国曼谷、智利圣地亚哥、韩国釜山、越南河内、澳大利亚悉尼、秘鲁利马、新加坡、日本横滨、美国夏威夷、俄罗斯符拉迪沃斯托克、印度尼西亚巴厘岛、中国北京举行。

（2）部长级会议。包括双部长会议以及专业部长会议。双部长会议每年在领导人会议前举行一次。专业部长会议定期或不定期举行，包括贸易部长会、财长会、中小企业部长会、能源部长会、海洋部长会、矿业部长会、电信部长会、旅游部长会、粮食安全部长会、林业部长会、结构改革部长会、交通部长会、人力资源部长会、妇女与经济会议等。

（3）高官会。每年举行四至五次会议，由各成员指定的高官（一般为副部级或司局级官员）组成。高官会的主要任务是负责执行领导人和部长会议的决定，审议各委员会、工作组和秘书处的活动，筹备部长级会议、领导人非正式会议及协调实施会议后续行动等事宜。

（4）委员会和工作组。高官会下设四个委员会，即贸易和投资委员会（CTI）、经济委员会（EC）、经济技术合作高官指导委员会（SCE）和预算管理委员会（BMC）。CTI 负责贸易和投资自由化方面高官会交办的工作，EC 负责研究本地区经济发展的趋势和问题，并协调经济结构改革工作，SCE 负责指导和协调经济技术合作，BMC 负责预算和行政管理等方面的问题。各委员会下设多个工作组、专家小组和分委会等机制，从事专业活动和合作。

（5）秘书处。1993 年 1 月在新加坡设立，为 APEC 各层次的活动提供支持与服务。秘书处负责人为执行主任，2010 年起设固定任期，任期三年。现任执行主任为博拉德（Alan Bollard）博士（新西兰籍）。

7. 主要议题

作为经济合作论坛，亚太经合组织主要讨论与全球和区域经济有关的议题，如贸易和投资自由化便利化、区域经济一体化、互联互通、经济结构改革和创新发展、全球多边贸易体系、经济技术合作和能力建设等。

8. 合作方式

APEC 采取自主自愿、协商一致的合作方式。所做决定须经各成员一致同意。会议成果文件不具有法律约束力，但各成员在政治上和道义上有责任尽力予以实施。

9. 工商参与

为加强与工商界的联系，1995 年成立了 APEC 工商咨询理事会（ABAC），由每个成员推荐三名著名工商界人士组成，负责对 APEC 贸易投资自由化、经济技术合作及创造有利的商业环境提出建议，并向领导人和部长级会议提交咨询报告。工商咨询理事会是工商界参与 APEC 合作的主要渠道，每年召开四次会议。秘书处设在菲律宾马尼拉。

在成立之初，APEC 是一个仅由各成员外交部部长和贸易部长参加的部长级区域论坛。从 1993 年起，每年举行一次经济领导人非正式会议（以下简称"领导人会议"）。除了领导人会议和部长级会议之外，APEC 还举行有关专业部长会议如贸易部长会议、高官会及贸易投资委员会会议等。按惯例，每年主办领导人会议的成员即为该年度领导人会议、部长级年会和高官会的主席。

1991年，我国台湾和香港同时加入APEC。根据加入时签订的《备忘录》规定，台湾以"中国台北"的名义参加APEC，只能派负责经济事务的部长参加领导人会议，不能主办高官会以上级别的会议。为避免出现争议，APEC会议不挂国旗。

二、亚太经合组织重大事件

APEC一般原则为：全面性、与WTO一致性、可比性、非歧视性、透明度、不再提高保护水平、同时起步、持续进程和不同的时间表、灵活性、加强经济技术合作。贸易投资自由化和便利化的15个领域包括关税、非关税措施、服务、投资、标准及合格认证、海关程序、知识产权、竞争政策、政府采购、放宽管制、原产地规则、争端调解、商务人员流动、乌拉圭回合结果的执行、信息收集与分析。执行框架规定，单边行动计划和集体行动计划是APEC推进贸易投资自由化的主渠道。各成员从1996年起编制各自的年度单边行动计划（具体内容包括上述15个领域的近、中、长期自由化方案），提交当年部长级会议和领导人会议审议。在此基础上，APEC将制订每年的集体行动计划。

1993年，美国西雅图会议承诺深化亚太大家庭精神，为地区人民争取稳定、安全和繁荣。

1994年，印度尼西亚茂物会议确立了亚太经合组织实现贸易和投资自由化的目标，即茂物目标，提出发达成员于2010年前、发展中成员于2020年前实现这一目标的两个时间表。

1995年，日本大阪会议通过了大阪行动议程，确定将贸易和投资自由化便利化、经济技术合作作为亚太经合组织合作的两个轮子，要求APEC成员制订推进区域贸易投资自由化的单边行动计划和集体行动计划。

1996年，菲律宾苏比克会议确立了以自主自愿、协商一致为特点的亚太经合组织合作方式，呼吁各方给予经济技术合作应有的重视，并把私营部门纳入APEC进程。

1997年，加拿大温哥华会议承诺逐年改进和完善单边行动计划，并接纳越南、俄罗斯和秘鲁为APEC新成员。

1998年，马来西亚吉隆坡会议决定通过建立社会保险网、完善金融体制、加强贸易投资流动、科技和人力资源开发、加强与工商界联系等措施，夯实亚太面向21世纪可持续发展的基础。

1999年，新西兰奥克兰会议提出了发达成员在2005年、发展中成员在2010

年实现无纸化贸易的目标，批准了 APEC 商务旅行卡计划。

2000 年，文莱斯里巴加湾会议通过了《新经济行动议程》，强调了信息技术为主的新经济在世界经济发展中的作用，同意采用电子版单边行动计划。

2001 年，上海会议推动亚太经合组织在多边贸易体制发展、人力资源能力建设、电子 APEC、新经济及反恐合作等多个领域取得积极进展，达成了旨在加速实现茂物目标的上海共识。

2002 年，墨西哥洛斯卡沃斯会议着眼于讨论扩大经济增长和发展合作的利益，实现 APEC 远景目标，通过了《APEC 地区安全贸易倡议》。

2003 年，泰国曼谷会议强调在知识经济、金融体系和经济结构改革等领域加大投入，承诺在人类安全领域开展务实合作，批准了《APEC 抗击非典行动计划》。

2004 年，智利圣地亚哥会议重申了推进经济结构改革的意向，并提出了应对恐怖主义的合作措施。

2005 年，韩国釜山会议完成了对茂物目标的中期审评，制定了旨在实现茂物目标的"釜山路线图"。

2006 年，越南河内会议又进一步制订了实现"釜山路线图"的行动计划。

2007 年，澳大利亚悉尼会议深入讨论了气候变化问题，通过了《关于气候变化、能源安全和清洁发展的悉尼宣言》。

2008 年，秘鲁利马会议深入讨论了全球和地区经济形势、国际金融危机等问题，发表了《领导人宣言》和《关于国际经济金融形势的声明》。

2009 年，新加坡会议深入讨论了经济增长、多边贸易体制、区域经济一体化、气候变化等问题，发表了《"倡导新的增长方式，构建 21 世纪互联互通的亚太"领导人声明》。

2010 年，日本会议深入讨论了区域经济一体化、制定经济增长新战略等议题，通过了《领导人宣言：茂物及后茂物时代的横滨愿景》等四个成果文件。

2011 年，美国檀香山会议围绕"紧密联系的区域经济"的主题，重点围绕亚太经济增长、规制合作、能源安全等议题展开讨论，发表了《檀香山宣言——迈向紧密联系的区域经济》。

2012 年，俄罗斯符拉迪沃斯托克会议重点讨论了贸易投资自由化和区域经济一体化、加强粮食安全、建立可靠的供应链、加强创新增长合作等议题，发表了《融合谋发展，创新促繁荣——APEC 第二十次领导人非正式会议宣言》。

2013 年，印度尼西亚巴厘岛会议重点讨论了茂物目标、互联互通、可持续和公平增长等议题，发表了《活力亚太，全球引擎——APEC 第二十一次领导人非正式会议宣言》和《支持多边贸易体制和世界贸易组织第九届部长级会议声明》。

2014 年 11 月 10 日至 11 日，APEC 第二十二次领导人非正式会议于北京举行，会议主题为"共建面向未来的亚太伙伴关系"，讨论了推动区域经济一体化，促进经济创新发展、改革与增长，加强全方位基础设施与互联互通建设三项重点议题。会议取得多项重要成果，发表了《北京纲领：构建融合、创新、互联的亚太——APEC 领导人宣言》和《共建面向未来的亚太伙伴关系——APEC 成立 25 周年声明》。

2015 年，菲律宾马尼拉会议重点讨论了区域经济一体化、中小企业、人力资源开发、可持续增长等议题，发表了《领导人宣言——打造包容性经济，建设更美好世界：亚太大家庭愿景》并通过《APEC 加强高质量增长战略》和《APEC 服务业合作框架》。

自成立以来，特别是在领导人非正式会议成为固定机制之后，亚太经合组织在促进区域贸易和投资自由化便利化方面不断取得进展，在推动全球和地区经济增长方面都发挥了积极作用。

三、中国与亚太经合组织

1991 年，我国作为主权国家、中国香港和中国台北作为地区经济体同时加入 APEC。此后，我国外交部部长和外经贸部长参加了历届部长级年会。从 1993 年起，江泽民亲自出席了每年的领导人会议。我国还积极参与了 APEC 各类专业部长会议、高级官员会议、贸易投资委员会及其下属工作组、专家组会议。此外，在中国主办了一次科技部长会议、十次工作组会议和诸多研讨会、培训班。我国已经成为 APEC 的重要成员。我国还于 2001 年成为 APEC 东道主，主办 APEC 领导人非正式会议、部长级会议等一系列会议和活动。

在 1994 年印度尼西亚茂物第二次领导人会议上，江泽民就开展 APEC 经济合作阐述了我国政府的基本立场，即"相互尊重、协商一致；循序渐进、稳步发展；相互开放、不搞排他；广泛合作、互利互惠；缩小差距、共同繁荣"。在 1995 年日本大阪第三次领导人会议上，江泽民进一步阐述了我国政府的五点主张：①要把世界和亚太经济的持续发展作为开放合作的根本目标；②要为发展中成员经济持续增长创造有利外部条件；③要坚持自主自愿原则；④要尊重差别，恰当把握贸易投资自由化的合理速度；⑤要坚持贸易投资自由化与经济技术合作并重的方针。

我国对 APEC 贸易投资自由化进程一直持积极态度。同时主张，APEC 应坚持开放的区域主义，而不能变成一个封闭性的贸易集团；APEC 成员间及 APEC 成员与非 APEC 成员间均应相互开放，摒弃经贸关系中的歧视性做法；实施贸易投资自由化应充分考虑各成员不同的经济发展水平和具体情况，坚持《大阪行动议程》中确定的自主自愿等基本原则，保持适当的速度；大力开展经济技术合作，以缩小成员间的差距，达到共同繁荣的目的。

我国一贯认为，各成员的单边行动计划是 APEC 实现贸易与投资自由化的主渠道，并积极制订、实施和改进中国的单边行动计划。我国对 15 个部门的提前自由化问题也持原则支持态度，同时主张应坚持自主自愿、灵活性和协商一致等原则，充分照顾各成员的实际情况。

亚太地区是我国对外经济贸易的重要依托。1999 年我国与 APEC 其他 20 个成员的贸易额达 2709.7 亿美元，占我国当年贸易总额的 75.1%。在我国十大贸易伙伴中，除欧盟外，其他均为 APEC 成员，即日本、美国、中国香港、东盟、韩国、中国台北、澳大利亚、俄罗斯和加拿大。在吸引外资方面，1999 年，我国新签合同外资金额 412.4 亿美元，实际利用外资 404 亿美元，其中来自 APEC 成员的投资分别达 309.2 亿美元和 312.1 亿美元，分别占全国利用外资金额的 75.0% 和 77.3%。因此，积极参与亚太地区的经济合作，在亚太地区建立更加开放的贸易和投资环境，有利于我国与 APEC 其他成员经济贸易关系的稳步发展和我国国民经济的持续发展。

1999 年，我国对 APEC 成员的贸易额较上年增长了 11.1%，出口额增长了 6.2%，进口额增长了 17.3%。我国同澳大利亚、加拿大、印度尼西亚、日本、韩国、马来西亚、墨西哥、新西兰、菲律宾、中国台北、泰国和美国的贸易额均较上年有了较大幅度的增长。我国对澳大利亚、加拿大、印度尼西亚、日本、韩国、墨西哥、新西兰、新加坡、泰国和美国的出口增幅较大。我国同期从 APEC 成员的进口均有较大增加。

在吸引外资方面，1999 年，我国新批合同外资 412.38 亿美元，实际利用外资金额 403.98 亿美元，比上年同期分别下降 20.90% 和 11.37%。亚洲的九个 APEC 成员（中国香港、中国台北、日本、菲律宾、泰国、马来西亚、印度尼西亚、韩国、新加坡）对华投资实际金额首次全面下降。美国对华实际投资 43.87 亿美元，同比增长 12.14%；合同金额 61.16 亿美元，同比下降 1.55%，这是自亚洲金融危机以来美国对华投资合同金额的首次负增长。从合同外资金额来看，亚洲成员经济体中的中国香港、新加坡和马来西亚有较大幅度下降，降幅分别为 21%、29% 和 20.34%；而菲律宾、印度尼西亚和中国台北对华投资有所增长。

结语

　　近年来，我国跨区域合作正在广泛酝酿实施之中，先后提出了长三角、泛珠三角等区域合作。我国跨区域合作的主要特点是加快不同发展水平地区之间的经贸合作，利用地区经济发展的互补性和不平衡性，依靠发达地区带动欠发达地区的经济增长。对于我国来说，游离于自由贸易区之外一方面使我国只能坐视积极参与区域贸易安排的国家在激烈的国际竞争中占尽先机，无法享受区域贸易安排产生的贸易创造效应；另一方面由于区域贸易安排对区内国家实行优惠待遇，其成员对区外贸易伙伴仍保留各自原有的贸易壁垒，因而它所产生的贸易转移效果和排他性效应日益明显，致使我国受到程度不同的歧视性影响。同时，自由贸易区是世界贸易组织明文允许存在的例外，不予以积极利用就没有充分利用世贸规则来为我国谋取应得的利益。因此，无论从理论上还是从实践上我国都应重视和利用自由贸易区来推动我国外贸的进一步发展，并进一步建立和巩固我国在自由贸易区内的领导地位。

　　从对外贸易发展战略的角度来看，建立自由贸易区是我国对外贸易和投资促进的有力措施。我国颁布、实施了新的《对外贸易法》。新《对外贸易法》是我国具体实施"入世"承诺的体现，即在"入世"三年内对 1994 年的对外贸易法予以修改，使之与世贸组织的规则保持一致，并在全国统一实施。它也是我国从贸易大国走向贸易强国的一个重要标志。新修订的《对外贸易法》共 11 章 70 条，增加了 3 章 26 条，在对外贸易秩序以及对外贸易促进的相关规定中有许多亮点，其中一条就是在总则中关于区域合作组织的第 5 条。这就为我国建立或者加入自由贸易区提供了法律依据。《对外贸易法》中关于区域贸易协定的规定是新法的新规定；在 1994 年的《对外贸易法》中，并没有这一条规定。新《对外贸易法》把这条规定放在总则一章，充分说明在新形势下我国对缔结自由贸易区的兴趣、信心和决心。更为重要的是，《对外贸易法》还为我国加入自由贸易区做出了必要的、重要的具体性规定，包括但不限于建立统一、公正和自由的对外贸易秩序，强调了在对外贸易领域内的反垄断和反不正当竞争，并赋予了个人从事对外贸易的经营权。因此，《对外贸易法》是进一步发展我国对外贸易、完善我国市场经济的重大法律措施，也为我国加入区域经济合作组织提供了法律框架。我国巨大的市场、丰富的劳动力资源以及 10 万亿元人民币的存款，都为实施新法推进自由贸易区的规定提供了重要条件。因此，在新的国际经济和贸易条件下充分利用世界贸易组织规则和《对外贸易法》的相关规定来建立自由贸易区就成为我国的战略性举措，对于我国的经济发展具有重要的推进作用。但与此同时，我们也要注意到自由贸易区可能带来的负面影响。

北美自由贸易区和墨西哥的实践充分证明，自由贸易区只是一个国家在某个时期实现经济和贸易快速增长的工具，其本身并非终极目标。自由贸易区所带来的贸易利益不仅是经济发展的一个部分，也对国内经济的其他组成部分产生各种直接或间接的影响，因此不能指望自由贸易区可以"一揽子"地解决一系列社会、经济问题，尤其是发展中国家面临着的一系列的严峻挑战。在一定程度上，自由贸易区还可能带来就业问题、贫富差距问题、环境问题、地区发展不平衡问题、产业发展不平衡问题等，这些问题处理不当，可能会导致某些政治、社会问题的产生，因此均需要我们予以高度的注意。鉴于此，在我国讨论自由贸易区的必要性的同时，还要充分认识到其自由贸易区的局限性，从正反两个方面来做综合考虑，从国家的根本利益和战略高度来考虑自由贸易区涉及的各种问题。要真正地实现国家的独立和富强，还是要以科学的发展观为指导，以人为本，注意各方面的协调发展，把参加自由贸易区作为增强自身发展的一种工具和机遇，以便扬长避短、趋利避害。

 思考题

1. 国际区域经济一体化有哪几种类型？

2. 国际区域经济一体化组织的类型及相关理论有哪些？

3. 了解欧盟、北美自由贸易区、东盟及亚太经合组织的相关内容。

参考文献

［1］陈栋生．区域经济学［M］．郑州：河南人民出版社，1993．

［2］程必定．区域经济学［M］．合肥：安徽人民出版社，1989．

［3］杜肯堂，戴士根．区域经济管理学［M］．北京：高等教育出版社，2004．

［4］高洪深．区域经济学［M］．北京：中国人民大学出版社，2014．

［5］杭言勇．国际贸易理论与实务［M］．杭州：浙江大学出版社，2010．

［6］郝寿义，安虎森．区域经济学［M］．北京：经济科学出版社，1999．

［7］黎孝先，王健．国际贸易实务［M］．北京：对外经济贸易大学出版社，2011．

［8］李京文．中国区域经济教程［M］．南宁：广西人民出版社，2000．

［9］李润发等．国际市场营销理论与实务［M］．北京：北京理工大学出版社，2013．

［10］林俐，陈婷．国际贸易理论与实务［M］．杭州：浙江大学出版社，2012．

［11］吕波．总部经济研究综述与展望［J］．中国科技论坛，2010（2）．

［12］马克思，恩格斯．共产党宣言［M］．北京：人民出版社，1997．

［13］马淑琴．国际贸易理论［M］．杭州：浙江大学出版社，2007．

［14］迈克尔·波特．国家竞争优势［M］．北京：华夏出版社，2002．

［15］史忠良，沈红兵．中国总部经济的形成及其发展研究［J］．中国工业经济，2005（5）．

［16］王海峰，宋圭武．区域经济发展理论与实践［M］．兰州：甘肃人民出版社，2010．

［17］王军，魏建．总部经济的基本概念与发展路径研究［J］．山东社会科学，2006（9）．

［18］王艳．国际市场营销［M］．北京：北京交通大学出版社，2012．

［19］魏后凯．现代经济学［M］．北京：经济管理出版社，2006.

［20］谢琼．国际市场营销［M］．北京：北京理工大学出版社，2011.

［21］于强．杨同明．国际贸易术语解释通则 incoterms 2010 深度解读与案例分析［M］．北京：中国海关出版社，2011.

［22］张桂梅．国际贸易理论与实务［M］．杭州：浙江大学出版社，2014.

［23］张玮．国际贸易原理［M］．北京：中国人民大学出版社，2009.

［24］张向先．国际贸易概论［M］．北京：高等教育出版社，2000.

［25］赵弘．总部经济及其在我国的发展［J］．江海学刊，2005（1）.